U0095248

文
景

Horizon

社科新知　文艺新潮

珍珠在蒙古帝国

草原、海洋与欧亚交流网络

THE STEPPE AND THE SEA

PEARLS IN THE MONGOL EMPIRE

[美] 托马斯·爱尔森 著　马晓林 张斌 译

THOMAS ALLSEN

上海人民出版社

再次献给露西尔（Lucille）

目 录

下部　比较与影响

导 言

成吉思汗及其子孙建立的蒙古帝国，在鼎盛之时，是迄今为止历史上疆域最广大的陆上帝国。[1]作为那个时代最重要的政权，它的影响力和声望远播域外。蒙古宫廷因而能够招致北至亚极地、南至亚热带的自然物产和文化产品。即使在帝国分裂之后，接续它的元朝仍然保有这种实力。欧洲史料记载，忽必烈和他的继承者们在元大都以北地方乘坐大象，飞放鹰鹘。这戏剧化地证明了蒙古人有能力获得欧亚主要生态地带的珍稀物产。[2]到那时为止，蒙古帝国可选择的物产范围之广，没有任何一个帝国能与之相提并论。这些物产中，最美丽、最珍贵的资源之一是珍珠。从马可·波罗及其他许多人的记载中可以发现，珍珠在蒙古帝国的政治和经济生活中扮演了核心角色。

本书上部“从海洋到草原”考察珍珠在蒙古政治文化中的重要性。这种海洋珍宝，不仅市场价值颇高，同时承载了意识形态层面的诸多

---

1 关于蒙古语、突厥语人名，因为没有固定的通行形式，我使用标准的学术转写，如 Chinggis Qan（成吉思汗）、Qubilai（忽必烈）等。

2 Marco Polo, 231; and *CWT*, II, 228–229.

含义。成吉思汗及其后裔赏赐的珍珠，作为一种政治货币，吸引并回馈一大群来自欧亚各地的各色臣僚。

帝后肖像中大肆使用珍珠，表明它们的价值不仅在于装饰耳环、项链、服装，更是权力与地位的象征。这一主题将在关于珍珠的获取、展示、再分配和政治文化含义的章节中进行探研。此外，我还会考察一些迄今未得到关注的课题：最重要的是，在具有高度流动性的蒙古宫廷中，宝货积聚的数量、经营和移动；以及不加节制的消费理念在其核心支持者中的出现。创造出不断增长的期待并使之得到满足，这构成了成吉思汗及其后裔治国的核心特征。

2 本书涵盖了蒙古帝国的整个历史。出于我们的研究目的，可以将其分为两个阶段。第一阶段是帝国早期，从成吉思汗（1206—1227 年在位）崛起到 1260 年。这是史无前例的急剧扩张阶段。蒙古人征服了南西伯利亚、中国东北、高丽、华北、吐蕃、突厥斯坦、伊朗、美索不达米亚、外高加索、罗斯诸公国以及整个草原地带。第二阶段是漫长的内部纷争、分裂和衰落时期，从 1260 年到 1370 年左右。由于不断繁衍的世系之间相互竞争，而且帝国的疆域过于辽阔，最终形成了四大汗国。元朝及其同盟伊利汗国，与察合台汗国、金帐汗国交战不休，积年累月。

元朝（1271—1368），由成吉思汗之孙忽必烈（1260—1294 年在位）建立，控制了蒙古本土和中国，即东亚大陆大部。元朝皇帝拥有帝国初起之地，被其他支系时断时续地视为大蒙古国（Yeke Mongghol Ulus）名义上的统治者。

伊利汗国（1256—1335）包含伊朗、阿富汗、伊拉克和外高加索，由成吉思汗之孙、忽必烈之弟旭烈兀（Hülegü，1256—1265 年在位）

建立。历史上，伊利汗国一直是元朝的紧密盟友，与之一起对抗其他支系的竞争。

察合台汗国（1221—约1370），得名于成吉思汗次子察合台（Chaghadai），最初占有突厥斯坦西部大部，后来也据有突厥斯坦东部的一部分。察合台汗国联合其他持有异见的诸王——尤其是成吉思汗的继任者窝阔台（Ögödei）的后裔，与元朝常起冲突。

金帐汗国（1237—约1500），更恰当的名称是术赤兀鲁思（Jochi Ulus），即成吉思汗长子术赤后裔的辖地。金帐汗国以伏尔加河下游为中心，统治西部草原、罗斯诸公国、伏尔加不里阿耳（Volga Bulgharia）、克里米亚以及花剌子模。其东翼或称左手诸王，是术赤长子斡儿答（Orda）的后裔，控制着中西伯利亚和今哈萨克草原，很大程度上保持自治，在叶尼塞河附近与元朝接壤。

敌对双方之间存在的差异，将他们分隔开，超越了家族和政治的
对抗。他们在社会生态特点上也有根本性的不同，这与本书讨论的主
要问题有直接关系。首先，金帐汗国与察合台汗国的核心地域位于草 3
原地带，或者紧邻草原地带；而元朝与伊利汗国在地理和文化空间上
都有更多的定居臣民。这种情况激发出不同的统治策略和风格。[1]其次，
中国与伊朗的蒙古政权比他们的草原竞争者控制着更为多样、更为多
产的经济，因此更能获得各种贵重商品，其中包括南方海洋所产的大
量珍珠。[2]他们能够借助这些资源建立起规模更为宏大的政治结构，这
也是统治人口密集的定居社会所必需的。

---

1 Khazanov 1994, 231 ff.

2 南方海洋，指中国南海、印度洋、波斯湾、阿拉伯海和红海。

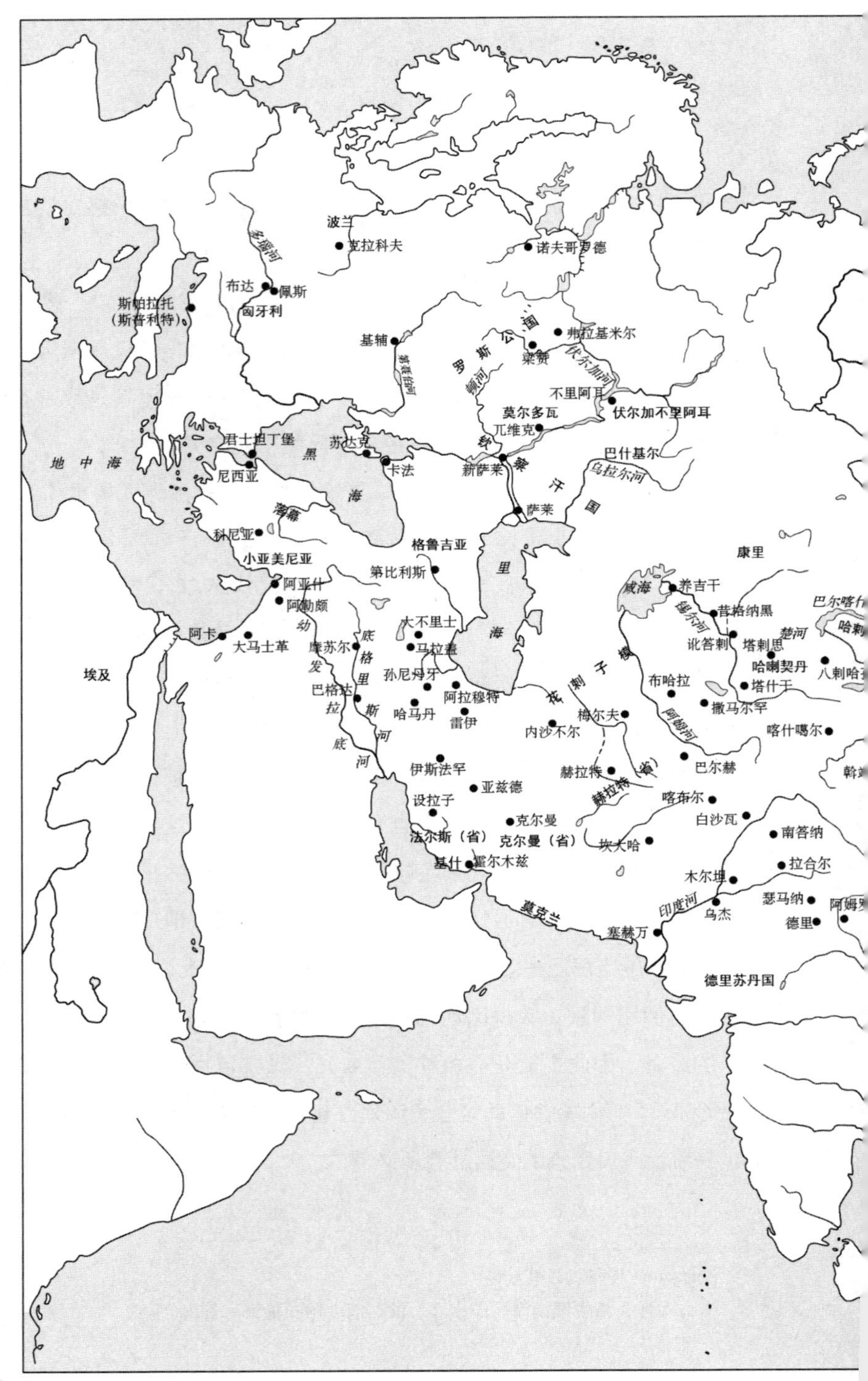

地图 1　约 1250 年的欧亚地图

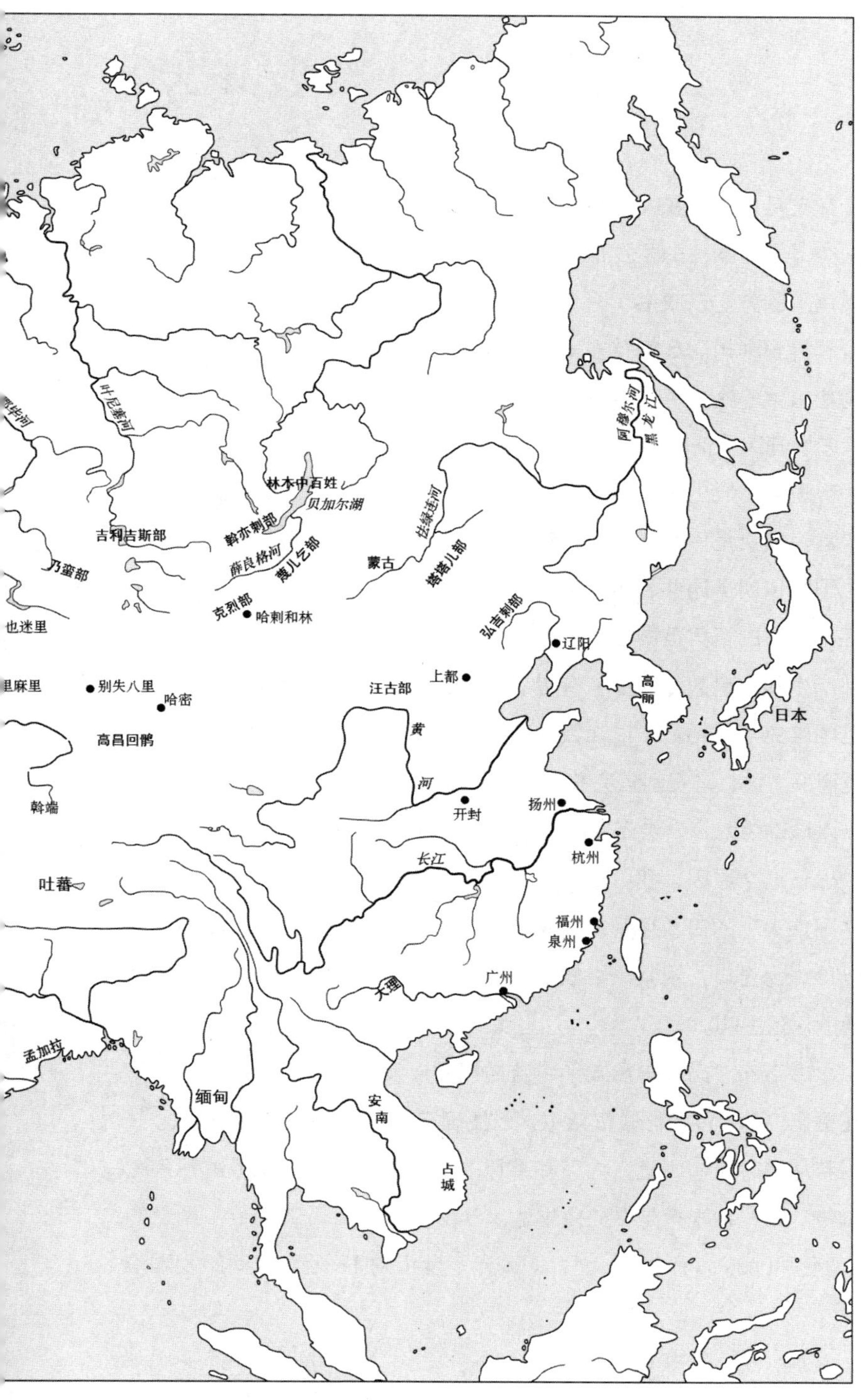

叶尼塞河
林木中百姓
贝加尔湖
斡亦剌部
吉利吉斯部
薛良格河
蔑儿乞部
乃蛮部
克烈部
哈剌和林
也迷里
怯绿连河
蒙古
塔塔儿部
弘吉剌部
阿穆尔河
黑龙江
辽阳
上都
汪古部
别失八里
哈密
高昌回鹘
黄
河
高
丽
日本
斡端
开封
扬州
杭州
长江
吐蕃
福州
泉州
广州
大理
孟加拉
缅甸
安
南
占
城

在史料方面，我大量利用了中国和伊朗的正史、宫廷编年史，但无法穷尽横贯欧亚的蒙古帝国疆域内有关珍珠的所有资料。在元朝士大夫撰写的方志、政书、医书、博物志、类书和文集中，还有很多资料没有得到利用。尽管存在局限和遗漏，但目前搜集到的资料庶几可以构建出关于这一主题有意义的历史叙述，进而确保对此处提出的特定问题展开实质性的讨论。

帝国各区域史料的数量和质量迥然有异。元朝位居其首，史料最为丰富，其次是伊利汗国。当然，这种状况准确地反映出蒙古征服者在中国和伊朗遭遇并利用的文化与官制传统。相反，关于察合台汗国和金帐汗国的资料范围较为有限，大部分是碎片化的外部记载；而其内部产生的史料数量较少，存世者则更少。因此，显而易见，所涉地理范围难免不平衡。不过，我们知道，后两个地域在使用珍珠和其他贵重商品方面，与资料较完整的中国和伊朗是一致的。

以珍珠为焦点，会不可避免地放大它的重要性，以致造成一种失衡。出于这个原因，我希望从一开始就声明，我没有提倡“珍珠使大蒙古国伟大”的简单化观点。珍珠是诊断性而非决定性的。我的目的是以珍珠为窗口，观察蒙古政治文化及其对整个欧亚大陆文化和商品流通的深远影响。

6 本书下部“比较与影响”将流通模式以及帝国所施加影响的本质放在更宽广的时间和比较框架中，以便确定较长时段的趋势和模式。

若从长时段勾画进入内亚和草原的珍珠，两种相辅相成的视角尤有价值。第一种视角是最先由琳达·沙费尔（Lynda Shaffer）阐发的“南方化”（southernization），即公元 5 世纪到 15 世纪之间印度洋沿岸文化特征向北传播，其中包括海洋产品和亚热带产品及相关技术。[1] 珍珠的流动，正可视为“南方化”大过程中的一环。学者甚至会扩大这一流动的地理范围和时间深度，认为南方化是欧亚文化史的一个古老而永恒的基本特征。[2] 这种方法提供了另一个益处：对于自然和文化商品流通的考察往往关注东西轴线，南方化的论点则将注意力转移到南北轴线。

大卫·克里斯蒂安（David Christian）采用不同的分析框架来探究同一问题，认为除了广为人知且被广泛接受的东西方“文明交流”（civilization exchanges）之外，应同样重视南北“跨生态交流”（trans-ecological exchanges），即在自然和文化历史截然不同的大陆区域之间的货物运输。后者研究虽然相对较少，影响却毫不逊色。而且他正确地总结道，这两种运动很容易合并，形成一个互动的、整合的、跨越大陆的交流网络。[3]

通过这些视角，珍珠的流动可以用来深入探研一个密切相关的长时段历史问题——陆上贸易与海上贸易之间的相互联系。在目前的案例中，蒙古帝国与南方海洋的积极交往，便阐明了这一点。研究表明，无论是在成吉思汗时代之前还是之后，珍珠与其他商品和贵重货物在大陆上都是平行流通的。

相同的方法对解决其他问题有所裨益。首先，它将有助于证实历史上各帝国政治文化中使用奢侈品的相似性。正如其他人所观察到的那样，在前现代的条件下，奢侈品是政治动员的必需品，在建立藩属

1 Shaffer 1994, 1–21.

2 Cf. Abalahin 2011, 683–88.

3 Christian 2000, 7 ff.

关系网和营造宫廷文化方面起着至关重要的作用。[1]现在人们已普遍认
7 识到奢侈品在帝国中心的政治经济中至关重要；值得进一步关注的是，这种商品的流通对地方和区域经济的影响。在这方面，珍珠的历史也颇具启发性，关乎其他种类的奢侈品的流动及计划外的经济后果。其次要影响通常表现为本地生产、成本较低的替代品和仿冒品。最近几十年来出现了一些关于特定商品和地区的研究，但更全面地认识这种生产的频度及其扩展的地理分布对于欧亚大陆经济史的意义，需要一个更为宏观的比较视角。

追踪珍珠在不同时间的流通，可以洞悉其长期价格波动。尽管这本身就很有趣，但这些波动具有更广泛的意义，尤其是不同的交换方式（战利品掠夺、朝贡制度、市场机制以及互惠赠礼）在前现代经济中的相对权重和重要性。在蒙古时代，所有这些模式都在发挥作用，并且相互影响很大。这为比较研究其他名贵商品的流通，开辟了另一条生产线。

珍珠还可以让我们更了解另一种研究得不多但普遍存在的现象：在前现代交通和通信条件下打造跨文化营销策略。在许多案例中，营销策略大量利用了在旧世界广为流传的神话和传说。正如我们将看到的，在长距离交换中，所有事物都伴随着一个故事，并且所有这些故事都有着商业用途。

珍珠的故事必然要求研究蒙古人与海洋的历史，这引出了一个重要但尚未充分解决的问题：由于成吉思汗及其后裔统治着广阔而多样的领土，他们如何从环境和文化特征截然不同的土地上开采资源？这

---

[1] Schneider 1977, 20–29.

在多大程度上导致他们的政策目标、人员选择和资源动员技巧的变化？答案充分说明了蒙古人的适应能力和成功。

最后，将这些比较结合起来，将有助于从一个恰当的历史视野
看待蒙古帝国的形成。因为蒙古人的帝国事业在某些方面具有开创
性，并取得了非凡的成就，所以关于它的历史视野有时模糊不清，或
是招来误解。然而，蒙古人的事业并非从天而降，他们广为利用既有
模型，建立在游牧民族和定居民族久已普遍共有的帝国传统之上。珍
珠也有助于识别和阐明这些关联性和连续性。这又使我们能够更精确
地回答三个深入且密切相关的问题：蒙古在草原历史上的特殊性，蒙 8
古人与海洋空前的接触，以及总是被讨论的“蒙古影响”（Mongolian
impact）——他们留下了一系列极为多样化的制度和意识形态，供其
臣民与后继者思考、选择和吸收。

PART I

上部 从海洋到草原

From the Sea to the Steppe

第一章　珍珠的特性

人类对珍珠的迷恋，与珍珠的神秘源起有关。这种美好而富有光泽的物品，出自一种并不引人注目的海洋生物，这简直是一种几乎不可能存在的现象。我们以概述当前科学对珍珠自然特性的认知为起始；转而考察人们通常赋予它的文化意涵。珍珠的价值因其文化意涵而提升。

一般来说，珍珠是指活的软体动物在应对异物入侵时，通常有机产生的碳酸钙凝结物。[1] 软体动物为应对外界刺激，会持续数年地给入侵物裹上钙质的同心层。

软体动物门（*Mollusca*）由超过十万种生物组成，其中大多数出产珍珠。珍珠通常来自珠母贝（nacre），亦即所谓的珍珠母（mother-of-pearl）。距今 2 亿年前的化石首次证实了珍珠的存在，而在距今 1.45 亿至 6500 万年之间，珍珠已不再罕见。尽管许多物种都能产出珍珠，但

---

[1] 我对珍珠自然属性的处理是基于兰德曼等人的研究。参见 Landman et al. 2001, 123–61。

只有少数双壳纲动物（bivalves）产出的珍珠才具备商业价值。为了研究方便，我们可以将它们分为两类：咸水牡蛎和淡水贝类。前者中最著名的是热带海域的真珠蛤属（*Pinctada*）。后者则在欧亚大陆以及美洲的江河湖泊中有众多的属。

因为原始人类找寻软体动物作为食物来源，人类与珍珠的接触可以追溯到几百万年之前。然而，珍珠会随着时间流逝而变质，所以人类与珍珠相关联的最早证据，出土于波斯湾畔和美索不达米亚平原公元前 4 至前 3 世纪的墓葬中；而最早的文献记录则出现在更晚的近东史诗中。[1]

12 珍珠最吸引人类的特质是它的光泽、反射率与透明度。这些独特的光学性质与珍珠的晶体结构和球状外观相关。晶体结构本身散射光，而球状外观使其反射的光芒看起来像是从珍珠内部发出的。

从物理性质而言，珍珠比宝石要柔软一些。尽管如此，由于自身的晶体结构，珍珠也很难被压碎。其颜色千差万别，白、黑、红、金、蓝、绿等多种兼备，一般反映的是蚌壳内表面的颜色。它们的质量和尺寸也是各不相同。珍珠的比重是 2.6—2.8，因此它们比宝石更轻。已知最大型号的珍珠直径最长达 23.3 厘米，但超过 8 厘米的天然珍珠非常少见。而那些直径小于 3 毫米的珍珠商业价值有限，小于 2 毫米的则被称为“芥子珠”（seed pearls）。

珍珠的外形也是不胜枚举：圆形、水滴形、扁平形、细长形以及不规则形。不规则形也被称作“巴洛克”（baroque）。即便是小规格的圆形珍珠，也近乎千中选一，颇为难得。随着尺寸的增加，圆形珍珠

---

1 Donkin 1998, 44–50.

的品类逐渐变得稀少。因此，长期以来，大颗圆形珍珠价格不菲。

考虑到珍珠本身所具有的吸引力，横贯欧亚大陆的人类社群对它们产生积极的反响并不令人意外。人们很容易修饰、美化珍珠的自然属性，通常认为它们具有无边的神灵魔力，或者赋予它们高昂的市场价值。

为物品附加价值的倾向具有若干重要的影响，这将在后续章节中详细说明。首先，从这一点来说，珍珠并不是唯一的，很多其他商品同样具备“上等”、尊贵的价值，而没有实用价值。正如科林·伦福儒（Colin Renfrew）指出，上述现象可以归因于人类有“赋予物质产品以社会意义和象征意义”（to give a social and symbolic significance to material goods）的倾向，这种倾向不是适应性的，却能提高地位和政治影响力。此外，占有这类物品并用于礼仪，不仅是社会地位的反映，而且是达成和宣扬这种社会地位的手段。[1]科林·伦福儒的观点完全符合成吉思汗时代宫廷政治的进程。

其次，实用性物品的作用通常可以由它们的结构和物质属性来推论，而纯粹象征性的物品具有文化多样性，较难解读。[2]商人们推销这些来自遥远国度的商品时，不得不考虑商品在当地、区域和国际范围 13
内的丰富文化意涵。因此，商人们深入地参与着跨越时空的形象传播过程。

关于珍珠的形象和流传的故事——它们高昂的价值、异常的起源以及独特的力量——都被文献广泛地记录下来。在上古和中古时期，

1　Renfrew 1988, 143–44 and 158–62.

2　Maquet 1993, 30–40.

人们以珍珠的产额来衡量海洋的富饶程度；珊瑚、龙涎香等其他海产品虽然也很贵重，但明显居于次要地位。[1]珍珠在珍宝中的崇高地位表现为，欧亚大陆主要语言的修辞频繁地借助它来表达价值、美好、珍稀、卓越和异域知识的概念。在远离海洋区域演化产生的突厥语中同样如此，这证明珍珠文化稳定地由南方传播到了北方。[2]事实上，珍珠所具备的共通一致的美学品格，跨越了无数的时空与文化的界线。虽然附加给珍珠的象征和精神意义更为多变，但重要的一点是，它们在任何地方都具备这样的特质。

尽管珍珠是最受尊崇的一类物品，也得承认不同个体之间的品质存在很大的差异。珍珠既有极尽奢华之属，也不乏廉价和未分类的品种。[3]波斯语、阿拉伯语、梵语和汉语中都有为非专业人士编纂的关于珍珠收藏和鉴赏的著作。[4]收藏、鉴赏珍珠的基本标准设立颇早，且长期通用。早在公元 1 世纪，普林尼（Pliny）声称，珍珠的价值由它的"光泽、大小、圆度、光滑度和质量"决定。此标准亦见于公元 9 世纪署名贾希兹（Al-Jāḥiẓ）编纂的阿拉伯语商业手册中。[5]

专家们自然会发展出一系列复杂的词汇来描述不同的珍珠个体在形状、大小、颜色和光泽上的细微差异。当然，每个不同的贸易群体

---

1 Pliny, XXXVII. 204; *Qur'ān, Sura* 55. 22–33; and al-Sīrāfī, 124–25.

2 Theophylact, IV. 16.22; al-Bīrūnī/K, pt. I, 412–13; Rust'haveli, v. 16 and 836; Nīẓāmī, v. 4.72, 8.23, 32.411 and 33.144; *CP*, 139; *THPN*, 124; al-Nadīm, II, 856; Yūsuf, 160, 183, 207, 223, 253, and 258; and Khorezmi 36 and 76 (v. 112).

3 Goitein 1967–93, IV, 26; Nīẓāmī, v. 45.210; and Serruys 1967, 254.

4 Jāḥiẓ, 155–56; Gode 1957, 130–33; Clunas 1991, 33; and Needham 1959, 648 and 669.

5 Pliny, IX.112–15 and Jāḥiẓ, 155–56.

也有自身同样复杂的词汇。[1]因此，想要在跨国珍珠市场上获得成功，商人必须掌握数百个专业术语及其在多种外语中的对应词。

在不同的时空情境下，有时也流行将不同的罕见颜色的珍珠搭配使用。据说，波斯萨珊王朝的妇女用五种不同颜色的珍珠装饰她们的头发。在哥疾宁王朝（Ghazna，又译伽色尼王朝）统治者马赫穆德（Maḥmūd of Ghazna，998—1030年在位）的宫廷中，色调奇异有时还带着小黑点的珍珠，被视作稀世珍品。[2]无论如何，毫无疑问的是，白色珍珠长期以来得到精英和鉴赏家的青睐，被用作装饰、展示和馈赠。[3]

至于外形，圆度是首选标准，可以通过在盘子上滚动珍珠来测试 14
它的圆度。[4]任意一对完全相同的珍珠，尤其是在同一蚌壳中发现极其罕见的“双胞胎”，同样颇受人们珍视。对于中古时期的穆斯林收藏家而言，这样的珍珠“双胞胎”是最完美的组合。[5]

珍珠的规格和重量也非常重要。从小颗到超大颗，它们一般被分为十几个等级。超大颗珍珠在波斯语中被称作 *durr* 或 *ḥabb*，[6]是诗文中

1 Al-Bīrūnī/K, pt. I, 403–6, and pt. II, 21, 23 and 32–33; Qāshānī/A, 92–100; and Fryer, II, 363–64 and 367.

2 *BS*, ch. 97, 3222, and al-Bīrūnī/K, pt. I, 414–17, and pt. II, 24. 亦见 *ZS*, 13 and 74 (15b); Yang Xuanzhi, 226; *LS*, ch. 12, 134; and Wittfogel and Feng 1949, 259。

3 Quintas Curtius, IX. i. 29–30 的评论颇具代表性.

4 Zhao Rugua, 204, and Zhao Rugua/H, 230.

5 *BGR*, §§ 93 and 346, and al-Bīrūnī/B, 144.

6 *BGR*, §§ 18, 22, 29, 93, 112, 116, 150, 194, 218, 224, 252, 333 and 398; Qāshānī/A, 92; Ma Huan, 155; and Barbosa, I, 55, 81, and 93–94.

描述和歌颂的对象。[1]更为具体且有价值的指涉是，蒙古传统中有时形容珍珠如“羊粪大小”；而伊斯兰文献则借用麻雀蛋或榛子的大小来表达。[2]汉文材料中亦有“其二珠大如榛”的记载，反映了西亚衡量标准向东方的渗透。[3]

不过，由于珍珠价值名贵，珠宝商人有赖更精确的方式来确定珍珠的重量。在穆斯林国家，因为官方货币具有稳定性，所以珍珠的重量通常以货币用语来标示。[4]珍珠屡屡以密丝戈尔（*mithqāl*）计重。密丝戈尔是用来设立铸币重量的单位，1 密丝戈尔相当于 4.5 克。在穆斯林时代早期，1 迪尔哈姆（dirham）被定为 7/10 个密丝戈尔。[5]但实际上，珍珠的重量等同于流通中硬币的重量——最常见的是金第纳尔（dinar）。

评判珍珠的最后标准是原产地。这是一条重要因素，早期宝石专家们如以博学著称的比鲁尼（al-Bīrūnī，973—约 1050）已经很好地认识到，从中国到东非和红海，每一个主要的牡蛎渔场产出的珍珠都是独特而优质的。[6]前现代的鉴赏家将来自南部海域的珍珠进行了明确的区分，其来源只有两类：射勒珠母贝（*Pinctada radiate*）和白蝶贝（*Pinctada maxima*）。他们得出的结论是，珍珠在生长期的细微变化与当地的自然环境以及采收方法有着更为密切的联系，而产自何种牡蛎

---

1 Al-Bīrūnī/B, 143–44; *HG*, 560–61; and Behrens-Abouseif 2014, 56–57.

2 *BGR*, § 22; Ibn Baṭṭuṭah, III, 683; and *PR*, 54 and 116 (18v3).

3 *YS*, ch. 180, 4160, and *MREAS*, I, 161–62.

4 Al-Bīrūnī/K, pt. II, 24; Ibn Khaldūn, I, 367; and Mokri 1960, 390–95.

5 Morony 1984, 50, and Behrens-Abouseif 2014, 128.

6 Al-Bīrūnī/B, 133–35, and al-Bīrūnī/S, I, 211.

并非问题的关键。[1]

前现代欧亚非大陆的消费者拥有很多的选择。从东北亚开始，最
靠近蒙古本土的资源是“北珠”，出自中国东北的松花江和其他河流
中的蚌类。这些收成是金朝（1115—1234）及金朝之前女真人混合经
济的一部分，后来珍珠采量虽然大幅减少，但仍然持续到清末。[2]据马
可·波罗记载，日本产有红、白二色海珠，皆输入大陆。[3]沿着漫长的 16
海岸线，中国也有数量众多的采珠场，其中尤以雷州半岛西部的合浦
和海南岛东北角的崖州最为著名。汉初以前，也可能在更早的时候，
这两地的采珠工作都由当地的非汉族原住民来完成。[4]在遍布中国南方
和西南地区的无数河流湖泊中，也有丰富的淡水珍珠供应。最早见于
记载的是西汉时期（公元前 202—公元 25 年）的桂林郡，直到 20 世纪
早期，当地仍有珍珠产出。[5]

通过贸易往来，东南亚大陆和菲律宾群岛、爪哇、苏门答腊等地的采珠业也为中国及穆斯林国家所知晓。[6]马可·波罗声称，“秦海”（Sea of Chin）有七千多个岛，人们在周围捕捞珍珠。虽然不免夸张，

1　物种分布见 Landman et al. 2001, 54, 56, and 132; Donkin 1998, 29–35。

2　Ye Longli, ch. 26, 246; Vorob'ev 1975, 89; Vorob'ev 1983, 19, 27, 29, 62, and 90; James 1888, 14 and 282; Schlesinger 2017, 60, 65–64, and 68–74; and Hosie 1904, 166–67.

3　Marco Polo, 357, and Enoki 1957, 28 and 30–32.

4　Schafer 1967, 160–62, and Schafer 1970, 8–10 and 12.

5　Donkin 1998, 195–98; Huan Kuan, I, 29; and Anonymous 1914, 184–86.

6　Yang Xuanzhi, 205; Zhao Rugua, 50, 55, and 141; Zhao Rugua/H, 71, 77, and 160; and *Ḥ-ʿA*, 57.

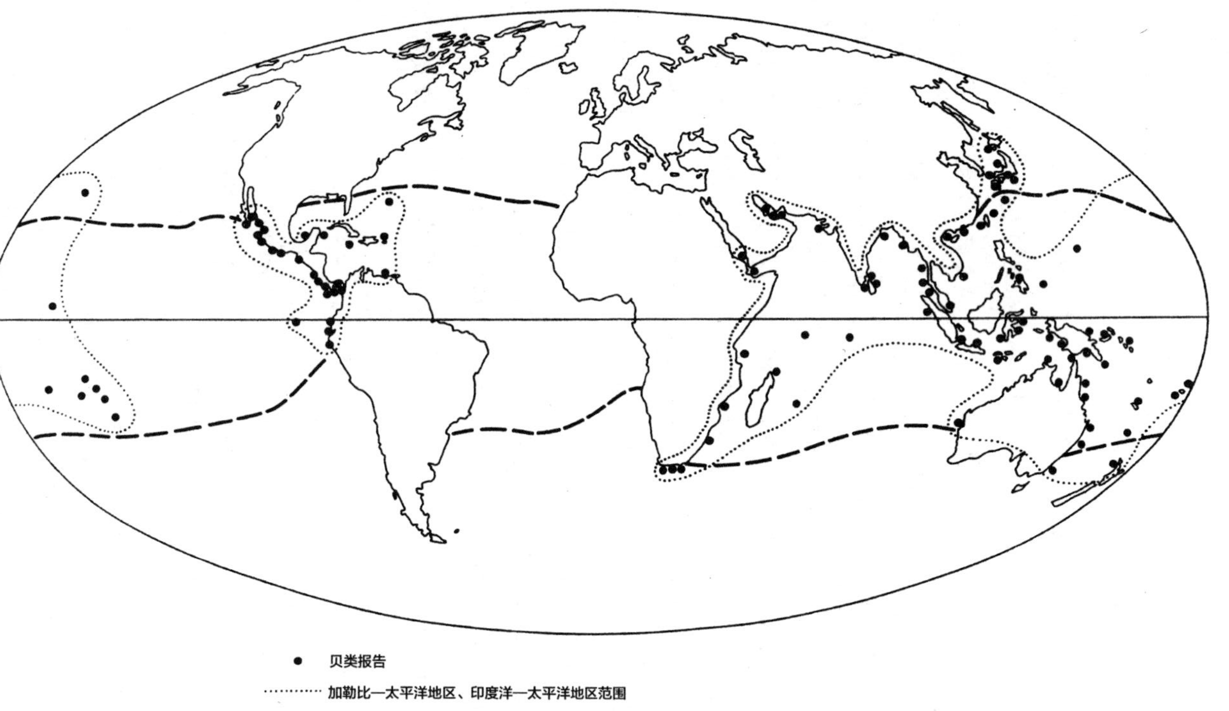

地图 2　射勒珠母贝与白蝶贝分布图

但这反映了东南亚海域珍珠产量颇丰的事实。[1]

印度的采珠业主要集中在南亚次大陆和锡兰之间的马纳尔（Mannar）湾沿岸。考古证据表明，当地首次开采珍珠在公元前一千纪之初，印度早期文献也记载了珍珠贸易。[2]从公元1世纪开始，大量的异域文献将锡兰列为南亚珍珠的重要产地。[3]锡兰岛的珍珠产量虽然保持了较高的水准，但在中古晚期之后，马八儿（Maʿbar，科罗曼德尔海岸）和马拉巴尔（Malabar）成为其强有力的竞争对手。[4]

波斯湾也盛产珍珠，这种美誉从古代开始，一直持续到欧洲海上扩张时期。[5]波斯湾沿岸有许多地方以拥有"珍珠矿"（*maʿdan-i marvārīd*）而著称：法尔斯（Fārs）省海岸的加纳法（Ganāfah），靠近巴士拉（Basra）省的哈尔克岛（Kharak），以及靠近霍尔木兹的格什姆岛（Kishm）。[6]更知名的珍珠矿在阿曼沿海区域及法尔斯省附近的基什岛（Kīsh/Qays）周围。[7]在波斯湾所有产出珍珠的地方中，巴林的矿床

---

1 Marco Polo, 365.

2 Ray 1998, 14, 17–19, 22, and 41; Raman 1991, 131; and Donkin 1998, 57–65.

3 Pliny, VI. 89; *PME*, 85, 87, and 89; Ananias, 75a and 76; al-Sīrāfī, 24–25 and 112–13; and *Ḥ - ʿA*, 61 and 86.

4 Zhao Rugua, 67 and 76; Zhao Rugua/H, 88 and 96; Marco Polo, 381; *CWT*, II, 172; Rashīd/J, 37 and 41 and 335r and 336v; Qazvīnī, *NQ*, 224; al-Bākuwī, 18; Ibrahīm, 168; and Fryer, I, 129.

5 Isadore, 11; *PME*, 71; Arrian, *Ind*., 38.3; Ananias, 72; Barbosa, I, 81; and Fryer, II, 191 and 364–65.

6 *Ḥ-ʿA*, 58 and 127; *ʿA-D*, 57 and 358; Qazvīnī, *NQ*, 130 and 136; and Schiltberger, 45 and 164.

7 *PME*, 73 (36); Thaʿālabī, 132; *ʿA-D*, 224, 232, 520, and 525; Zhao Rugua, 90 and 108; Zhao Rugua/H, 116, 133, and 134; and ʿUmarī/L, 97 and 156.

以其质量和数量获得了最高的赞誉，这一赞誉持续到20世纪。[1]亚丁湾（Aden）和红海采珠业虽然也见于记载，但通常被认为处于次要地位。[2]对于对此物有强烈兴趣的穆斯林和中国人而言，它们是位置最西的珍珠产地，而菲律宾群岛是最东的珍珠产地。

至于上述产地的珍珠何处最好，可谓众说纷纭，莫衷一是。判断珍珠价值的标准很有意思，有时建立在当地的自豪感和经济利益之上，有时又基于神秘远方的商品的强大吸引力。当然，珍珠的估值在多数情况下都是依照实际情况而定，反映了生产效率和市场条件的变化。

17 虽然几乎每个地区出产的珍珠都有它的支持者，但仍有两处产地的珍珠脱颖而出。《红海周航记》（*Periplus Maris Erythiae*）成书于公元50年前后，其佚名作者断言，印度珍珠的品质应当居于首位。这一观点随后得到了中国人和欧洲人的认同。[3]人们对印度珍珠的迷恋或许因为相信锡兰是伊甸园的所在地，亚当的后裔正是从这里散布到有人类居住的世界其他地方。[4]然而，古典作家、穆斯林以及欧洲作家的主流观点认为，波斯湾产出的珍珠更胜一筹。[5]蒙古时代的中国也是如此，《元史》列举伊利汗不赛因（Abū Saʿīd，1316—1335年在位）所辖地区，最前面两个地名——八哈剌因（Bahrain，今译巴林）、怯失

---

[1] Nikitin, 24 and 84; al-Sīrāfī, 130–31; al-Bākuwī, 24–25; Teixeira, 173; Barbosa, I, 82 and 93–94; Chardin, 166; and Sykes 1902, 241.

[2] *Ḥ -ʿA*, 147; *ʿA-D*, 57 and 348; and Qazvīnī, *NQ*, 226.

[3] *PME*, 73 (36); Zhao Rugua, 203–4; Zhao Rugua/H, 229; Marco Polo, 383–84 and 402; and *CWT*, II, 146.

[4] Ananias, 75a and 76; Marco Polo, 381; and *CWT*, II, 172 and III, 231 ff.

[5] Pliny, IX.106; Jāḥiẓ, 156 and 160; Niẓāmī, v. 11.7 and 25.64; Qazvīnī, *NQ*, 226; Ibrāhīm, 168–69; Teixeira, 179; and Fryer, II, 365, and III, 9.

（Kīsh，今译基什），是生产珍珠的核心区域。[1]

人们对如下问题有共识：从古迄今，人们历来认为咸水珍珠的品质比淡水珍珠更优，并且对二者进行仔细区分。后者在晚近的英语中也被称为“杂种珍珠”（bastard pearl）。[2] 在西方语言中，“东方”（orient）一词的使用进一步强调了咸水珍珠的优越性。“东方”既指代富有光泽的珍珠，也表示珍珠本身散发的光泽，通常用来区别富有光泽的海洋珍珠和欧洲河蚌产出的颜色较为暗淡的品种。珠宝商们频频将“东方”作为衡量其他宝石的明亮光泽或“纯正”颜色的标准，这一术语同样适用于他们对咸水珍珠的评判。[3]

汉文材料中也有类似的表达，即“海上明珠”。[4] 宋朝（960—1279）的统治阶层尽管接受这一标准，但在 12 世纪初的一段时期，他们使用北珠来装饰住所、点缀衣物，达到了贪得无厌乃至近乎痴迷的程度。[5]

除此之外，还存在一类具有自然发光特质的珍珠。欧亚大陆的许多宝石都有类似的说法：钻石可以吸收并反射光线；由矿物质制成的人造宝石加热或摩擦时会发出磷光；最著名的是“明月”和“夜光”，频见于佛教、突厥和中国故事中。[6]“明月”和“夜光”被认为是希腊化时代中近东世界的奇特物产，这一区域在汉文材料中被称为“大秦”

---

1 *YS*, ch. 63, 1571; and *MREAS*, II, 129–30.

2 Tacitus, *Agr*., 12.5; Ammianus, XXIII. 6.88; Harada 1971, 72–73; Serruys 1967, 206–7; Holmes 1934, 198–99; and Cammann 1950, 60.

3 al-Bīrūnī/B, 41; and *RBK*, 305.

4 Tao Zongyi, ch. 20, 243.

5 Wang 2011, 104–10.

6 Laufer 1915a, 55–71; Schafer 1963, 237–39; Nadeliaev et al. 1969, 336; and Eitel 1976, 96 and 110–11.

(Daqin)。[1]虽然博学的怀疑论者有时会拒绝承认自发光珍珠的存在，但这种观念广泛而持久，只能强化珍珠的神秘感和光环。[2]

18 人们对珍珠品质的争论一直持续，但如前所述，欧亚大陆的绝大部分地区都有通行的标准，例如大小、圆度、白度和光泽。[3]如果符合甚至超过所设立的标准，便可获得不菲的报价。这样的珍珠通常被称为"皇家珍珠"(royal pearls)，此词至少可以追溯到中古波斯语"*morwārīd-i shahwār*"，即"王者之珠"(pearl fit for a king)之意。[4]公元5世纪，嚈哒人从萨珊波斯王朝抢夺的那颗"大珍珠"(the great pearl)，无疑符合评价标准。拜占庭的君主也对它垂涎三尺，最后以回售给波斯国王而告终。[5]

在中国南方的原住居民看来，珍珠尽管价值高于其他所有物品，但仍然经常被用来与其他珍贵的自然物产相比较。[6]在穆斯林国家，各类宝石的估价只有红宝石、祖母绿与珍珠差可比拟。[7]中国崇玉，标准也比较多样，有时将黄金、白玉、明珠三者同时作为衡量物质和世俗财富的终极标准。[8]而在古印度吠陀时代的价值观念中，则是黄金居首，

---

1 *BS*, ch. 97, 3228 and 3239.

2 Song Yingxing, 440, and *YS*, ch. 23, 519–20.

3 Rockhill 1916, pt. II, 270–71; Song Yingxing, 440–41; *BGR*, §§ 106, 112, and 218; al-Bīrūnī/B, 142-51; and Procopius, *HW*, I.iv.16.

4 *KDA*, 58, 80, and 127; and al-Bīrūnī/K, pt. II, 23.

5 Procopius, *HW*, I. iv.16.

6 Eberhard 1968, 381–82.

7 Al-Bīrūnī/B, 49, 73, and 81; and Yūsuf, 207.

8 *THPN*, 163; Huan Kuan, I, 42, and II, 438; and Song Yingxing, 437.

珍珠其次。[1]

黄金和珍珠通常被视作互补的一对。莎士比亚“镶满真金珠宝的御袍”一句，描绘了占据主导地位且为整个欧洲大陆所接受的贵族着装标准。[2]在欧亚大陆西部，黄金和珍珠的配对也反映在具体的商业实践中。[3] 1330 年代的裴哥罗梯（Pegolotti）通商手册中提到，黄金和珍珠在顿河下游的塔纳城（Tana）出售时采用相同的计重单位萨爵（*saggio*）——相当于 1/16 盎司。黄金和珍珠不仅代表陆地和海洋的宝藏，而且都与伟大君王的威严、财富及影响力密切相关。在少数情况下，国君拥有大量的珍珠甚至也是其实际行使海权的表征。[4]

蒙古人完全认同这些标准。事实上，在《蒙古秘史》中，除白银（*mönggü*）之外，自然珍宝中只有黄金和珍珠被提及。在蒙古语版本的《亚历山大传奇》（*Alexande Romance*）中，黄金和珍珠成为衡量财富的独特标准。[5]判断珍珠的价值时，蒙古人的标准与泛欧亚观点完全一致。这在乔叟（Geoffrey Chaucer）的《武士的故事》（*The Knight's Tale*）中得到了准确的反映。乔叟描述了印度国王伊米屈厄斯（Emetrius）披挂着金锦，“上面有又白又圆又大的珍珠”。这颗珍珠的品质完全复制了蒙古人对完美珍珠的期许，也与波斯人“王者之珠”的概念相吻合。[6]

---

1 Pliny, IX.106; Arrian, *Ind.*, 8.13; and Gonda 1991, 32, 61, 77, and 130.

2 *King Henry V*, IV. i. 280.

3 Pegolotti, 24; and *CWT*, III, 157.

4 Theophylact, IV. 3.13; Yang Xuanzhi, 157; Yūsuf, 46 and 214; and ʿUmarī/S, 3 and 29（原文）, and 19 and 55（译文）.

5 *SH*, §§ 238, 248, 252, 260, 265, 272, 273, and 279; and Cleaves 1959, 45 and 61.

6 Chaucer, 63 (v.2161).

19 # 第二章　捕捞与加工

珍珠在被销售或分配之前，必须先捕捞，为上市做准备。投入市场的准备工作又与多个阶段相关联，涵盖提取、分类、估价、穿孔、穿线等步骤。简要概括上述步骤，可以为稍后本书解决若干问题提供必要的背景。[1]最重要的是，这些技术以具体而微的形式制约着各国为获取大量珍珠而付出的种种努力。

当然，关于潜水捕捞珍珠有许多故事，尤其是关于下潜深度和时长的故事。[2]纵观波斯湾地区最近两百多年来的渔场，不难发现，珍珠床分布在 3—20 英寻（约 5.5—36.6 米）深的水底，而位于 5—10 英寻（约 9.1—18.3 米）之间的珍珠最容易被开采。春末和夏季海水变暖，正值珍珠捕捞的典型季节。在此期间，通常有由 5—20 只独桅帆船组成的船队，在"舰队长"的全权负责与管理之下，驶往矿床进行捕捞。潜水员顺着缚系石头的绳索向下沉降，并在另外的绳索上绑

1　完备的介绍见 Donkin 1998, 119–32 and 157–65。

2　即便是博学的自然科学家宋应星也被严重误导了，见 Song Yingxing, 438。

好篮子，以便将牡蛎运回水面。鼻夹和小刀是潜水员仅有的装备，他们可以在水下停留几分钟，有些观察者声称可以达到5分钟甚至10分钟之久。故事中非常强调海洋生物的危险性，而实际上潜水员面临的主要威胁其实比较寻常——减压症、被珊瑚切伤、呼吸困难及眼部感染等等。[1]由于工作艰苦、损害健康且报酬低廉，潜水捕捞者往往是当地的少数族群或者外来专职者。至少最近的几个世纪，波斯湾地区的潜水员皆为男性，但在东亚也有一部分女性从事珍珠捕捞。[2]

令人有些惊异的是，众多前现代时期文献记录的数据与最近的观察结果极为吻合，而且提供了有关船队规格的更多细节。据记载，船 20
队规模从20艘至200艘不等，这表明中古时期的捕捞规模比近几个世纪更高。这些信息广泛来自穆斯林、中国和欧洲的珍珠行业的局外人，所以我们对前现代时期波斯湾和印度南部地区的捕捞方法可以有相当准确的认知。[3]

在中国沿海地区，潜水员同样借助系有重物的绳索下沉，但他们拥有皮革面罩乃至呼吸管等更多装备。不过，关键的技术革新发生在宋代，中国人开始采取平底帆船拉动渔网的捕捞方式来大量地捞取和采集牡蛎。[4]不过，捕捞之后需要持续数十年的休渔期，才能使矿床恢

1 Bowen 1951a, 161–80; Bowen 1951b, 395–400; Rentz 1951, 397–402; and Mokri 1960, 381–88.

2 Al-Bīrūnī/K, pt. II, 27; Ibn Baṭṭuṭah, II, 407–9; Schafer 1967, 52–53 and 85–86; and Schafer 1970, 58 and 68.

3 Al-Bīrūnī/B, 136–42; Ibn Jubayr, I, 79; Zhao Rugua, 204; Zhao Rugua/H, 229–30; Shao Yuanping, ch. 42, 53a; *MREAS*, I, 145; Marco Polo, 381; Ibn Baṭṭuṭah 177–79; and Chardin, 166.

4 Song Yingxing, 438–41; and Needham 1971, 668–69.

复。[1]但即便没有使用这种工业方法，传统的渔业资源也经常面临枯竭，本书第九章将对这一主题作更加充分的论述。

珍珠被捕捞之后，要为上市做准备。这是一个漫长的过程，包括几个不同的阶段。第一步即是提取。在波斯湾地区和印度，通常将牡蛎放置在甲板或岸边数日。这样贝壳更容易打开，珍珠更容易被发现并从腐烂的蚌肉中取出。具有商业价值的珍珠产量通常有限，而数量更多的是芥子珠，用于医药和某些装饰用途。

接下来的步骤是分类和评估。下面提到的方法，只被 19 世纪驻守锡兰的英国官员完整描述过，却与成书于 13 世纪晚期的旅行报告所提供的较为零散的信息高度一致。[2]整个流程包括四个步骤：（1）使珍珠通过孔径不一的筛子，依据规格大小，将珍珠分成 10 个等级；（2）在不同等级内，再对珍珠的形状和光泽进行评估，专家的鉴赏力在这一阶段开始发挥作用；（3）然后将珍珠用磅秤称重，质量越高价值越高，通过复杂的表格运算得出；（4）至此，每颗珍珠分配到相应的价格。在伊斯兰国家，珠宝商人和工匠通常担任皇室和地方诸侯的常驻顾问和财政官员。他们使用的评估工具和标准与之非常接近。[3]正如我们将看到的，蒙古统治者也采取了同样的做法，负责此事的人员主要征募自同一群体。

评估完成之后，按照惯例，开始对有瑕疵的珍珠进行修复、改良。基于珍珠自身的生长形态和基本结构，可以通过仔细地剥去外表层，

---

1 Schafer 1967, 161; and Needham 1971, 669–74.

2 Kunz and Stevenson 1908, 343ff.; Ibn Baṭṭuṭah II, 848; and Rockwell 1915, pt. III, 387.

3 *BGR*, §§ 150 and 167. 有关传统工具的举例，参见 Landman et al. 2001, plate on 155。

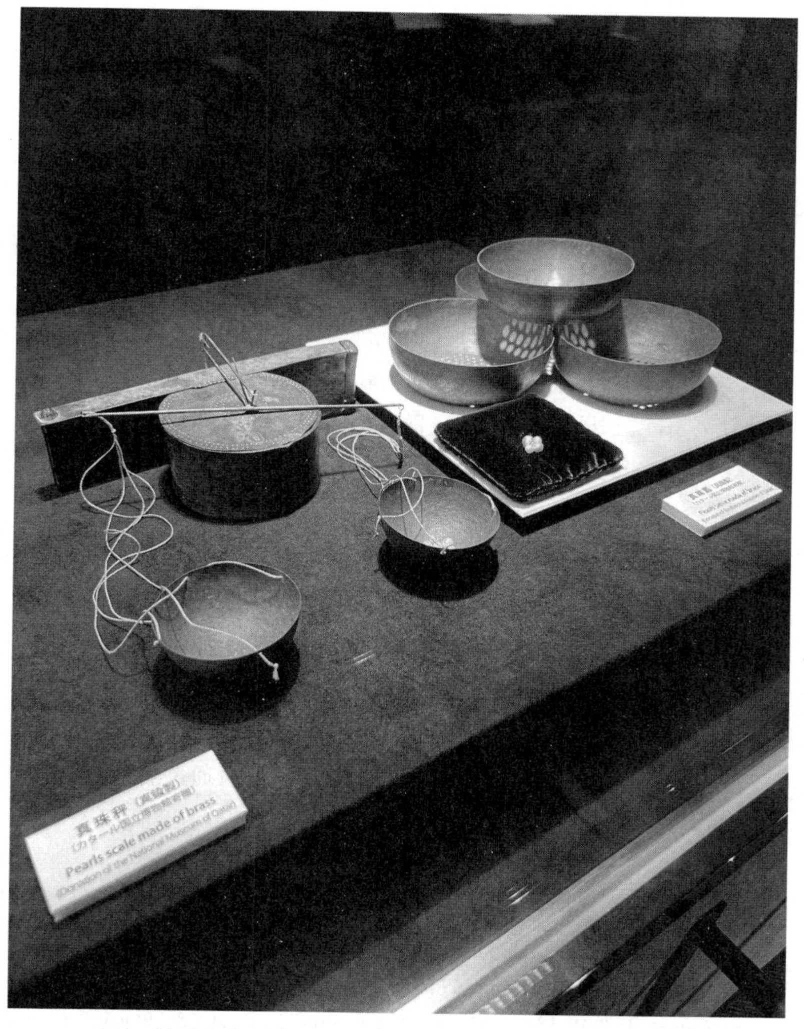

图 1　波斯湾地区测量珍珠的传统工具（©Mikimoto Pearl Island）

达到消除细微瑕疵和表层破损的效果。珍珠的颜色同样能够处理；更
21 具体地说，色泽暗淡的珍珠可以通过各种化学和机械手段达到增强甚至“恢复”自身洁白度的效果。[1]

接下来是非常精巧的步骤：穿孔。这被视为一种常见操作，显然是因为珍珠主要应用于装饰，被穿缀成串作为项链，或者装点在服饰上。[2] 由于加工步骤和珍珠的预期用途密切相关，因此穿孔和未穿孔的品种之间始终泾渭分明。[3] 穿孔技术最早出现在公元前 300 年前后的阿契美尼德王朝的疆域内，是一项很有挑战性的任务，略有失误便会毁坏一颗价值连城的珍珠。弓钻（bow drill）是整个欧亚大陆穿孔作业的必备工具。先钻珍珠的一侧，再从另一侧钻入，然后两侧的穿孔恰好相遇，这样便可以避免钻头钻出时时常造成的爆裂损坏。至少在南亚地区，这属于常见的技术。不言而喻，这同样是艰巨的工作，而珍珠的晶体结构使得问题更为复杂。[4]

钻头通常镶嵌有金刚石。在文艺复兴时期发明更先进的切割技术之前，加工金属和其他珍贵的宝石被认为是金刚石的主要用途。到中古早期，金刚石在欧亚大陆各处似乎已经成为珍珠穿孔的常用工具。因为唐代中国人通过海道从印度获得金刚石，同时通过陆路以吐鲁番的回鹘人为中介，从波斯人那里获得许多钻头。[5]

---

1 Al-Bīrūnī/K, pt. II, 29–32.

2 *BGR*, § 29; and al-Bīrūnī/K, pt. II, 28.

3 Pegolotti, 138; Yazdī, II, 427; and *CP*, 93.

4 Landman et al. 2001, 18, 51–52, and 104; al-Bīrūnī/K, pt. II, 28–29; and Kunz and Stevenson 1908, 378–80, 383, 385, and 394.

5 Laufer 1915a, 27–35 and 38–40; Laufer 1919, 521; Maenchen-Helfen 1950, 187–88; Wheatley 1961, 113–14; Schafer 1963, 221; and Benn 2002, 104.

最后一道工序是穿缀成串，需要对珍珠进行挑选、匹配以及排序，
有时还使用其他材料充当垫片。[1] 穿缀成串不仅是将珍珠用作装饰的一 22
种方法，也是皇家宝库中储存大量珍珠的标准方式。在皇家宝库中，珍珠被分为数类，每一类都会有指示其等级和价值的封印。[2] 成串的珍珠也被广泛应用于陆地和海洋运输之中，尤其在处理大宗优质珍珠时，格外便利。这种偏好已经得到充分的证明。据汉文史料记载，公元9世纪晚期，外来商船（诸蕃舶）“日十余艘，载皆犀象珠琲”抵达广州，“琲”即500枚珍珠之意。约一个世纪之后，一封回鹘文信件通知收信者“117串珍珠”（*salqïm yinchu*）的礼物正在运输中。[3]

穿孔、穿线的工作备受尊敬，且回报丰厚，这在伊斯兰地域、印度和粟特人居住的中亚地区流行的诗歌和传说中可以得到反映。[4] 在后一种情况下，我们有确凿的证据表明，这些技术已经传播到对珍珠有较高需求的中心地区，即便它们距离南部海洋极为遥远。在蒙古时代，上述操作都是在诸如霍尔木兹等海港和巴格达（Baghdad）、摩苏尔（Mosul）、大不里士（Tabriz）及孙丹尼牙（Ṣultānīyyah）等内陆中心地区进行的。在内陆中心地区，一部分珍珠镶嵌在首饰上，其他则大量地出售给外国商人。这种模式一直持续到现代早期。[5]

---

1 Yazdī, II, 429; and *CS*, 94.

2 Abū'l Faẓl/, I, 15–16.

3 *XTS*, ch. 170, 5169; and Moriyasu 2012, 32 and 57.

4 Goitein 1967–93, I, 99; Henning 1943–46, 465–69; Ibn Khaldūn, III, 432; and Abū'l Faẓl/, I, 16.

5 Marco Polo, 100; Bautier 1970, 284; Clavijo, 160–61; Ibn Arabshāh, 309; *TTP*, 79; and *NITP*, 173.

23 # 第三章　珍珠的积聚

蒙古与起源于内亚地区的政体类似，最初通过抢掠的方式从草原之外获取奢侈品。蒙古人征收战利品的形式系统而集中。每一件抢掠而得的物品都记录在册，然后由统帅参照规定的方案依据地位、等级和战绩重新分配给追随者们。

第一次大规模获取战利品发生在 1215 年。当时蒙古人占领了中都，“得金府库珠玉锦绮”。此后不久，成吉思汗派遣他的首席民政大臣断事官失吉忽秃忽（Shigi Qutuqtu）“籍中都帑藏”。[1] 在征服突厥斯坦时，全新且同样令人满意的回报再次到来。1218 年，蒙古人从巴达赫尚（Badakhshan，又译巴达哈伤）取获了巨额现金（*naqūd*）以及大量的宝石和珍珠（*javāhir*）。[2]

一段尤其残酷的小插曲发生于 1221 年阿姆河（Amu Darya）上游的铁尔梅兹（Tirmidh），充分说明了蒙古人对珍珠的强烈追求。当一名

---

1 *YS*, ch. 1, 18, and ch. 150, 3556; and *SH*, § 252.

2 Rashīd/K, I, 338.

女俘虏承认吞下珍珠，她立刻被蒙古人开膛破肚。找寻到几颗珍珠后，成吉思汗“教把所有死者的肚子都剖开”。[1]无怪乎一百年后，突厥斯坦的居民们仍然记得蒙古人组织搜寻藏宝时的冷酷和彻底。[2]

蒙古人 1259 年从巴格达带走的珍珠数额之巨，极有可能是前所未见的。首任伊利汗旭烈兀获得了阿拔斯哈里发国（‘Abbāsid Caliphate）丰饶的宝库——“宝石和珍珠就像他面前的海沙一样”。[3]根据一则同时代汉文材料的记载，最有价值的发现是当地称作“太岁”的特大颗
珍珠。[4]但这些并非全部，在旭烈兀下令洗劫城市期间，这支胜利之 24
师运走了从平民处掠取所得的更多宝石和珍珠。由于巴格达曾经是专为波斯湾和印度群岛实施珍珠穿孔的中心，当地自然拥有数目巨大的珍珠。[5]

蒙古人抢掠城市中心的方式非常明确。首要的是，蒙古统治者麾下的统帅与普通士兵之间存在明确的分工。普通士兵通常劫掠平民，而蒙古统治者和军事统帅则以敌方地位相当的人为抢夺目标。通过攫取所有的宝库、宫殿、城堡、武器库、官署以及贵族宅邸等达成目标，所掠之物一应编目在册。[6]

除了国库帑藏之外，教会机构尤其是东正教的相关设施同样成为蒙古人抢夺的目标，良有以也：他们的教堂和修道院在王侯的慷慨赞

1 Juvaynī/Q, I, 102, and Juvaynī/B, I, 129. Cf. Rashīd/K, I, 375.

2 Ibn Baṭṭuṭah II, 571 and 573. 参见 Kirakos/Kh 的评论 , 155, 156, and 163。

3 Grigor of Akancʿ, 337 and 343.

4 Shao Yuanping, ch. 42, 52b; and *MREAS*, I, 139–40.

5 Kirakos/Kh, 230; *HG*, 549–50; ʿ*A-D*, 185 and 493; and Marco Polo, 101–2.

6 参见 *CP*, 232–34 所载 1507 年在赫拉特（Herat）发生的洗劫。

助之下，以大量使用珍珠来装饰圣像、十字架、圣经、圣骨匣、圣器、主教法冠和圣衣而享有盛名。[1]其中许多珍宝是1230年代末蒙古人最早征伐罗斯诸公国（the Rus principalities）以及之后发动的零星袭击和报复性战役中抢掠而得的。[2]那么，旭烈兀完全有可能向格鲁吉亚大主教（Georgian Catholicos）展示镶嵌珍珠的金十字架，和其他由成吉思汗的子孙们赠与东正教教会的礼拜用具，这些都是得自其他东正教机构的战利品。[3]

蒙古人获取珍珠的第二个主要来源，是向处于军事压力之下的各政权征收贡物作为臣服条件。这种方式起始颇早，1210年，成吉思汗便已向畏兀儿部首领索取“大、小珍珠”，该部次年即来输诚纳款。[4]蒙古人在1230年代初期，同样向高丽王朝和巴格达哈里发国提出了类似要求。[5]1243年，塞尔柱人建立的罗姆苏丹国（the Seljuqs of Rūm）向蒙古人投降时全盘领会了归顺协议，立即向新主子奉上宝石和珍珠，也就不足为奇了。[6]

1260年代帝国分裂之后，蒙古人对珍珠的追求并未减弱。彼时，蒙古人向中国西南地区推进，开始向安南（Annam）施压，索取珍珠一类的贡物；1292—1293年的远征中，忽必烈汗强行向爪哇征收黄金、

[1] Dasxuranc'i, 95; Theophanes 140; *HGGVC*, 75–76 and 111–12; *PSRL*, II, 844 and 926–27; *NC*, III, 246, IV, 78, 86, and 163, and V, 5, 98, 280, and 285.

[2] *HGGVC*, 47; *PSRL*, II, 781–82; and *NC*, II, 319, and IV, 8.

[3] *HG*, 542. 也见 Rubruck, 174。

[4] *SH*, § 238.

[5] Rockstein 1972, 48; Ledyard 1963, 234–35; and *SH*, § 274.

[6] *HG*, 520.

珍珠等实物税（*kharāj*）。[1] 与此同时，元廷向西拓展，从马八儿获得了
品质上乘的贡珠。[2] 虽然马八儿属于蒙古军队势力范围之外的独立政权，
但此类“贡物”往往与国王献礼及外交礼物合并。事实上，几个世纪
以来，这一直是欧亚大陆国家之间关系的正常组成部分，不仅作为外
交礼节或友谊提案，而且可以借此向外国宣传本国的自然资源与商业 25
产品。在这些交流中，珍珠经常发挥举足轻重的作用。[3]

蒙古王子们乐意遵循这些规则，与外国宫廷交换大量珍珠礼物。[4] 1260 年以后，成吉思汗后裔所建立的诸汗国之间的关系通行着同样的惯例。这究竟属于朝贡、皇室成员之间的礼物互换，还是该划归到外交主动权的范畴，常常很难区分。可以确信的是，忽必烈汗在 1288 年为了寻求盟友对抗盘踞在内亚地区的同属成吉思汗后裔的敌对势力，将珍珠赐予金帐汗国东翼诸王火你赤（Qonichi）和兀都儿（Udur）。察合台后王也先不花（Esen Buqa，1310—1318 年在位）同样使用珍珠改善了与元朝和伊利汗国的关系。伊利汗不赛因也于 1326 年和 1327 年输送珍珠至元廷，重申两国长期同盟的约定。[5] 这种礼物经常被记录为“贡品”，往往预示着四大汗国之间复杂关系的新变化和转折点。

在 1303 年举办的大会上，伊利汗合赞（Ghazan，1295—1304 年在位）和金帐汗国的使节之间的交换，充分表明这种珍宝馈赠具有相

1 *YS*, ch. 209, 4635 and 4639; Vaṣṣāf, 22; and *HI*, III, 28.

2 *YS*, ch. 13, 264.

3 *BGR*, §§ 1, 5, 29, and 73; Sima Guang, I, 261; al-Bīrūnī/B, 65–66; al-Ẓāhir, 117; and Theophanes, 36.

4 *YS*, ch. 13, 264, and ch. 29, 645; Bar Hebraeus, 467–68; *CWT*, III, 232; and Ibn Baṭṭuṭah IV, 774.

5 *YS*, ch. 15, 307, ch. 29, 662, ch. 24, 550, and ch. 30, 677; and Ḥāfiẓ-i Abrū/B, 115.

互性。金帐汗脱脱（Toqta，1291—1312 年在位）的代表将 21 只鹰鹘（gyrfalcons）送给合赞汗，而合赞汗的回礼则是同样数目的珍珠，每颗价值 1000 金第纳尔。[1] 互赠当地特有的珍稀物品——譬如亚北极地区的猛禽和产自南部海域的珍珠——是整个欧亚大陆皇室之间交换礼物的典型方式。

长途贸易是蒙古人获取珍珠的第三种方式。在时序上，它与前两种方式重叠并行。随着 13 世纪最后数十年蒙古人的富有成效的“战利品边地”（booty frontiers）几乎枯竭，长途贸易逐渐占据主导地位。如下所论，政府垄断商业渠道和征收关税相结合的形式，从长远来看，是获得珍珠的最佳来源。这一点至少是可以论证的。

珍珠贸易历史悠久、地域广阔，而且产业完整，在海洋和陆地之间一系列相互贯通的网络中运行。珍珠贸易的范围和体量，可以通过人们对产自远方的珍珠的普遍了解以及深厚兴趣来佐证。在中古早期，中国人和印度人对国外珍珠的来源和用途所知颇深，这些商业智慧后来也为穆斯林和欧洲商人汲取。[2] 由于具备美学、经济、宗教、政治等多个层面的吸引力，珍珠才能跨越市场之间的隔阂，而且通常拥有极大的需求。因此，像印度南部那样的地区，几百年来能够通过交换宝石和珍珠获得外国商品。[3]

26 从事珍珠贸易的商人群体通常由具有相同民族或社区隶属关系的个人组成，这是远程贸易的另一个特性。其供给方通常是试图对当地生产保持垄断的统治者，或处于初级生产者、地方当局和市场之间的

---

1 Vaṣṣāf, 401.

2 Eberhard 1941, 231; Wheatley 1961, 89–90; Gode 1957, 129–34; and Fryer, II, 365.

3 Pliny, XXXIV.163; and Ma Huan, 129.

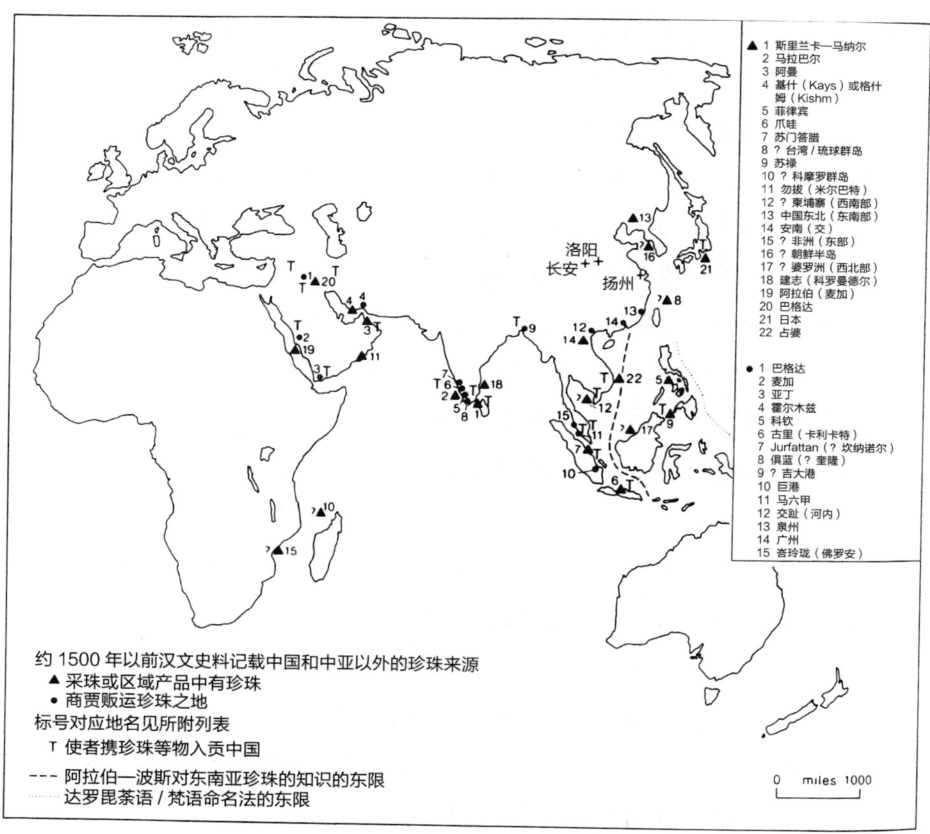

地图 3 中国人所知域外珍珠产地的知识地图

中间商（*banyan*，*chetty* 之类[1]）。而且无论何时，只要机会出现，中间商就会买进特定来源的产品，进而支配区域市场。[2] 在这种情况下，他们通常是成功的。早期葡萄牙观察者认为，在泰米尔商人 *chetty* 阶层 27

[1] ［译者按］banyan，chetty 是葡萄牙人记载的印度古吉拉特、泰米尔商人。

[2] Zhao Rugua, 35–36; Zhao Rugua/H, 61; Ma Huan, 136, 141, 143, and 165; Serjeant 1970, 203–4; and Yule and Burnell 1903, 63–64 and 189–90.

中，最富裕、最有影响力的是经营宝石、珊瑚和珍珠的商人。[1]

穆斯林、印度人、东南亚人、中国人等许多不同的人群在贸易中扮演着各自的角色。意大利人——尤其是热那亚人——甚至发现了从印度和伊朗买进、再向欧洲和金帐汗国售出的商机。[2]尽管如此，蒙古时代绝大部分的贸易，毫无疑问掌握在穆斯林商人手中。他们对非穆斯林国家贸易的统治地位日益增强，可从1281年马八儿国派遣的来华使者的简短表述中窥见一斑："凡回回国金珠宝贝尽出本国，其余回回尽来商贾。"[3]这段文字对于穆斯林商人逐步接管印度海上贸易做出了简要说明。许多信奉印度教的统治者任命穆斯林管理主要贸易中心，这种方式始于10世纪，一直持续到现代早期。[4]正如我们将看到的，蒙古人为促使穆斯林在贸易网络中获得支配地位，付出了很多努力。

因此，穆斯林商人被蒙古宫廷强烈吸引，自然不足为奇。现有信息充分地说明了蒙古统治者愿意投资珍珠的数额。据说，成吉思汗的儿子和继承者窝阔台（1229—1241年在位）以总价8万金第纳尔收购了12盘的珍珠。[5]1253年，金帐汗国的建立者拔都（Batu）向蒙哥合罕（Möngke，1251—1259年在位）请赐白银万锭采购珍珠。然而，蒙哥仅拨给拔都1000锭白银，并申以节俭克制之义。[6]

印度洋作为这些珍宝的主要产地，此时已经形成互动交流的网络。

---

1 Lach 1965, 368.

2 Jacoby 2006, 195; Lopez 1943, 177–80; Lopez 1952, 74–75; and *MTMW*, 283.

3 *YS*, ch. 210, 4670.

4 Lambourn 2003, 220–24, 234–36, and 239–40.

5 Juvaynī/Q, I, 180; and Juvaynī/B, I, 224.

6 *YS*, ch. 3, 47.

菲利普·博亚尔（Philippe Beaujard）称之为“统一空间”（a unified space）。一系列的周期和脉动促进了“统一空间”的产生，而“日益增强扩张”（incrementally increasing expansion）是其发展过程中每一阶段的共有特征。[1]拉施特（Rashīd al-Dīn）为我们提供了对于蒙古时代这一整体市场的最全面认识。作为合赞汗经济改革的首席顾问和总设计师，拉施特对南部海洋的商业财富非常感兴趣，所以他对这方面知识的掌握令人印象深刻。拉施特尤其熟悉诸如“码头”等汉语技术用词，而且准确地用波斯文记音“*mātū*”。[2]更为重要的是，拉施特在他编著的《印度史》（*History of India*）中对这种贸易形式有独一无二的记载。拉施特描述了以基什和霍尔木兹为中心，涵盖巴林、阿曼、亚丁、红海海域以及位于非洲海岸的摩加迪沙（Moqadishu）等地在内的极为有利可图的贸易。市场向东拓展至古吉拉特、马拉巴尔、锡兰、马 28
八儿、爪哇、苏门达腊、占城（Champa，即越南南部）及中国南部的港口。[3]

尽管拉施特的记述中并未提及，但地中海世界也通过知名的埃及卡里米（Karīmī）商人与印度洋的贸易网络连接起来。这些商人直接接触的范围扩展至南印度，然后在那里获得来自中国的商品。成书于1315年前后的一部佚名作者的意大利商业手册，证实了地中海地区与整个印度洋海域存在着卓有成效的联系。该手册指出，在亚历山大城（Alexandria）和开罗（Cairo），“每个地区都有大量的东方珍珠”。[4]

---

1 Beaujard 2005, 411–59, 直接引自 411 and 446.

2 Rashīd/K, I, 642; Rashīd/B, 278; and Pelliot 1959–73, II, 834–35.

3 Rashīd/J, 35–40 and 334v–336r.

4 Labib 1970, 211; and Bautier 1970, 314 and 319.

珍珠在大量流通的东方商品中的地位，可以从一个相关术语中得到最佳的理解。意大利商业术语“*spezierie*”派生自拉丁文“*specie*”（即种、类之意），又引申出硬币（specie）和香料（spice）的含义。对于中古时期的欧洲人而言，珍珠通常被纳入这个广泛的商品类别中，此外还包括贵金属、硬币、芳香剂、香水、药材、蔗糖、香料、染料、颜料、纺织品、象牙、首饰和宝石。由于所有这些产品的价值—重量比都很高，因此这种分类具有完美的经济意义。正如彼得·马丁内兹（Peter Martinez）多次强调的那样，这些是当时主要的奢侈品。作为长途贸易的支柱，它们连接、刺激有时甚至是改变了区域经济。[1] 在部分学者看来，上述商品的海上贸易于元代和明代前期达到了顶峰。[2] 他们的论点与我的发现完全吻合，我将在之后的章节介绍蒙古宫廷获取和分配珍珠的数量。

显而易见，国家总是努力插手管理自然珠宝贸易。在伊朗和中国，人们一直坚信，伟大的君王必须依赖自然物产，尤其是黄金和珍珠。[3] 概言之，在旧世界的两个主要帝国中，控制或者占有自然资源的举措被视为国王的固有权利。

这导致需要考虑最终收购方式，譬如各种形式的政府垄断、关税以及包税政策。后一种，正如赵汝适在13世纪初所记载的，统治者通常将捕捞之权委托给番官监工，再由监工记录收获情况，然后按照预定的份额分配给当地官府、捕捞船队以及监工自身。[4] 临近巴林的盖提

---

1 Martinez 2008–9, 193–95; and Martinez 2010, 64–68.

2 Chaudhuri 1985, 53 and 190–91; and Chen 1992, 191–94.

3 Ṭūsī/M, 72; *YS*, ch. 94, 2377; and Schurmann 1956, 152. 亦见 Huan Kuan, I, 78。

4 Zhao Rugua, 204; and Zhao Rugua/H, 230.

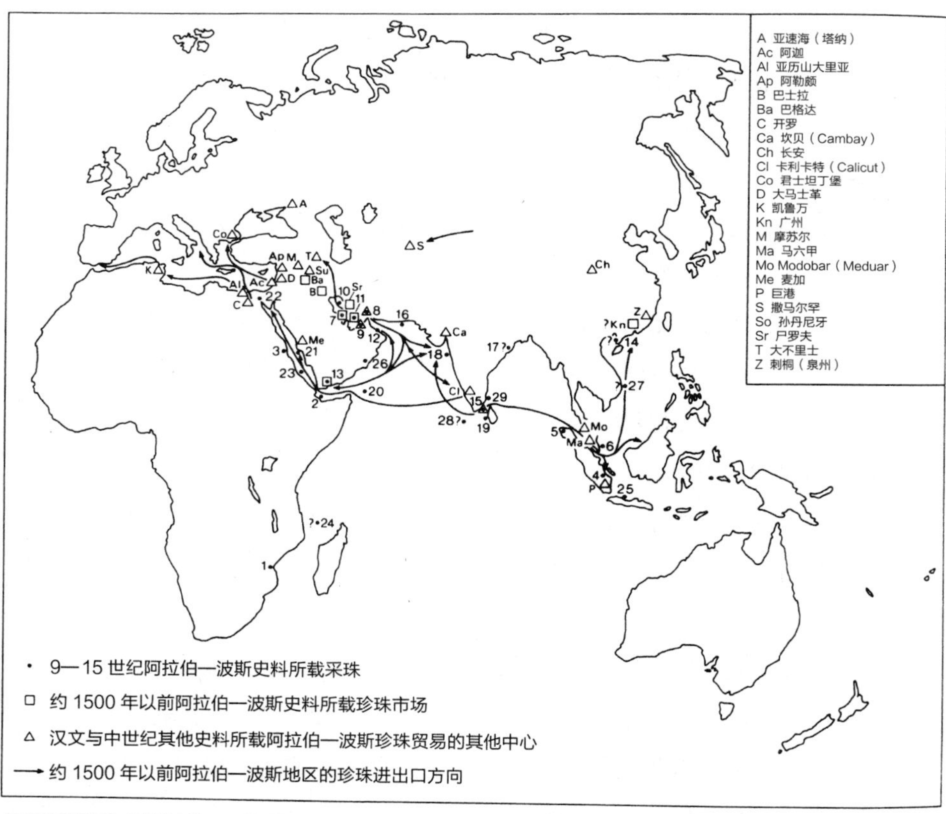

序号仅为勘同之用，无其他含义。

东非：
1. 三兰 Sofāla
2. 塞拉 Zeila'
20. 索科特拉 Soḳoṭra (*Usqutra*)
24. ? 科摩罗 Comores

红海和亚丁湾：
3. 乌剌 '*Aidāb* (? Adulab)
21. 塞莱因 Al-Sirrayn
22. 红海 Ḳulzum (al-Qulzum)
23. 达赫拉克群岛 Dahlak archipelago
13. 亚丁 Aden，也门 al-Yaman

东南亚和中国：
4. 苏门答腊东南部（*Śribuza, Zābadj,* Zābaj）
5. 苏门答腊北部（*Rāmī,* Rāmnī）
6. 刁曼 Tioman/？民丹 Bintan (Tiyūma/Mā'iṭ)
25. 爪哇（*Mūl Djāwa*）
27. ? *Ṣīnīya* (*Sînia, Čīnyya*)，在占婆
14. ? *Ṣīnīya* (*Sînia, Čīnyya*)，在黎州（海南）

印度和斯里兰卡：
15. 马纳尔湾
16. 莫克兰 Makrān
17. ? 贾杰纳加尔 Jājnagar
18. 索帕拉 Supara (*Sūbāra, Śurpāraka*)
19. 奇洛 Chilaw (Sandūna)
28. ? 马尔代夫
29. 科罗曼德尔（Coromandel）

波斯湾、阿曼湾和阿拉伯岛东南部（阿拉伯海）：
7. 八哈刺因 Baḥrain (Awāl, Ḳaṭar, al-Katīf)
8. 格什姆 Ḳishm（与霍尔木兹）
9. 祖法尔 *Julfār*
10. 哈尔克 Khārak
11. 怯失 Ḳays (Ḳīsh)
12. 马斯喀特 Masḳaṭ (Ṣuḥār, Ḳalāt, *Damar*)
26. 米尔巴特 Mirbāṭ

地图 4　9—15 世纪南部海域珍珠贸易地图

夫岛（al-Qatif）属于使用阿拉伯语的穆斯林地区，当地的珍珠捕捞由
犹太官员负责；在马八儿，印度捕捞者主要由穆斯林商人管理。[1]实际
30 上，这是整个印度洋西半部区域的普遍做法，一直持续到距今不久之
前。在这里，几乎**所有的**海上活动——捕鱼、收集龙涎香、开采珍珠
等——皆由富裕的商人组织管理。富商们可以通过错综复杂的信用和
债务网络，使得一批合格的劳动力依附于他们。这种依附关系往往终
其一生，有时还跨越几代人。[2]

当然，贸易体系实际上也在不断地发展和变化。帕拉凡人（Paravan）即是一个绝佳的实例，他们是操泰米尔语、从事珍珠捕捞业的阶层，居住在锡兰北部对面的印度海岸上。若干世纪以来，帕拉凡人将珠宝贸易置于潘地亚王朝（Pândya）的印度国王统治之下。随后，穆斯林商人在13—14世纪控制了当地的珍珠产业，直到1534年葡萄牙人接管为止。[3]

在这种情况下，珍珠产业的控制与分配系统也发生变化，通常演变为复杂系统，就不足为奇了。霍尔木兹、锡兰以及位于印度西南海岸的奎隆（Quilon，又译故临、俱兰）的统治者长期以来对个体捕捞者征税，同时将渔场出租给外国商人，并且声称实行国家垄断政策。[4]至少在印度南部地区，国家垄断有时颇有成效。官府实施严格管控，从

---

1 Benjamin of Tudela, 119; and Marco Polo, 381–83.

2 Serjeant 1970, 197.

3 Barbosa, II, 120 ff. 评论见 Lach 1965, 236, 271–72, 408–9, and 433–34。

4 Faxian, 125; Faxian/L, 101; Xuanzang, II, 883; Xuanzang/B, II, 251; *CWT*, II, 171–72; Barbosa, I, 81–82, and II, 122–24; and Teixeira, 179.

捕获珍珠的数量中抽取一半。[1] 达成此目标的另一种方法在 15 世纪的锡兰得到实践，国王建造了一个护卫严密的大型珠池，然后不定期从中提取珍珠。这种技术，载于马欢《瀛涯胜览》，可能是牡蛎养殖的一个早期案例。[2]

这种方式在波斯湾地区还有另外一种变形。商人王们控制了各个港口或岛屿，进而在当地的珍珠捕捞业中发挥着举足轻重的作用。11—13 世纪间，巴林、基什、霍尔木兹（1300 年前后转移到哲伦岛［Jarūn］）等岛屿政治体逐渐取代了内地港口，成为区域和长途贸易的中心。这是通过多种方式实现的。商人王们利用从事贸易及珍珠产业所得的财富建立起令人敬畏的舰队。在霍尔木兹，这占了年收入的 20%。[3] 此外，他们保持政治中立，以便为大陆上疆域更辽阔的邻国提供经济服务和商业联系。同样重要的是，由于熟悉最新的航海技术，他们将所控辖的岛屿改造成为高效的转运港，为内陆地区的国内消费以及商队贸易提供了大量的外来商品。[4] 商人王凭借这些资本一直在积极地争夺海湾地区的贸易控制权，贯穿了整个蒙古时代。第十四章将详细讨论这一主题。

中国具有官府垄断的历史传统。公元前 111 年，汉帝国 [5] 的势力范 31
围抵达南部海岸之初，便试图垄断合浦的珍珠捕捞业。尽管不算非常

---

[1] Rockhill 1915, pt. III, 386–87, and pt. IV, 465.

[2] Ma Huan, 128. Cf. Donkin 1998, 161.

[3] Ibn Baṭṭuṭah II, 403.

[4] Tampoe 1989, 113–16 and 127–29.

[5] ［译者按］原文作秦帝国，应为汉帝国。据史实及其所征引文献改。

成功，但零星的努力持续到宋代。宋代在海南设立了官府经营的渔场。[1]在中国北方，源于内陆亚洲的王朝契丹—辽（907—1125）和女真—金（1115—1234）综合多种方法来获取“蛤珠”或“北珠”等淡水珍珠。辽金两朝每年向中国东北地区河流沿岸的人群征收贡物，要求个体渔民携带珍珠去榷场贸易。[2]积聚的大量珍珠用于宫廷，并出口宋朝。[3]

元朝官府采取的政策如出一辙，继续要求定居在物产丰饶的河流沿岸的个人和社群将收获之物售于榷场。除此之外，元朝设置了特殊的机构“管领珠子民匠官”，专司采捞蛤珠之事。[4]这一机构的官职是世袭的，因为蒙古人充分认识到这些必备技艺在家族内部的传承。

据马可·波罗记载，中国西南地区四川建都（Gaintu）境内有一咸水湖，处在忽必烈宫廷的严格管控之下，有许多珍珠。马可·波罗称这些珍珠颜色白净但形状不甚规则，经常几颗珍珠成串出现。[5]此外，还有另一处记载涉及该区域内的其他珍珠产地。《元史》提到了作为产珠之所的罗罗之地。[6]“罗罗”是时人对四川、云南地区的藏缅族群带有贬义的通称。

在海岸上，元朝设立的主要机构是“广东采珠提举司”。该机构始置于忽必烈统治时期，辖领四万采珠户。1320年代“以繁扰罢去”，其

---

1 Schafer 1952, 155–65; and Schafer 1970, 22.

2 Ye Longli, ch. 10, 102, and ch. 22, 213; *LS*, ch. 60, 929; Wittfogel and Feng 1949, 176; Vorob'ev 1975, 99–101; and Vorob'ev 1983, 237.

3 *SCBM*, 20 (ch. 3, 10a); and Shiba 1983, 98 and 103.

4 *YS*, ch. 88, 2227, and ch. 94, 2378 and 2380; Schurmann 1956, 153, and 156; and Farquhar 1990, 84.

5 Marco Polo, 273; and Pelliot 1959–73, II, 727–30.

6 *YS*, ch. 94, 2378; and Schurmann 1956, 153.

执掌事务归入地方官府；1337 年再次设立，至 1340 年最终废除。[1] 从其复杂多变的历史轨迹来看，设立机构进行监管并非行之有效，元朝应该还有获取咸水珍珠的更可靠、更丰富的来源。

事实确实如此。宋末，外国珍珠通过主要港口杭州（Quinsai）、福州（Fuqiu）、泉州（Zayton）和广州（Canton）流入中国。[2] 这些外国珍珠大多数产自波斯湾或锡兰。1292 年，元廷发现喇嘛杨琏真加曾在
1280 年代中期发掘宋朝皇室陵墓，取获“大珠五十两”。下文将进一步 32
讨论，“大珠”这一术语通常指来自西印度洋的珍珠。[3]

蒙古人迅速地利用宋朝已有的商业联系与贸易网络。1277—1278 年抵达江南之初，蒙古人便在泉州和福州设立了市舶司。此外，1283 年，元廷倡导海外商人携其“金珠货物”来华贸易，市舶司亦获授权用铜钱购入相应商品。翌年，元朝统治者对海外贸易的态度更为积极。元廷提供船只和资本，挑选商人远赴重洋，进行多种商品贸易。官府从后者的收益中取走十分之七的利润。[4] 14 世纪初，一位杰出的政府官员巎巎奉命“往覈泉舶，芥视珠犀”，表明了元廷对珍珠贸易的持续关注。[5]

蒙古人在追求收益时，自然会对商业交易征税。商税（*tamgha*）

1　*YS*, ch. 26, 581, ch. 27, 603, ch. 39, 839, and ch. 40, 854; and Farquhar 1990, 381.

2　Clark 1991, 128–29.

3　*YS*, ch. 17, 362, and ch. 202, 4521.

4　*YS*, ch. 94, 2401–2; Schurmann 1956, 224 and 230–31; and Dars 1992, 221–27.
［译者按］元代福州是海外贸易港口，但元朝从未在福州设置市舶司。《元史 · 食货志 · 市舶》记“以钞易铜钱，令市舶司以钱易海外金珠货物”在至元十九年（1282），此处误作 1283 年。

5　*YS*, ch. 143, 3413.

最初以现金和实物的形式征收，很快被货币化，成为国家的主要收入来源之一。用拉施特的话来说，即“最易变现的（*naqdtarīn*）收益”。[1]蒙古人对待海洋贸易与国内贸易的态度大相径庭。对珍珠的需求是其中一个原因。为此，元朝和伊利汗国皆对海上进口商品采用优惠税率，以吸引所渴望的商品。

马可·波罗声称，在中国的刺桐港（即泉州），来自印度的船只“携带许多珍珠”频繁来访，而大汗课额十分取一。[2]他提供的信息完全正确。蒙古人占领南方海岸沿线后，忽必烈对“舶货”征税，细货十分取一，粗货十五分取一。由《元史》易知，蒙古人完全遵循了继承自宋朝的贸易机制。[3]沿袭宋朝的先例不足为奇，因为蒙古人并无任何海洋贸易的经验，而且 10% 的关税税率代表了大汗在战利品和贡品的征收中应得的传统份额。[4]

伊利汗国采取的路径略有差异。大不里士作为伊利汗国的商业中心和部分时段的首都，对白银和珍珠进出口皆免除关税。[5]这种做法已经得到确证。因为作为复杂的套利程序和货币控制的组成部分，白银大量再出口到印度。[6]另一方面，为了吸引这一至关重要的显示身份地
33 位的商品，珍珠显然也被允许自由流通。

元朝和伊利汗国的政策差异，在某种程度上可以用元朝提升珍珠

---

1 Kirakos/Kh, 221; *YWL*, ch. 57, 17a; *YS*, ch. 94, 2397–40, and ch. 146, 3460–61; Schurmann, 1956, 217–19; and Rashīd/K, II, 1041 and 1047–48.

2 Marco Polo, 351.

3 *YS*, ch. 94, 2401; Schurmann 1956, 230; and Hartwell 1988, 30 and 35.

4 Kirakos/Kh, 193.

5 Pegolotti, 28; and Martinez 1995–97, 229 and 251, n. 46.

6 Martinez 1998–99, 118–19.

定价的行为及其数额庞大的购买量进行解释。对于携带珍珠进入中国港口的外国商人而言，以 10% 的税率进行实物偿付之后，获许进入利润丰厚的奢侈品市场，自然非常值得。在解释它们之间的差别时，更具有决定性的是，元朝在沿岸主要海港入口均设有高效的行政机构；伊利汗国并非如此。伊利汗国不得不通过几层中间人运营管理，而且只能行使有限的权力。

金帐汗国与其他成吉思汗后裔宫廷采取的政策一致，向外国商人提供了颇具吸引力的关税税率，对珍珠进出口显然也是如此。在地理位置和获取海产品的渠道等方面，由于金帐汗国与元朝、伊利汗国存在显著的差异，第八章和第十四章将从不同的背景研究这一主题。

最后应该指出，国家持续宣称对这些自然珍宝占有相应的份额，商人们也不可避免地试图逃避税收。这些方法多种多样，而且同样持久。外国商人携带珍珠来华贸易，试图通过冒充进贡者来逃避关税，这在该地区是非常古老的策略。[1] 进行较小规模的贸易时，珍珠通常是税务官和海关官员的难题。因为珍珠便于运输，可以少量隐藏在衣服中，或者伪装成廉价的小玩意。[2] 进而言之，收受贿赂同样是长期存在的问题，港口官员也不出此外。他们时常向商人索要珍珠作为“礼物”，这种做法在中国有漫长的历史。[3] 然而，就我们论述的主旨而言，商人逃税成功与官员贪污腐败，只不过是为珍珠流入蒙古统治的疆域提供了额外的渠道，同时导致他们积聚和分配的珍珠数量成了棘手的问题。

---

1 Sen 2003, 154.

2 Al-Bīrūnī/ B, 154 and 172; Zhao Rugua, 204; Zhao Rugua/H, 230; Teixeira, 179; and Roe, II, 423 and 439.

3 Schafer 1967, 36 and 77.

第四章　珍宝与帑藏

蒙古宫廷通过武力抢掠、市场机制等方式，积聚了大量的珍珠。虽然确切的数字无从知晓，但各种史料对其巨大数量提供了有用的信息，有时记载相当具体。

首先必须强调的是，尽管同时代的史料频繁地提到珍珠，我们仍有充分的理由相信它们的重要性被大大低估了。造成这种情况的因素有很多，其中之一便是词汇表意含混。波斯语和阿拉伯语文献中有大量关于蒙古人获取和展示珍珠（*gawhar/jawhar*，复数形式为 *javāhir/javāhirāt*）的记载。[1] *gawhar/jawhar* 一词可以追溯到中古波斯语的 *gōhr/gwhr*，兼有“物质”“本质”“珠宝”之意；进入阿拉伯语和现代波斯语中，其首要释义即为“珠宝”或者“宝石”。[2] 然而，在绝大多数情况下，它被用来指代珍珠。例如，阿拉伯语词组 *ʿiqd jawhar* 字面意思是“一串宝石”，当然意指珍珠。[3] 随后，*gawhar* 传入突厥语中，并

---

1 Sayf, 650; Ḥāfiẓ Abrū/B, 124; and Yazdī, I, 203.

2 MacKenzie 1971, 36 and 120.

3 *BGR*, §§ 83, 86, 237 and 378.

以 *gühär/gävhär* 的形式呈现，首要含义也是珍珠。[1] 因此，*javāhir* 在中世纪的文本中泛指“珠宝”，也就是“宝石和珍珠”。

语义含混的现象同样出现在阿拉伯语和波斯语词 *muraṣṣaʿ* 上。*muraṣṣaʿ* 意为“（用珠宝）镶嵌”，有可能指代宝石或珍珠，但也表示两者的组合。从阿拔斯王朝（ʿAbbāsid）到帖木儿帝国（Temürid）时期的穆斯林文献中，这个词语通常用于描述礼仪中和宫廷中所使用的腰带。[2]

汉文文献中，“七宝”一词同样表意含混。“七宝”由梵语 *sapta ratna* 翻译而来。[3] 那么几乎可以确定的是，“七宝”这一术语和相关概念伴随着佛教传入中国。至少在帝国晚期，蒙古人与佛教僧侣之间的联系也清晰可见。元代翻译的佛教著作中，已经出现由 *ratna* 演化而来 35
的 *erdene* 一词。16 世纪蒙古人皈依藏传佛教之后，蒙文文献中提到了这七件宝物，其中就有红珍珠（*ulughan subut*）。这个佛教用语反映出更古早的印度传统。[4]

但这只是中古时代对“七宝”含义的一种解释。唐代之前，“七宝”也用于描述用彩色玻璃和各种宝石装饰的任何物品——无论是天然的还是人工的。[5] 从后一种意涵来说，蒙古人似乎最初是从缴获自金朝的战利品中发现了这样的装饰品。金朝的统治者坐在“七宝榻”之

---

1 Nadeliaev et al. 1969, 195.

2 *BGR*, §§ 67, 73, 81, 139, and 159; and Yazdī, I, 292–93, 538, and 558.

3 Eitel 1976, 148; and Donkin 1998, 178–79.

4 Bosson 1961, 89–92; Serruys 1975, 133–40, esp. 134; and *PR*, 21 and 92 (lv12–2r1).［译者按］蒙古语 *ulughan subut*，当作 *ulaghan subud*。

5 Schafer 1965, 142–43.

上。[1]因此，成吉思汗赐予一位战功卓著的将领“七宝鞍”，这并无佛教色彩，只意味着镶嵌有多种珍宝。[2]与此同时，许多物件均用“七宝”进行装饰——譬如元朝流行的项牌、马具、冠带、腰带、燕衣、衾具——其中具体包括哪些特别的珍宝，缺乏直接的文字证据。[3]但是，根据蒙古人的品位和偏好（后续章节将进行阐释），完全有理由相信珍珠通常位列“七宝”之中。

同样有充分的证据表明，元廷赏赐珍珠的行为非常普遍，而在汉文史料中则被大大低估了。这一论断有若干实例提供支持。第一位涉及的人物是为蒙古服役的“译员”（怯里马赤）爱薛（ʿIsā），他是来自美索不达米亚平原北部的东方教派基督徒。《元史·爱薛传》并未提及任何形式的皇家赏赐。我们从元代士人程钜夫所撰写的更为详尽的《爱薛神道碑》中得知，爱薛1308年去世时，皇帝赐赠楮币、黄金、白金以及“水晶、金玉器、珠衣帽、宝带、锦衣、白马不可胜计”。后来爱薛被追封为“拂林王”，赏赐了更多镶有珍珠的衣物。[4]据此可以得出两条结论：元廷极其慷慨的丧葬赠礼强烈地暗示了爱薛在世时获得过类似的赏赐；尽管罕有史料记载，这一现象仍然普遍且广泛地存在。

第二个案例直观地说明，记载这种服饰的汉文史料并非总能关注到使用珍珠来装饰宫廷服装的普遍行为。14世纪一位蒙古官员的汉蒙合璧纪念碑铭中，汉文版本仅提到他的质孙衣，而蒙古语文本认真地

1 Fan Chengda, 153.

2 *YS*, ch. 118, 2922.

3 *YS*, ch. 35,781–82 and 783, ch. 39, 834, ch. 36, 803, ch. 45, 948, ch. 119, 2948, ch. 123, 3021, ch. 128, 3135, and ch. 202, 4528.

4 *YS*, ch. 134, 3249–50; Moule 1930, 228–29; and Cheng Jufu, ch. 5, 4b and 5b.

补充了“镶有珍珠的”（*subutu*）细节。[1] 两种文本的差异非常有趣，反映出蒙古人对珍珠的重视。同时也说明，由于元朝宫廷的服饰上普遍 36
地镶有珍珠，汉文文献对此并不总是提及。

至于确切数字，可供参考的信息分散在不同的时空范畴，本质上都属于传闻，而且采取了各不相同的计量标准。尽管如此，它仍然可以清楚地反映出所涉及珍珠数量之巨大。也许最好的方式是抽样评估其他时代的珍珠捕捞量和皇家宫廷所拥有的珍珠数量，再将它们与蒙古帝国的数据进行比较。

我们有年代相对晚近的专业珠宝商人约翰·查丁（John Chardin）爵士的报道，他对于收集准确的数据具有浓厚的兴趣。1670 年，波斯湾沿岸的矿床每年珍珠出产量逾百万颗。萨法维（Ṣafāvid）王朝的统治者获得了其中较大的份额，具体数目不明。[2] 这些矿床尽管引人瞩目，但通常被认为居于次要地位，不及巴林和阿拉伯半岛以外的其他产地。因此，我们可以合理地推定，整个波斯湾沿岸的珍珠产量远超查丁所提供的数据许多倍。

精英阶层的相互赠与，构成了珍珠流通量的另一项指标。泰伯里（Ṭabarī）以及其他史家记录了一则众所周知的故事。805 年，呼罗珊地区（Khurāsān）的主管官员阿里·伊本·艾萨（ʿAlī ibn ʿIsā）送给哈里发哈伦·拉希德（Hārūn al-Rashīd）价值 3000 万金第纳尔的“礼物”。[3] 据传，拜哈基（Bayhaqī，卒于 1077 年）曾看到一种现已散佚的

---

1 Cleaves 1949, 36, 61, and 90.

2 Chardin, 165.

3 Ṭabarī, XXX, 251; *GBR*, § 25; and La Vaissière 2002, 329 and n. 108.

泰伯里文本，指出这份礼物包括了 30 万颗珍珠（*marvārīd*）。[1] 尽管这一数字在流传过程中的不确定因素自然会引人怀疑，但在帝国中心可供使用、囤积的珍珠数量就算有时虚高，仍然为数不少。

支持此论点的最有说服力的证据，来自北宋时期（960—1127）。《宋会要》是有关政府运营与财政状况的大量原始文献的汇集，体现了宋代官僚机构保留档案的传统。[2]《宋会要》记载，宋朝在建国之初设立“收纳珍珠库”，将南方战败诸国充缴、朝贡及对外贸易所获的珍珠归置其中，统一管理。1040 年，“收纳珍珠库”与其他几个职能相近的机构合并为“封桩库”。1068 年，宋神宗下令从封桩库取出 33 436 569 颗品类各异的珍珠作为资金，用来采购亟需的骑兵装备，以抵抗来自
37 北方边境的威胁。[3] 这真是一个惊人的数字，但其所据的资料是可靠的且“无意识”的——唯一目的是指导政府进行内部管理。无怪乎相近时代的阿拉伯文献中也提到中国统治者的“大珍珠（*durr*）宫殿”，这清楚地表明中国珍珠持有量之巨享誉国际。[4]

关于蒙古帝国的数据，伊利汗国时期有一些有趣的报道。

1296 年，基什王子札马剌丁（Jamāl al-Dīn）为了获取伊朗南部和伊拉克地区的征税权，向合赞汗进献 200 万金第纳尔和 15 000 曼（*mann*）珍珠，总共约重 3000 镑。[5]

此后，伊利汗国官员哈沙尼（Qāshānī）的证词表明，伊利汗国

---

1 Bayhaqī/ F, 538; and Bayhaqī/B, 70.

2 Wilkinson 2013, 757.

3 更详细的分析见 Hartwell 1988, 23 and n. 15, 28, 37–38, and 59 and n. 251。

4 *BGR*, § 1.

5 Vaṣṣāf, 336.

1314—1315 年从波斯湾第二大的渔场（*ghaws*）忽尔施夫（Hūrshīf）获取了 6000 颗大小不一的珍珠。同样重要的是，这位官员补充道，基什的统治者利用珍珠所得的收益租赁了 200 只船和 2 万雇佣军，与霍尔木兹持续军事对抗。我们因此获知了有关这一特定数额珍珠的购买力信息。[1]

从 1340 年开始，根据财政官员可疾维尼（Qazvīnī）的报告，从基什取得的财政收益为 491 300 金第纳尔。[2] 基什岛既是珍珠转运站，也是大型贸易市场。然而，我们不能判定珍珠对整个贸易总量的相对贡献。即便如此，珍珠在基什的财政收益中仍然占有相当可观的份额。此后，基什在波斯湾地区的贸易主导地位逐渐被霍尔木兹取代。

汉文史料记载的数据表明，元朝宫廷可以获取和掌控的珍珠数量同样巨大。可以作为一种衡量方式的是，“百官”作为政府官员的统称，被允许穿戴用珍珠装饰的衣物和首饰，其中便有产自淡水河的蛤珠。[3] 更具体地说，1312 年元朝宫廷颁行有关服色的法令规定，众所周知，九品官阶之中只有一至六品官员才允许穿戴珍珠。[4] 元代官僚群体共计 26 000 人左右，其中约有 17 000 名官员获许穿戴珍珠。这一数据充分说明元朝官府拥有充裕的珍珠来源。[5] 除此之外，基于忽必烈时期

1　Qāshānī/H, 109, 156–63, and 182–83, esp. 161–62; and Aubin 1953, 100–101.

2　Qazvīnī, *NQ*, 118 and 135.

3　*YS*, ch. 78, 1938.

4　*TZTG*, ch. 9, 135.

［译者按］《通制条格》卷九《衣服 · 服色》：“首饰，一品至三品许用金珠宝玉，四品五品用金玉珍珠，六品以下用金，惟耳环许用珠玉。”这条规定针对的是“命妇”而非官员。

5　Endicott-West 1989a, 13–14.

资料统计的数据，也完全支持珍珠数量众多的论点。

1284 年，担任江浙行省（沿海省份，治杭州）平章的蒙古官员忙
38 忽带（Mangghudai）以个人礼物的形式，向朝廷进献“真珠百斤”。[1]

1289 年，市舶司长官沙不丁（Shihāb al-Dīn）向朝廷进献“珠四百斤”，也是作为贡礼。忽必烈接受了这些珍珠，并下令贮存用于救济。[2]

1291 年，濒海的湖广行省“上二年宣课珠九万五百一十五两”。[3] 需要指出的是，这一数据仅仅代表一个行省两年内珍珠输入量的 10%。

南方士人周密提供了有用的信息。泉南巨贾南蕃回回佛莲“其家富甚，凡发海舶八十艘”。1293 年佛莲去世后，由于没有男性继承人，元朝官府将其财产充公，从中发现了 130 石珍珠。[4]

通过仔细考察上述报告中使用的重量和计量单位，其中所涉的惊人数额进一步得到了证实。虽然前现代的计量单位以其不稳定性和灵活性而备受非议，但我们知道这一时期所使用的主要计量单位的准确值。首先以中国的“两”为例。假定平均 30 颗珍珠为一两，保守估计元朝宫廷 1289—1290 年从湖广行省抽取的珍珠刚刚超过 270 万颗，因此输入该省的珍珠总数达 2 700 万颗。其次，“石”是中国的容量单位，1 石相当于中国北方的 94.88 升、南宋的 66.41 升，这都是蒙古占

---

1 *YS*, ch. 13, 263.

2 *YS*, ch. 15, 319.

3 *YS*, ch. 16, 342.

4 Zhou Mi, 193.

［译者按］周密《癸辛杂识》记载，佛莲居泉南，为蒲氏之婿。爱尔森言佛莲“based in Sichuan”，显误。中译径改。

领之后保存的换算价值。[1]因此，如果按照北方标准来估量，商人佛莲身后留下了大约 12 350 升的珍珠；若是依据南方的标准来换算，则为 8 580 升。无论采取哪一种方式来估算珍珠的数量，显然都牵涉上百万的数额。

同样有用的是，"石"是衡量从南方省份装载到大都的谷物的标准干量单位。其中的一个案例记载为 836 260 石。[2]相同的做法也存在于东部伊斯兰世界。在大不里士，曼是谷物和珍珠的基本度量单位，伊利汗国时代固定为 260 迪尔哈姆，大约为 2 磅。[3]甚至在西藏地区，大数量的珍珠（*mun-tig*）也用谷物的干量单位（*bre*）表示。[4]大颗的珍珠几乎经常被当作谷物看待，这证明了其收获、出售、征税、存放、赠与的数量十分巨大。因此，马可·波罗完全有权利为大汗宫廷积聚珍珠的数量感到惊异。[5]

由于蒙古人收集贵重物品量大，储存和安全成为最重要的问题。 39
在现代的情境下，人们想到金库时，首先映入脑海的是持久的、建筑坚固的、守卫森严的设施，其中装着金条和现钞。关于帝国其他地区的记载很少，而蒙古高原和华北地区的帑藏通常由怯薛守卫。1251 年，蒙哥任命两名政府官员"留守和林宫阙、帑藏"，就是一个明确的表现。[6]事实上，在成吉思汗建国之初，这就被宣布为怯薛的基本职责

[1] Farquhar 1990, 444 and n. 7.

[2] *YS*, ch. 99, 2536; and Hsiao 1978, 108.

[3] Rashīd/K, II, 1057 and 1060; and Rashīd/M, pt. II, 135–39 and 154–55 and n. 67.

[4] *TLT*, II, 381 (H1) and III, 161; and *TTK*, 84 (55), 143 and 145.

[5] Marco Polo, 240.

[6] *YS*, ch. 3, 45.

之一。[1]

安全性自然成为一个问题，但古代皇家帑藏和现代金库形象有几点重要的差异。首先，帑藏始终都具有“公共”功能，作为宫廷的延伸，经常邀请尊贵的客人入内参观，还可能将君主的财宝中的一些赐予尊贵的客人。这一传统至少可以追溯到东亚的东汉王朝以及西亚的萨珊王朝。[2] 帑藏为皇家财富提供了有效而绚丽的展示舞台，因为它们将大量的精美稀有之物汇集到一处。这些物品无论来自本土或者远方，都是自然与文化的结晶。

在欧亚大陆的大部分地区，它们的构成具有相当的统一性：现金、贵金属、装饰性酒器、礼仪性武器、纺织品、毛皮、药材、香料、珠宝、宝石以及不断出现的珍珠。[3] 尽管表面具有一定的差异，但它们的内容存在共通的属性。所有这些构成了物质财富、政治资本和潜在的礼物，以及给予仆人和侍卫的回报；其中绝大多数都具有流动性，尤其是宝石和珍珠，可以作为通货，或者随时兑换成现金。售卖皇冠上的珠宝，自然兼具文学母题和历史现实的双重属性。最著名的案例是，1343 年拜占庭帝国以 3 万金杜卡特（ducats）的价格将皇冠抵押给威尼斯，由于拖欠还款，皇冠一直没有归还。[4]

---

1 *SH*, §§ 278 and 279; *YS*, ch. 99, 2532; Hsiao 1978, 102; Rashīd/K, I, 649; Rashīd/B, 288; and Farquhar 1990, 37.

2 Sima Guang, II, 408; Yang Xuanzhi, 193; Yarshater 1983, 407; al-Bīrūnī/B, 142 and 146; and *TTP*, 56, 57 and 60.

3 Al-Sīrāfī, 44-45; Niẓām al-Mulk, 99; *BGR*, §§ 14, 302, 377, 378, and 380; Horst 1964, 22–23; Rashīd/K, I, 237; Ibn Khaldūn, I, 366 and 368; Rust'haveli, vv. 1142, 1145, and 1155; and *TTP*, 42.

4 Barker 1969, 13 and 443–45 and Nicols 1988, 296–316. 另一例证见 Hebraeus, 219。

在前现代的帑藏中，宋朝的管理可能最为精密：大量的账目得到保存，有定期的审计核算，而且对国家财政和皇室财政进行了相当明确的区分。[1]即使在这种情况下，其构成物也与西亚和欧洲王室的"*spezierie*"概念相吻合。这再次显示了商品交换的统一性，当然也反映了东西方王室宫廷物质文化的一致性。

在内容层面，蒙古人的帑藏当然继承了以往的传统。[2]虽然蒙古人 40
有永久性的储存设施（下面我们会讨论这一点），但我们也知道，直到帝国末期，成吉思汗后裔的宫廷仍然保留他们的游牧生活方式。他们在迁徙、狩猎和军事行动中，经常会携带相当数量的珠宝。[3]这些与定居政权的永久设施类似，同样为他们提供了展示的机会。不妨举出两个有启发性的案例，它们之间相隔将近 700 年。第一个案例发生在公元 569 年前后，拜占庭帝国的使臣报告说，在突厥可汗的营帐前，"有一片宽广的区域，停着很多马车，载有很多银制品、碗碟，还有大量动物雕像，也是银制的，比我们制造的绝不逊色；突厥统治者如此富有。"[4]在这种情境下，可汗的展示毫无疑问达到了预期效果。第二个例子，在贵由汗（Güyük，1246—1248 年在位）的宫帐中，柏朗嘉宾（Giovanni Carpini）记述道，"在距驻地尚有一段距离的高地上，停放有五十多辆四轮马车，车上全都装满了金、银与丝绸服饰，这些物品将在皇帝和贵族们之间分配。"这一行为的目的——吸引人们的注意力、

---

1 Hartwell 1988, 20–81, esp. 28, 35, 37–38, 59, 60, and 63.

2 Juvaynī/Q, I, 164, and III, 95; Juvaynī/B, I, 207, and II, 611; and Marco Polo, 208 and 210.

3 Juvaynī/Q, I, 174; and Juvaynī/B, I, 218.

4 Menander, 121.

展现出拥有无可比拟的财富的形象以及增强对回报的预期——再一次得以充分地实现。[1]

由于蒙古统治者及其游牧民追随者都不具备估价、编目和管理宝石的专业知识，尽管偶有例外，但他们仍迫切地需要专业人士代为经营。[2] 在狭义的技术层面，蒙古统治者似乎得到了很好的服务。像是积聚宝石那样，成吉思汗的后裔们从东亚到欧洲招募技术精湛的珠宝匠人。[3] 这一点给人留下了深刻的印象。我们只知道两位来自欧洲的工匠的名字，为贵由汗制作宝座的罗斯金匠科斯玛（Cosmas），以及蒙哥统治时期建成哈剌和林（Qara Qorum）巨型自动喷泉式酒器的巴黎珠宝匠威廉·布舍（Guillaume Boucher）。[4]

然而，在多数情况下，蒙古人召集的众多技术人员的姓名并不为人知晓。在蒙古人最初的扩张阶段，他们的军队和代理人通常在战争结束后直接掠取珠宝商和工匠，像收缴其他形式的可移动财富一样。随后的几十年，蒙古人愈发依赖系统的人口统计来登记、征税，并向不同种类的技术人员摊派任务。这种人口调查从主要城市延伸到小村庄。[5]

蒙古人寻求珠宝匠人的行为发端甚早；在成吉思汗和窝阔台统治时期，华北的“金工”被“随路取发”，与其他工匠一同在炮手部队服

1 Carpini, 110.

2 这种需求，见 Rashīd/K, II, 971。

3 他们控制之外的主要宝石产地只有印度南部和锡兰。见 Lach 1965, 345, 374, and 403。

4 Carpini, 111–12; and Olschki 1946, 28 ff.

5 关于亚美尼亚工匠的动员问题，见 Kirakos/Kh, 221, and Babaian 1969, 239 ff。

务。[1]然后，随着军队规模的迅速扩大，蒙古人取得了对吐鲁番、塔里
木盆地和东部伊斯兰国家的控制。这些区域都拥有制造珠宝的深厚传 41
统与先进技术。[2]蒙古人很快地抓住这一机会；1229 年，窝阔台即位之
时，“得西域织金绮纹工三百余户”，安置于距离大都以西大约 180 公
里的弘州。[3]毫不意外，东方的蒙古人迅速地拥有了充足的珠宝匠人，
其中包括隶属于哈剌和林皇室帑藏的大批匠人（*hakkākāt*）。[4]

蒙古宫廷积聚的珍宝不计其数。1261 年，忽必烈下令将和林、白八里（Bai Baliq，位于色楞格河畔）等地的三千余户“金、玉、玛瑙诸工”迁到大都，设立“金玉局”进行监管。随后，金玉局升格为“诸路金玉人匠总管府”，掌管各种御用珍宝，并且设有专门的“珠子局”。除此之外，元朝官府也设置了其他一些特殊的机构，诸如“金玉珠翠提举司”，隶属于皇太子位下。[5]

这类工匠的主要居住地当然是大型中心城市。1258 年，巴格达被占领之后，旭烈兀立即安排一名穆斯林官员掌管所有的匠人。鉴于巴格达长期作为阿拔斯王朝的首都所具有的吸引力，这座城市为伊利汗国提供了充裕的金匠、珠宝匠、宝石匠和珍珠采集者等人力资源。[6]同

1　*YS*, ch. 98, 2514; and Hsiao 1978, 80.

2　Litvinskii, ed., 1995, 10–11 and 35; Beletnitskii et al., eds., 1973, 81–89 and 288; and ʿ*A-D*, 177, 184, 487, and 492–93.

3　*YS*, ch. 120, 2964.

［译者按］《元史 · 镇海传》所载“西域织金绮纹工三百余户”，爱尔森英译为“some three hundred weavers and goldsmiths from the Western Region”。

4　Juvaynī/Q, I, 165; and Juvaynī/B, I, 208.

5　*YWL*, ch. 42, 16b–17a; Tao Zongyi, ch. 21, 261; *YS*, ch. 15, 308, ch. 16, 342, ch. 38, 826; ch. 88, 2225–26, and ch. 89, 2266; and Farquhar 1990, 82–83 and 321.

6　Feel 1965, 288–93; and Ṭūsī/B, 160.

样的情形也对宋朝的都城杭州适用，它于1277年陷落[1]。杭州也有大量的工匠，组成行会。元朝按照宋代的惯例，通过行会来管理他们的生产及其与朝廷的关系，其中包括1280年设立的“金玉府”。[2]因此，在攻陷两座都城之后，蒙古人即使获得了不可胜数的战利品，仍然在朝廷监管下不费吹灰之力便扩大了珠宝生产能力。

他们对于技术人员的全面需求，清楚地反映在基辅罗斯公国（Kievan Rus）的经历中。从近几十年的考古调查中可以看出，东斯拉夫人的珠宝产业始于9—10世纪的某个时间点。此后，大城市的珠宝产量和技术水平稳步增长，可谓有目共睹。[3]这些成就并不常为同时代
42 或现代学者称羡，但令人惊讶的是，蒙古人迅速认识并开发了这座尚待利用的人才库。这一点可从下述事实中得到印证。1250年代中期，蒙古人开始在罗斯诸公国境内开展全面的人口普查，工匠们试图向西逃亡，躲避他们的“籍户”；一部编年史告诉我们，这些人中有一些“银器大师”（古俄语 *serebrianiki*，也是对珠宝匠人的通称）。[4]

在金帐汗国的其他区域，文献记载相对缺乏，而考古学的数据证明了术赤系对这些技艺的兴趣。萨莱（Sarai）和新萨莱（New Sarai）两个都城以及其他伏尔加河流域的定居点的调查成果，提供了确凿的证据。作坊、原材料和专业的工具，证明大量的珠宝匠、金匠、宝石匠曾在这一地区工作。在一些案例中，这些设施与城市中的大型“宅

---

1 ［译者按］元军攻陷南宋都城临安（杭州），应在1276年。

2 Gernet 1962, 87–88; and Tao Zongyi, ch. 12, 149.

3 Rybakov 1948, 141–73 and 237–45; Ioannisyan 1990, 300 and 302; and Noonan 1991, 107–11 and 129–31.

4 术语见 *PSRL*, II, 843, and *HGGVC*, 76–77; and Tikhomirov 1959, 75–76。

邸”（villas）相关。许多工匠显然专为皇室和贵族工作；而其他工匠作为独立经营者拥有自己的店铺，缴纳赋税，向普通民众出售商品。无论如何，这种解释与从文献记载中所了解到的被迁徙的工匠在中国的活动及地位完全一致。[1]

关于这些专业匠人的募集、分散、组织，需要提出一些普遍性和比较性的意见，以便从历史的角度来定位蒙古的经验。

第一，元代被迁徙工匠的族群背景并无明确规定，但显然许多工匠——如果不是绝大多数的话——都来自东部伊斯兰国家。在那里，蒙古人发现了数量众多的宝石和珍珠专家。1220 年代，蒙古人开始将各种类型的穆斯林工匠迁往东亚地区。金帐汗国工匠的族群来源原则上更为复杂，但也有可能其中许多人都来自同一个群体。这一结论主要基于以下两方面的考虑。根据考古材料的记载，他们活动的城镇皆位于草原地区，而且都是由朮赤及其后裔在没有任何前人定居痕迹的地址上建立的；因此，当地没有手工业传统可以借鉴，也没有任何匠人以供抽调。所以工匠必然来自该区域之外。至于具体来自何处，能够得到一些确证；从风格、装饰图案和制作工艺上看，金帐汗国珠宝工坊的产品与伊朗及突厥斯坦有着密切的联系。

第二，尽管大多数迁入的工匠来自东部伊斯兰世界，但并不妨碍其他背景的工匠存在，尤其是考虑到成吉思汗及其继承者们喜欢在帝国内部不同的文化区域之间相互输送人才。而且，由这种做法导致的 43
不同族群的技术人员之间的交流，也为艺术和技术迁移提供了绝佳的

[1] 见 Fyodotov-Davydov 1984, 19, 21, 53, 156, 173, 179–80, 190–93 and 232。元朝的做法参见 Allsen 1997, 32。

媒介。举一个已为大众接受的例证。新旧萨莱及金帐汗国其他地区出土的戒指、耳环、吊坠、牌饰和冠饰，其中有一些是金银丝工艺品，显示出内亚、伊斯兰和欧洲在风格与技术层面的交融。[1]

第三，需要强调的是包括珠宝、玉石等匠人在内的外来技术人员，他们以家庭为单位流动。汉文史料中，通常以“户”为单位列举。当然，这个程序是通过有意识的设计完成的，正如前文所述，蒙古人已经意识到特殊技艺往往在家庭内部传承。[2]进一步而言，也许更重要的是，这种做法符合蒙古人防止迁徙社群被同化的愿望，因为他们统治策略的关键是在新征服的疆域内广泛地任用外来官员和镇戍军队。

第四，蒙古人对外国珠宝工匠的依赖和需要，在草原世界有着源远流长的历史。公元前 5 世纪，斯基泰人（Scythians）便为希腊工匠制作的装饰品所吸引。希腊工匠轻而易举地将他们的产品改造得更加符合游牧民族的品位和文化期许。[3]公元 6 世纪，阿瓦尔人（Avars）变得声名狼藉——汤因比（Arnold Toynbee）恰当地形容他们是“牧人者”（herders of human-beings），因为他们时常将整个地区的定居人口强制迁徙到草原。这些人有的被赎回，其他人则被留下来，发挥他们在珠宝制作和其他方面的才能。[4]更具选择性的目标也被记录在册。629—630年，可萨可汗（Khazars）派遣他的代理人前往高加索的阿尔巴尼亚地区（Caucasian Albania，即阿塞拜疆［Azerbaijan］）征集“精于金、银器及锻铸铜、铁”的工匠，而且其代理人似乎借助了萨珊王朝的地籍

---

1 Fyodotov-Davydov 1984, 181–84 and 190–93; and Kramarovsky 1992, 191–200.

2 *TZTG*, ch. 4, 60–61.

3 Khazanov 2015, 40–41.

4 Toynbee 1934–54, II, 317–19, and III, 22; and Bóna 1990, 113–17.

资料。[1]这些早期尝试与成吉思汗时代的主要差异表现在各自的规模上。早期偶尔也会出现欧亚大陆的主要文化区域之间的迁移——751 年，中国的金银匠在怛罗斯（Talas）之战中被俘获，然后被遣送至阿拔斯王朝的都城，继续经营他们的行当。但这些都是特殊的、计划外的事件，不像 13 世纪那样，是蒙古人有意识地进行系统的搜查、征用和迁移的结果。[2]

除了工匠之外，同样需要永久性的储存设施以及行政管理人员。我们有必要简明地探讨这一主题，以便解决蒙古人如何管理自身新获财富的关键问题。

按照惯常的状况，我们最了解帝国东部地区的情形。窝阔台在哈 44
剌和林建造了大量的木质仓库——波斯语文献中表述为 *khizānah*，意为“宝库”。[3]根据汉文史料记载，忽必烈在统治期间下令在新首都大都建造一系列“帑藏”；虽然其中的部分仓库储存了特殊的物品，但它们合起来是现金和珍贵商品的标准储备。[4]

在草原历史的情境下考虑这一制度，可以看出，游牧民在获得充足的资源以支持永久性的政治结构之前，显然不需要宝库。那么，他们经常向定居国家借鉴制度和专有名词的举措也就不足为奇了。譬如，回鹘语词“*tsangchi*”（司库、管仓库的人）组合了汉语“仓”与突厥语“*-chi*”。[5]蒙古人的做法大同小异；拉施特使用了一个相似的混合词，

---

1 Dasxuranc‘i, 104.

2 Pelliot 1928, 110–12.

3 Juvaynī/Q, I, 164, and III, 87–88; and Juvaynī/B, I, 207, and II, 605–66.

4 *YS*, ch. 90, 2275; and Farquhar 1990, 90–91, 95, 176–78, 307, 322, 329, and 334–35.

5 Tikhonov 1966, 54; and Nadeliaev et al. 1969, 17 and 582.

由阿拉伯—波斯语“*khazīnah*”与突厥语和蒙古语后缀“*-chi*”组成。由此产生的官职 **khazinechi* 或 **qazinechi*，与古俄语中的 *kaznachei* 或 *kaznachii* 有着准确的对应关系——后者本身就是借自金帐汗国执政臣僚所用的突厥语。[1] 当然，这里的传播方向是相反的。在这个案例中，是一个定居国家以游牧民族为中介接受了对于官员及机构的命名。

至于何人在蒙古人治下担任此职，我们只知道其中三个人的姓名：帖哥紬（Tekechüg）、阔阔术（Kököchü）和浑答海（Qundaqai）。但即便从贫乏的资料来看，至少可以肯定，他们都来自内亚地区。[2] 考虑到蒙古人的治理观念，上述案例中管库官员的任命，并不是因为他们掌握了与职位有关的技能，而是凭借与统治者个人的亲密关系。这似乎是一个合理的猜测。此外，这些官员作为统治阶级的成员，效率低下，贪腐无常。这个相当严苛的结论在大量文献记载中得到了明确印证。蒙古人收缴战利品和贡物效率颇高，但这些财富一旦落入他们手中，便难以掌控。相关史料尽管来源各不相同，但立刻相互关联，相互强化。

第一个问题，也是事实证明无法克服的问题，与游牧民族对待皇家财产的观念有关。伊利汗阿八哈（Abaqa，1265—1281 年在位）和他的大皇后不鲁罕（Bulughan）哈敦之间的关系，很好地说明了蒙古人的态度。在不鲁罕哈敦的人生历程中，她积聚了一整个宝库的华服、金银器物、宝石以及贵重的珍珠（*la'ālī'-i thamīn*）。拉施特解释说，因
45 为她的丈夫爱慕她，每次进入国库时，“将精致的宝石及珍贵之物带

[1] Fasmer 1967, II, 160.

[2] *YS*, ch. 3, 46; Rashīd/K, I, 669; and Rashīd/B, 315.

出，然后私下里送给了她”。[1]显然，阿八哈汗将国家的财富视为私有，随心所欲地处置。阿八哈汗的行为并非孤例。从帝国建立之初到分崩离析，成吉思汗的继承者们与宋朝不同，几乎不将政府财政与皇室财富进行区分，因此，国家财政不断陷入危机之中。

帝国初期，国库中的贵重物品不断增加，松散的管理使精准的核算愈发困难，而官员监守自盗的行为愈发容易，导致局面进一步恶化。拉施特再次提供了富有启发的案例。他指出，在帝国早期，“官员们看守库房，他们将器物拿起、放下，一切都很混乱，甚至连帐篷都没有，把财物放在地上，用毛毡盖住。从这一点就可以判断其他未尽之处了。”他如此总结。[2]而且，在解释13世纪晚期那场吞没整个伊利汗国的财政危机时，拉施特首先意味深长地介绍了旭烈兀在伊朗和美索不达米亚缴获的巨额珍宝的下落。他说，这些珍宝被放置在乌尔米亚湖（Lake Urmiya）的一座岛屿的城堡里。然而，不久之后，那里的许多黄金和镶嵌有宝石的珠宝不翼而飞，大部分都被城堡的看守者转卖给了商人。与此同时，这些官员为了换取贿赂，心甘情愿地购买各类军用物资，却从未交付给官府。拉施特记载，继任的伊利汗阿鲁浑（Arghun，1284—1291年在位）有鉴于这些不规范行为，下令迁移并建立新的库房，但很快遭遇了相同的命运。[3]

当今的人会称呼上述案例为“库存管理的崩溃”（a breakdown of inventory control），但相当明显的是，当时几乎没有什么管理可言。在讨论合赞汗的经济和财政大改革方案之前，拉施特对此有一些尖刻的

---

1 Rashīd/K, II, 848.

2 Rashīd/K, II, 1091.

3 Rashīd/K, II, 978–79 and 1078; and Rashīd/M, pt. I, 58–61, and pt. II, 161–62.

评论。“在此之前，蒙古统治者的库房没有设置记账人，无法准确地记录收入与支出。”他补充道，难点在于缺乏受过合适训练的专业人员，以及主管官员猖獗的腐败行为——尤其是他们与成吉思汗的家族成员、家臣以及各级政府官员之间积极而有利可图的勾结。拉施特最后评述说，“这样一来，国库每年八成的收入被滥用，剩余的两成则按照君主的命令花销殆尽”。[1]

即使考虑到拉施特有意放大他的君主及赞助人所面临的问题，同
46 样显而易见的是，蒙古人基本上无视了中国和伊斯兰国家国库的正常核算程序，其必然结果是系统性的腐败和巨大的浪费。[2]

拉施特在他的长篇议论中提到了蒙古君主，而不仅仅是伊利汗。最引人注意的是，拉施特对国库管理松散的抱怨，能够在汉文史料中找到近似的记载。相关问题可以追溯到蒙古帝国早期。早在1230年即窝阔台即位的第二年，汉化的契丹人、汉法派的首席发言人耶律楚材感觉有必要推动合罕惩治“贸易借贷官物者”，处死“监主自盗官物者”。[3]更具启发性的是《元史》中的一条记载，“国初，詹事出纳之事，未有官署印信”，以至于1290年——仅较伊朗的合赞汗实施制度改革略早数年——元朝将国库一分为三：其中之一贮存丝织品，另一储放黄金、宝石和珍珠，第三个库房则用来放置皮毛和马具；各有专人负责管理。[4]然而，这一措施没有带来预期的缓解作用，因为元朝政府所面临的问题不只是缺乏有效的库存管理。

---

1 Rashīd/K, II, 1091–92.

2 关于伊斯兰国家的规范，见 Yusūf, 131。

3 *YS*, ch. 146, 3457.

4 *YS*, ch. 89, 2251.

许多人利用了这一缺陷，而商人最大胆。成吉思汗及其继承者们热衷于招募商人作为私人财务代理和财政官员。志费尼（Juvaynī）用有些隐晦的文字记述了蒙哥汗的用人流程："成队的商人来到宫廷，他们是把货物售卖给皇帝库藏的人。这些人也有好几类。有的估价珠宝，有的估价衣物，有的估价禽兽，等等。"[1]尽管没有明说，但可以看出，那些来到蒙古宫廷提供货品的商人，有一些留下来担任库官。马可·波罗所言忽必烈宫廷中为宝石和珍珠估价的"十二位智者"，很有可能是由类似的方式招募而来的。[2]最能肯定的是，领导层毫无经验，而且中间管理层基本上由负责估价的商人组成，助长了营私舞弊之风。成吉思汗及其后裔的帑藏深受其害。

有关朝廷与外国商人的交涉，《元史》中记载了具有启发性的细节。其中包括几个案例，穆斯林商人携带大珠到宫廷，忽必烈予以回绝，认为索价过高，这些钱更应该用来"赒贫者"。[3]单看这段记载，似乎意味着元朝皇帝形成了主次分明的价值观，有儒法治国的倾向。但事实要更为复杂。首先，忽必烈希望赈济贫困的反应，完全符合蒙古 47
人自身的伦理观念和治理方式。其次，宫廷和商人之间的关系，基本上不基于买卖双方在公开的、不受约束的市场上进行的简单直接的商业交易。

元成宗铁穆耳合罕（Temür Qaghan，1294—1307年在位）统治期间发生的著名事件，让人们对这些交易的真实性质有了更多的认识。汉人高官尚文的传记记载，1303年西域商人入朝进奉"押忽大珠"（阿

[1] Juvaynī/Q, III, 88; and Juvaynī/B, II, 606. Cf. Rashīd/K, I, 599 and Rashīd/B, 222.

[2] Marco Polo, 239–40. 关于他的术语，参见 *MTMW*, 325。

[3] *YS*, ch. 17, 364 and 371.

拉伯—波斯语 *yāqūt*），索价 60 万锭（*balīsh*）。尚文强烈反对这笔交易并辩解道，相关款项应该用于救济饿馁，从而防止“天下乱”。[1] 而另一则材料来自拉施特，他通过元朝使臣了解中国的相关情况。据拉施特记载，铁穆耳合罕的顾问和中间人（*dalālān*）将珍珠宝石（*javāhir*）估价为过高的 60 万锭，进而从中收取回扣。此时，两名没有参与初次估值的中间人提出抗议，认为珍珠和宝石的定价过高。铁穆耳命令前任市舶使沙不丁（Shihāb al-Dīn Qunduzī）重审此案。沙不丁认为成交价是实际市场价的两倍。因此，商人及不忠诚的中间人被逮捕并判处死刑。然而，他们通过行使贿赂，将多收钱款交还国库之后，最终获准释放。这又进一步证明了商人顾问在宫廷中的地位和人脉。[2]

两个不同版本的纪事存在明显差异，但很容易得到解释。所有此类大笔的开支都会引发争论，部分参与者会讨论市场价值，而其他成员则以节制支出和实施善政进行辩护。[3] 尚文的传记中相当准确地呈现出儒家原则对珠宝贸易的抵制。而沙不丁提出反对意见，纯粹是基于商业层面的考量。就我们的目的而言，主要的教训在于商人顾问深入地参与到宫廷贸易之中，确实助长了腐败与勾结。需要补充的是，即
48 便是这桩广为人知的国际丑闻，也没能阻止类似问题的再次发生。在 1324 年的一次御前奏议中，汉人军官兼文士张珪责备中间商及代理人“分珠寸石，售直数万”，他认为是成宗时期始有此弊。[4] 不出意料，忽必烈作为受人尊敬的开国者，没有受到这一批评。

---

1 *YS*, ch. 170, 3988.

2 Rashīd/K, I, 678–79; and Rashīd/B, 330.

3 另一个例子，见 *YS*, ch. 24, 537。

4 *YS*, ch. 175, 4077.

元廷针对不断增长的靡费行为确实付出了更多努力，来恢复广泛的商业交易秩序。1329 年，有诏令规定，所有僧、道、也里可温、术忽、答失蛮（Dānishman），凡为商者，“仍旧制纳税”。显然，他们已经成功逃避这项义务很久了。这条诏令本身具备几个层面的意义。最明显的是，元朝政府根据社群隶属关系对商人分类，这表明了他们的背景，并揭示了长途贸易和普世宗教之间长远而密切的联系。其次，这条诏令也暗示商人具有逃避税收（至少包括地税和人口税）的能力。在某种程度上说，这与蒙元统治者经常为宗教领袖和礼仪专家实施无差别的蠲免政策有关。最后，不难推断，这条诏令的主要目的在于限制穆斯林群体，他们是在华外来商人中数量最多的，只是没有被单列出来。两年后颁布的另一道圣旨证实了这种解释。这道圣旨免除了佛教徒应缴的商税，意图显然是让他们在与无处不在的穆斯林的竞争中获得优势。[1]但是朝廷依赖穆斯林在海外拥有的广泛联系及其获取心仪商品的独特渠道，这让穆斯林的影响力与行动力持续到元朝末年。正如拉施特所指出的，成吉思汗及其继承者们充分地意识到，商税（*tamgha*）和宝货（*tansuq*）稳定地流入国库，始终离不开穆斯林的合作。[2]

最富有教益的是，讨论收购珍宝以及商人、经纪人的腐败问题时，珍珠经常成为热议的焦点。汉人官员颇有理由认为，珍珠象征着靡费，与元朝宫廷和外来商人（主要是穆斯林商人）的贸易有关。[3]此外，不只士大夫对穆斯林强烈抵制；普通百姓也用讥讽故事来表达他们的不

---

1 *YS*, ch. 33, 732, and ch. 35, 779.

2 Rashīd/K, I, 654–55, and Rashīd/B, 293–94. Cf. Elverskog 2010, 227 ff.

3 Cf. Endicott-West 1989b, 144–45 and 149–52.

49 满。[1]然后，在许多现代学者看来，元朝统治者如此挥霍无度的行为，逐渐削弱了国家财政并且疏远了汉人臣民，成为政权衰亡的催化剂，也就不足为奇了。[2]

尽管存在价格垄断、克取回扣、管理不善以及明目张胆的盗窃财物等行为，蒙古宫廷仍然拥有看似无穷无尽的珍珠和宝货储备，投入夸耀性的展示和引人注目的再分配之中。

---

1 Franke 1967, 202–8.

2 例如 Liu 2008, 138–40。

第五章　展示与再分配 50

为了探明蒙古人的偏好，有必要简单地考察他们用来表示珍珠的术语。《蒙古秘史》中使用了两个词语："塔纳思"（*tanas*，单数形式为 *tana*），汉文旁译为"大珠"；"速不惕"（*subud*），旁译为"珠"。《元史》记载质孙服时，对二者皆有提及。[1]

在蒙古时代编纂的多语词典中，汉语"珠"、波斯语 *marvārīd* 以及阿拉伯语 *al-lu'lu'* 的蒙古语同义词通常是 *subud* 而非 *tanas*。[2] 这强烈地暗示着，在给词典编纂者提供消息的蒙古人脑海中，*subud* 是最基础和地道的表达。然而，有人提出了另外一种观点。克劳森爵士（Sir Gerard Clauson）认为，*subud* 是波斯语 *bussad*（珊瑚）的变型。他的解释在纯粹的语言学上有所未安。因为由 *bussad* 到 *subud* 需要语音和语义的同时转换，这是相当罕见的现象。进一步说，这种猜想的基础是珍珠产自欧亚大陆的南部海域，而蒙古人属于"内陆民族"，所以 *subud* 根本不

---

1 *SH*, § 274 and *YS*, ch. 78, 1938. 稍晚一些，蒙古语中的一种用法 *jinjü*，来自汉语"珍珠"。Lessing 1973, 1058; and Kara 1965, 11.

2 Ligeti 1990, 271 and 55a; and Hex., 303 (205C11).

可能是原生词。[1]后一种解释显然是不正确的，因为蒙古人直系祖先的故乡——中国东北地区便出产河珠。没有理由认为蒙古人不应该拥有关于珍珠的原生词，这个词最初应该指的是当地的淡水品种。

塔纳（*tana*）的词源关系和与之密切相关的地理分布问题，都有待进一步的讨论，因为这一名词在史料中的使用经常含混不清。当然，最重要的问题是，“塔纳”可以用纯属描述性的方式指称任何种类的大颗珍珠。例如，12 世纪晚期的汉文史料记载，女真人的居住地即出产
51 “大珠”，这显然是指淡水珍珠。[2]然而，汉人和蒙古人通常将出自西印度洋的珍珠称作“大珠”。各类不同的证据都指向这一结论。唐代以前的汉文史籍记载，波斯国以“多大珍珠”而著称。[3]这种特殊用法一直持续到元代，“大珠”往往与穆斯林（回回）商人联系起来。[4]仅举一例说明：1291 年，忽必烈颁行的汉文法令——“回回以答纳珠充献及求售者还之”。[5]

塔纳在词源学上也指向西方起源。蒙古语和汉文形式毫无疑问可以追溯到波斯语 *dānah*，意为“种子”，引申为“珍珠”之意，再进一步衍生出 *dānat* 的用法。*dānat* 是波斯湾地区阿拉伯口语中的一个专业术语，指的是最大颗的珍珠。[6]拉施特使用了 *dānah* 的后一种含义，用来描述察合台汗的长妻戴着“两颗价值连城的珍珠（*dānah*）”，也就是

---

1 Clauson 1966, 33–34.

2 *SCBM*, 17 (ch. 3, 3a).

3 *BS*, ch. 97, 3222.

4 *YS*, ch.17, 364, and 371.

5 *YS*, ch. 16, 352.

6 Steingass 1970, 501; Khoury 1996, 26; and Rentz 1951, 397.

说她的饰物与身份相符。[1]

大多数社会中，首饰是展示珍珠、宝石和半宝石的主要方式。由于头部是人际交往时的正常焦点，所以上半身通常成为放置此类装饰品的首要位置。[2]对于蒙古人而言，这一点当然是正确的；哈剌和林出土了金、银手镯的碎片，它们都附在薄铜片上，还镶嵌着两颗珍珠；但文献中很少提及手镯或指环，提到耳环、项链和精致冠饰的资料则非常多。[3]志费尼曾多次参观窝阔台合罕的宫殿，他说皇帝在临行前带了许多珍珠项链，赐给臣仆们。[4]随后，伊利汗国统治者帖古迭儿（又名阿合马，Tegüder/Aḥmad，1281—1284 年在位）皈依了伊斯兰教，赠予马穆鲁克（Mamlūk）宫廷“一百五十颗念珠（*subḥa*）”。[5]

尽管项链在各种首饰中占有一席之地，但蒙古人明显更偏爱男女皆能佩戴的耳环。实际上，蒙古人的耳饰根据基本款式可以分为两类：*süikü*，适合男性佩戴，常见的形式是缀在穿孔的耳垂上；*süike*，质量更重也更加精致，多为已婚妇女佩戴，并且需要由整只耳朵支撑的纽扣或者缠绕头部的丝带来连接耳饰，以防止耳垂拉长或者撕裂。[6]

从某种意义上说，这种草原传统对蒙古人产生强烈的吸引力，源自 1226 年成吉思汗军事生涯中的最后一场战役。拉施特编纂的《史集》基于今已佚失的蒙古文材料，戏剧性地记录了这件事：“成吉思

1 Rashīd/K, II, 765.

2 Goitein 1967–93, IV, 213–15.

3 Elikhana 2010, 43–44, and fig. 4e.

4 Juvaynī/Q, I, 174; Juvaynī/B, I, 218; Rashīd/K, I, 656; and Rashīd/B, 296.

5 al-Dawādārī, 265.

6 Boyer 1952, 92–100, and 123–25.

52 汗抵达女真境内时，女真国王听闻成吉思汗来到，便遣使送礼物请降，其中包括一盘大圆珍珠。成吉思汗下令将珍珠赐给耳上穿孔的人，每人一颗。当时耳上没有穿孔的人马上在自己耳朵上穿了孔。所有的人都发了珍珠，但还是剩下许多。成吉思汗说：‘今天是行赏的日子，将剩下的珍珠全部掷出去，让人们捡拾吧。’”[1]

在我们看来，这段话提出了几个问题。第一，关于女真国王进献的珍珠的品种，波斯语称“王者之圆珠”（*mavārīd-i ghalṭān-i shāhvār*），暗示了这些珍珠来自海洋而非河流。第二，更为重要的是，成吉思汗的慷慨引发的疯狂争抢，虽然在重述时有所润饰，但却准确地反映了蒙古人对耳环和珍珠的热情。

随后的几代人也表现出相似的热情。在突厥斯坦和西部草原地带，统治阶级不分性别，延续了穿耳洞的行为，并且戴上附有大颗昂贵珍珠及宝石的耳饰。[2]更具戏剧性的是，在对大马士革（Damascus）的军事行动中，合赞汗的军队偶然发现了一处珍珠耳环窖藏，他们非常兴奋，于是无视正常的战利品收缴程序，立即将耳环瓜分。[3]另一件极为不同但具有启发的事情发生在伊朗，一位统治者被允许给旭烈兀“亲手”戴上一副饰有“价值连城的珍珠”的耳环。[4]这无疑是与统治者亲密无间的象征。正如我们在后文还会看到的，这只是移交珍珠以传递强烈政治信息的方式之一。

跟往常一样，我们对中国的史事了解最多；元朝政府出台措施，

---

1 Rashīd/K, I, 385–86 and 433.

2 *YS*, ch. 180, 4160–61; *MREAS*, I, 161–62; Rashīd/K, II, 765; and Mufaḍḍal/B, 460.

3 Ibn Arabshāh, 319.

4 Bar Hebraeus, 434.

监管珍珠耳环的设计及使用。1312 年，元朝政府颁布有关首饰和珠宝的法令，明确规定，只准许一至六品官员戴珍珠耳环，并且只有玉和碧甸可以与珍珠结合使用。[1] 显然，这并非意味着当时的时尚，而是元朝法律中关于职官服饰规定的一部分。其目的与军服和军徽类似，都是提供识别个人等级的视觉手段。

元朝宫廷定期、大量地使用珍珠的证据，见于 14 世纪绘制的历任皇帝肖像画。皇帝佩戴两只耳环，每只耳环上附有一颗又大又白的珍珠。他们的皇后（*qatuns*，哈敦）在生前肖像中，都戴着相应的洁白、巨大的泪型珍珠，穆斯林和汉文史料都称其有榛子大小。而其他妻妾 53
拥有更精美的耳饰（*süike*），每一件坠饰都配有 65 颗珍珠。[2] 毋庸赘言，

图 2　元武宗海山（1307—1311 年在位）后妃肖像（台北故宫博物院）

[1] *YS*, ch. 78, 1942 and 1943, and ch. 105, 2680; and *TZTG*, ch. 9, 135 and 136.

[2] Sakip Sabanci Müzesi 2006, 470–73, 总数来自 pl. 349. Cf. Mostaert 1927, 149.

找寻材质和数量匹配的珍珠，需要极为充足的储备以供挑选。

冠饰和服装也是展示珍珠的极佳手段，因为可以将它们聚集在一起，产生绝妙的效果。这种做法在欧亚大陆的宫廷中较为常见。[1]蒙古女性的冠饰特别引人注目，也经常被记录下来。尽管各种记载关注的焦点是其中央部分——奇特的形如长靴的罟罟冠（*boghta*，音译“孛黑塔”），但它只是整体装扮的一部分，还包括发式、耳饰以及颈部与额头的装饰品。各种饰物之间的仔细搭配必不可少，首先要将笨重的中央部分固定住，必须将头发梳拢，置于罟罟冠中空的长管道内，然后将头巾扮成雅致的帽带。[2]

这套精致的装扮为装饰和展示提供了更好的机会。从长帽的顶部
54 说起，有一连串的羽毛制品，通常有三至五束。在亚洲北部和东部草原，羽毛自古便与萨满（shamans）及其飞往的上界相联系；但也与统治者有关，是腾格里（Tengri，即“天”）授予他们权力的象征。作为一种纯粹的风格，这被成吉思汗的继承者广为使用，并且在后蒙古帝国时代成为一种遗产，在他们曾统治的穆斯林臣属之中传播。[3]

尽管羽毛在罟罟冠的装饰中占据了显著的位置，但更引人注目且更具意识形态意义的是女性冠饰上悬挂着大量珍珠。帝国创立之初，蒙古统治阶层所有的已婚妇女遵循已有传统，用宝石和珍珠来装饰罟罟冠；马可·波罗拥有一件罟罟冠，他在遗嘱中提到，其上的珍珠仍

---

[1] Porada 1969, 187, pl. 53 and 211–13; Rose 2001, 45; Ṭabarī, V, 237–38; *ZS*, 15 and 74 (15b); Ye Longli, ch. 23, 225; and Abū'l Fidā, 81.

[2] 细节的处理方式见 Boyer 1953, 17–92 and 103–21, esp. 109。

[3] Roux and Massé 1976, 28–57, esp. 29–33, 38–40, and 45–53.

然完好无损。[1]

随着时间流逝，更多的珍珠被加入其中。1320年左右，来自意大利波代诺内的鄂多立克（Odoric of Pordenone），亲眼见过元朝宫廷妇女的冠饰，并如此描述："已婚者头上戴着状似人腿的东西，高为一腕尺半，在那腿顶有些鹤羽，整个腿缀有大珠；因此，若全世界有精美大珠，那准能在那些妇女的冠饰上找到。"[2] 皇家肖像充分地证实了鄂多立克的描述，所有哈敦的罟罟冠上都有洁白的珍珠，通常是浑圆的，而且经过精心搭配和紧凑设计。每位哈敦的冠饰上可见77颗珍珠，左侧又悬挂了44颗，右侧自然应与左侧一致，所以总共至少有165颗珍珠。每一个案例中，哈敦的帽子和礼服都是亮红色的。这在伊斯兰世界属于炫耀珍珠的首选背景色，同时也说明蒙古人对展示波斯湾大珠和流行时尚非常感兴趣。[3]

当然，在整个欧亚大陆，金制皇冠与皇权密切相关。那些伟大的皇帝、哈里发甚至小国的君主们经常将宝石和珍珠用作装饰，进而产生光环效应。这象征着君主拥有的威严、荣耀、特殊的福气，以及天授王权。[4] 蒙古统治者没有使用贵金属材质的皇冠，但皇室的冠饰仍然与其统治地位联系起来。《蒙古秘史》记载了1218年家庭内部有关继承人的讨论，宣称窝阔台当选是因为他长期陪伴在成吉思汗左右，因此成吉思汗能够"给他许多教益"（*maqalai-yin bauliya*，蒙古语字面意

1　Zhao Hong, 424; Rubruck, 89; Marco Polo, 556; Ibn Baṭṭuṭah, II, 485; Olschki 1960, 106; and Jacoby 2006, 203.

2　*CWT*, I, 222.

3　Sakip Sabanci Müzesi 2006, 476, 珍珠总数见 pl. 353; and *BGR*, § 13.

4　Theophylact, IV. 3.7; Draskhanakertc'i, 153; and *BGR*, §§ 159–60.

思是“大皮帽的教训”)。也就是说，窝阔台可以直接从其汗父处学到很多治国之道。[1]

55 蒙古人的冠饰虽然依照草原传统，用毛毡和布料做成，但也有丰富的装饰。14 世纪晚期虚构的约翰·曼德维尔爵士（Sir John Mandeville）游记记载，大汗的帽子上布满了宝石和珍珠，“价值连城”（worth a kingdom)。[2]实际上，元朝宫廷服饰条例规定，天子之冠，“口围”和“旒”都镶嵌珍珠；天子之冕，其顶部一圈和两侧的垂饰皆用珍珠，为统治者的头部营造所需的光环。[3]

服饰是皇室和贵族身份最明显、最广泛使用的标识，甚至为积聚珍珠和宝石提供了更大的空间。[4]在蒙古的实例中，首先要注意的是，官员和近侍参加朝会时，也穿着类似君主的服装，只是在规格上略有缩减。这种现象始于蒙古帝国早期：贵由汗即位时，被泛称为“美珠的衣服”（*thiyāb-i marvārīd-i rīz*)；在元朝，有更多提及某某大臣拥有“珠衣”的典故。[5]最常提到的当数“珠袍”，是宫廷及政府官员在宴会或其他庆典中穿着的服饰。马可·波罗写道，在忽必烈的宫廷，有镶满珍珠和宝石的礼服，“价值超过一万贝桑金币”；几十年后，鄂多立克称，每一位朝臣“身披一件外套，仅上面的珍珠就值 15 000 佛洛

---

1 *SH*, § 255.

2 Mandeville, 155.

3 *YS*, ch. 78, 1930 and 1931.

4 相关例证，见 *BS*, ch. 97, 3222; *MKK*, 191; and *EVTRP*, I, 4 and 132。

5 Juvaynī/Q, I, 208–9; Juvaynī/B, I, 254; *YS*, ch. 12, 255, ch. 23, 525, ch. 32, 715, and ch. 138, 3346.

林”。[1]同样的情形也出现在伊利汗国。1303年，在合赞汗举办的一场尤为光彩夺目的盛宴上，他的客人——众多的外国使节、统治者及本国的政府官员——都穿着这种珠袍。[2]

除此之外，大量其他种类的珍珠服饰也见于记载，包括珠袈裟、答纳都纳石失（饰有大珠的长袍）、贯珠袍、珍珠燕服、珠珞半臂等。[3]正如元代汉人所正确理解的，珠珞半臂是西蕃特有的产品。[4]

当然，服饰并非只有外套，相配的珠帽、珠衣也在赏赐物品之列。[5]珠帽，蒙古语为 *tanatu tomugh*，被中国境内的成吉思汗后裔诸王、宠臣穿戴；高级官员也有穿戴，但受一些限制。[6]

对于游牧民族而言，任何种类的裤子和外衣都需要腰带。腰带除了本身的使用价值之外，还承载着巨大的象征性力量，与英勇、纽带、束缚、服从以及忠诚有关。所有这些都可以追溯到上古近东地区。[7]这一用法被伊朗人采纳，并且为他们的穆斯林继承者所延续。这 56
些腰带当然经过精雕细琢，通常由黄金打造，并镶嵌（*muraṣṣa*ʿ）宝

---

1 Marco Polo, 221 and 225; and *CWT*, II, 224–25. 贝桑（*bezants*）是拜占庭帝国的钱币。

2 Vaṣṣāf, 399; and *SMOIZO*, 84.

3 *YS*, ch. 27, 611, ch. 78, 1938; ch. 139, 3352, ch. 146, 3466, and ch. 207, 4599; and Pelliot 1930, 264–65 and n. 2.

4 Tao Zongyi, ch. 2, 25.
［译者按］爱尔森将“西蕃”译为 western peoples。

5 *YS*, ch. 36, 801, ch. 42, 900, and ch. 128, 3134.

6 Cleaves 1951, 31, 55, and 70; and *YS*, ch. 27, 603, and ch. 41, 871.

7 So and Bunker 1995, 77–84 and 161–74. Cf. Kessler 1993, 49–50 and 79, figs. 26–27 and 36.

石和珍珠。[1]从多瑙河到蒙古高原的整个草原地带，腰带都扮演着类似的角色。考古发现的早期突厥人和后来的游牧民族创造的石像，充分证明了腰带的广泛使用。[2]蒙古统治者继承了古代传统，在登基庆典上精心地使用腰带，并且大量地赏赐给臣仆。这些镶有宝石和珍珠的腰带，都由丝绸、贵金属制成；在西部草原，则由高品质的不里阿耳皮革制成。[3]

当然，蒙古统治家族拥有大量的珍珠衣饰。他们的冠饰、腰带甚至外出和家用的鞋子上都采用珍珠进行装饰，礼服也使用“白珠旒”。[4]但每件衣服上珍珠的数量究竟有多少？蒙古语 *tanatu*（塔纳秃 / 答纳都）意为“用珍珠装饰的”或“镶有珍珠的”，是否意味着无间隙地覆盖整件衣服？确实有人尝试制造过这样的展示品，最著名的当数拜占庭皇帝罗曼努斯四世（Romanos IV Diogenes，1068—1071 年在位）下令制造了一件镶满三万颗珍珠的礼服。毫不意外，礼服的重量压得他步履蹒跚。[5]手肘长度的珍珠网（pearl mesh），是由小型珍珠编织而成的一种披肩或者围兜，可能也是一种坚实的打底。[6]但宝石和珍珠最常以紧凑的设计缀于织物上。所有可获得的文字和图片证据表明，成吉思汗系及其臣仆的宫廷服饰都是这种情况。

牌符和徽章上也有珍珠的身影。其中“牌子”（蒙古语 *gerege*）数

---

1 Ełishe, 187; and Abū’l Fidā, 68 and 81.

2 Kovaleskaia 1979, 5–6 and 49–51; and Kubarev 1984, 29–39.

3 *YS*, ch. 13, 267, and ch. 205, 4579; Rashīd/K, I, 659 and II, 981; Rashīd/B, 300–301; and Mufaḍḍal/B, 460–61. 更多内容参见 Allsen 1987, 18–19, 48–49, and 54–55。

4 *YS*, ch. 78, 1931, 1932, and 1934.

5 *BGR*, § 263. 参见 Ṣābī’ 的评论，67。

6 有关珍珠网，见 Kunz and Stevenson 1908, 445。

量最多，是象征权力的通用术语。“牌子”是蒙古统治者采用金朝的先例改进而成。[1]首先，牌子被颁发给信使、使臣和军官，授权他们使用驿站或者向公众征用食物、住所和交通工具。然而，不久之后，朝廷开始将牌子作为与公务无关的赏赐及地位象征，大量地授予臣仆，这种行为引起了较多的议论和批评。[2]这种牌子在汉语中也被称为“虎符”，有金、银、铁三种材质，并且用镶嵌珍珠的数量进一步区分。元廷通常将虎符赐予外国君主与贵族、近侍、军官、行政官员，甚至一位杰出的穆斯林工程师。[3]金虎符镶有珍珠三颗，等级最高。只有伯颜当政时（1335—1340）得到了元惠宗妥欢贴睦尔（Toghan Temür）为其制造的一件独一无二的“龙凤牌”，“三珠，以大答纳嵌之”。[4]

无论庆典还是日常使用，欧亚大陆任何时代的宫廷都使用宝石和 57
珍珠来精致地装饰他们的财产。[5]观察者们不出意料地对其产生了颇为深刻的印象，但很少有人试图超越眼花缭乱的视觉效果，解释这种展示的普遍吸引力和功用。比鲁尼在他的宝石学专著的导言中指出，皇家饰物的作用有两方面：让人关注统治者的辉煌壮丽；同样重要的是，

---

1 Cleaves 1953, 254–59, esp. 256; Doerfer 1963, 239–41; Fan Chengda, 147; and Vorob’ev 1972, 85 and 87.

2 *YS*, ch. 99, 2527; and Hsiao 1978, 96.

3 *YS*, ch. 13, 270, 273, and 280, ch. 17, 366 and 375, ch. 18, 388, ch. 19, 409 and 412, ch. 34, 767, ch. 43, 910, ch. 46, 964, ch. 61, 1484, ch. 98, 2508, ch. 123, 3032, ch. 131, 3185, ch. 133, 3229, ch. 135, 3281, ch. 151, 3578, ch. 165, 3879, ch. 178, 4133 and 4134, and ch. 203, 4545; Marco Polo, 203–4; and Hsiao 1978, 73.

4 Yang Yu, 41b.

5 Quintus Curtius, VIII. ix. 24; *THPN*, 145; *JS*, 149–50; *BGR*, §§ 73, 178, 198, 213, 222, 257, 373, 403, 408, and 409; al-Bīrūnī/B, 149; Zhao Rugua, 81; Zhao Rugua/H, 103; Behrens-Abouseif 2014, 44 and 162; *CP*, 314; and Bernier, 471–72.

唤起臣民们希望有朝一日分享到这些财富的渴望。因此，在比鲁尼看来，统治者需要运用巨大的财富以稳固权力和实施有效治理。[1]尽管时空细节各有不同，但方式总是保持一致：王权最直观地表现为物质财富的数量、质量及多样性的结合，也就是说，统治者命令其治下的世界必须上供所有最好的事物。

这种描绘方式的合理性，可以从其他证据中得到支持。中古时期的材料最容易引人联想，它们全面地记载了外国宫廷在不同的时空情境下的展示方法。反复的竞争性模仿，促进了欧亚大陆多数宫廷文化的融合，增强了彼此之间的风尚和符号的辨识度与可读性。

蒙古人热情地接受了这些意象和创造技术，达到甚至超过了他们居住在草原和田地的先辈们所制定的高标准。皇帝拥有的皇家徽章、权杖及华盖，都使用珍珠装饰得极为奢华，如同部分功臣的个人旗帜一样。[2]蒙古人同样将珍珠镶嵌在宝座、餐具、壁毯、马车、象车以及帐篷上。[3]因此，在蒙古宫廷的任何位置，参观者总能看到耀眼的黄金和晶莹洁白的珍珠。

从多个方面来看，所有展示中最壮观、惊奇之处，莫过于成吉思汗及其后裔赐予臣仆及客人珍珠的数目。现金与奢侈品的再分配，是蒙古政治文化的核心。追随者期望与统治者和统帅们分享狩猎、抢掠、战役和贡物等收益。这些在他们精心策划的活动、盛宴以及贵族大会

---

1 Al-Bīrūnī/ B, 27–28.

2 *YS*, ch. 3, 50, ch. 79, 1958, and ch. 120, 2964.

3 Carpini, 111–12; Pelliot 1973, 64–65; Juvaynī/Q, I, 193; Juvaynī/B I, 237; Qāshānī/H, 47; *YS*, ch. 78, 1944, 1945, 1946, 1947, 1948, 1949, 1950, 1951, 1952, and 1953; Marco Polo, 479; Mufaḍḍal/B, 459–60; and Andrews 1999, I, 561.

上得以实现。臣仆们也希望得到相应的回报。因此，在新年庆典上，大量的扈从人员纷纷向忽必烈进献金、银、宝石、珍珠等贺礼。[1]尽管这些本质上属于交换，但统治者理应表现出或者至少表面上表现出更大程度的慷慨。为了履行这一义务，成吉思汗系帝王定期向依附者们 58
大量地赠赐礼物，最常见的是镶有珍珠的华丽服装。

最引人注目的一些展示，实质上是集体性的。这些都是为了纪念军国大事而举行的漫长活动，涉及数百或者上千的受赏者。当然，取得重大的军事胜利需要举办庆祝仪式。因此，1279年，忽必烈“会诸王于大都，以平宋所俘宝玉器币分赐之”。[2]拉施特描述了另一场庆祝政治顺利过渡的大聚会。伊利汗阿八哈1265年即位之后，“将无数钱财、宝石、珍珠以及珍贵的服装分赐给后妃、宗王和异密们，以致**所有的**士兵都分沾到了好处”。[3]至此，我们掌握了一个经典的案例，依次相连的是赏赐、真正的再分配，以及游牧民族基本的政治动员机制。借此，即便身处较低阶层也能获得赏赐——但不是直接得到，有时需要经过他们有福的领主之手。

类似的手段也可以用于获取治下的政治实体的支持。这就是1253年西藏喇嘛八思巴（’P‘ags-pa）成为帝王之师时，忽必烈赠送珠衣给他的目的。而且，赐予帝师的文书被称为“珠字诏”（珍珠诏书）。1264年，八思巴收到一件这样的诏书，被授予名义上总领西藏所有僧人的

1　Marco Polo, 222.

2　*YS*, ch. 10, 267.

［译者按］此则材料出自《元史》卷十《世祖纪七》，第206页。原注标注页码有误。

3　Rashīd/K, II, 743. 引文中的着重为本书作者所加。

权力。[1] 这开创了先例，此后元朝廷送往西藏宗教当权者的所有诏书都“穿珍珠网于其上”。[2] 其实，这类活动的规范化是一种常见的做法。在元大都每年一度的大明殿白伞盖佛事盛典上，朝廷提供资金以及镶有珍珠的鎏金刺绣（“珠玉金绣”）。[3] 元朝宫廷的举措与成吉思汗其余各支后裔在自己的领地内赞助其他教派团体的行为，有着相同的缘由：成功且有组织的宗教往往拥有高效的传播机制和充分的意识形态影响，这些对提升政权合法性和取得臣民的服从极为有用。

赠送也可以个人化，尤其是在授勋仪式上，统治者亲手向客人及臣仆赏赐华服。在欧亚大陆各地的政治和宗教生活中，形式多样的授勋仪式是普遍共通的，并被广泛地理解为一种整合行为，以建立等级制度、忠诚义务、主从关系和命令。[4]

59 在元代，诸王被赋予从指定的农耕地区（即“分地”，蒙古语为 *qubi*）获取收益的权利。正式加封诸王时，通常赐镶珍珠的衣服（“珠衣”）。[5] 其他个别的赏赐，是由个人取得的具体成就、军功和政绩等促

---

[1] *ESMH*, 97, 98, 99, 116, and 118; and *YS*, ch. 29, 646.

［译者按］八思巴 1253 年被召，成为忽必烈的上师，1260 年封国师，1270 年封帝师。作者并未加以区分，笼统称他为 Grand Preceptor。

[2] Yang Yu, 15a.

[3] *YS*, ch. 77, 1926.

［译者按］白伞盖佛事，又称游皇城，于皇宫大明殿启建，诸色仪仗周游皇城内外。作者原文：“For its annual religious festivals, the Yuan court supplied the Buddhist Da Ming Temple in Dadu with funds and pearled, bejeweled gild embroideries”，误将大明殿理解为佛寺。今据史实径改。

[4] Gordon 2001b, 1–19. 相关例证见 Dasxuranc‘i, 111, 116, 128, and 130。

[5] *YS*, ch. 118, 2923, ch. 138, 3330, and 3331. Cf. ch. 32, 715.

成的。[1]皇帝分发赏赐的情境，在李庭的职业生涯中得到了充分体现。李庭是一位为蒙古政权服务的汉人官僚。1276年，平宋战争获胜后，李庭与其他将领参加大宴，得到忽必烈嘉奖，命坐于左手诸王之下、百官之上，并赐“金百锭，金、珠衣各一袭”。大约二十年之后，李庭等人拥立元成宗铁穆耳合罕即位，成宗与太后眷遇李庭等人，大宴仍命序坐于左手诸王之下、百官之上，赐以珠帽、珠半臂、金带各一，银六铤。[2]

这些隆重的庆典是为了表彰诸位受赏者的功绩，但同样重要的是，也为在场的群臣提供了明确的指导——如何才能最好地取悦君主。反之，通过收回赏赐也能达到相同的目的。1328年，元文宗将两位失宠官员的“珠衣”转赐给宠信的官员，这是训诫臣下的另一种行之有效的方式。[3]

服饰当然是成吉思汗系帝王向臣下表示眷遇并分配珍珠的主要途径；然而，还有另外的选择——赠予散装的珍珠。这种方式肇始于成吉思汗。1223年前后，成吉思汗赐予他钟爱的将领速不台（Sübedei）“大珠”，有关此事另一版本的记载称，速不台获得的赏赐是“宝珠一银罂”。[4]窝阔台延续了这一举措，曾将数额巨大的珍珠赏赐给他的一位女性亲戚。[5]窝阔台的另外一次赏赐更具启发性。一次宴会上，泄

1　*YS*, ch. 120, 2956, ch. 169, 3971, and ch. 174, 4061.

2　*YS*, ch. 162, 3796 and 3798–99.

［译者按］作者误将“太后”理解为成宗的皇后（his empress）。今径改。

3　*YS*, ch. 32, 721.

4　*YS*, ch. 121, 2976, and ch. 122, 3008.

5　Juvaynī/Q, I, 180; and Juvaynī/B, I, 224–25.

剌失统治者的兄弟向合罕进献了两个装满珍珠的玻璃瓶（*qarabah-i mavārīd*）。作为回应，窝阔台展示了一口装满大珠（*dānah-shāhvār*）的长箱子（*ṣanduqī darāz*），并下令以杯盛珍珠分配给在场的所有人。[1]如上所述，窝阔台的行为似乎没有经过预先准备，他的动机是渴望证明自己的慷慨胜过其他任何人。这种心理，让人联想到印第安人兼具节庆和竞争性质的“夸富宴”（potlach）。

然而，无论镶嵌于服饰、安置在珠宝上，还是以散装的形式，分配珍珠主要发挥了政治货币的功用。蒙古统治者用珍珠来吸引、赏赐、激励和鼓舞他们的追随者。简而言之，这是蒙古治国策略的重要工具，
60 也“颇具教益”。无论如何，从这方面来说，珍珠绝不是孤立的。为了从正确的视角来看待这些分配和转让，我们有必要记住，在绝大多数情况下，它们都属于大规模的皇家赠礼的一部分。其中，最典型的是1293年合赞汗举办的盛宴，他当场赐予基什的商人王札马剌丁一千匹马、精美的丝织品、来自中国和印度的花瓶、宝石和明珠（*marvārīd-i khūshāb*）。[2]

正如我们目前所见，蒙古宫廷赏赐、派发的珍珠与其他的宝货并没有满足家臣们日益增长的期待值，反而只会激发他们的贪婪和欲望。

---

1 Juvaynī/Q, I, 189–90; and Juvaynī/B, I, 234. 其他这一类型的赏赐，见 *YS*, ch. 18, 390, ch. 21, 451, ch. 32, 715, ch. 117, 2908, ch. 120, 2957, ch. 128, 3136, and ch. 133, 3224。亦见 *BGR*, § 66; Ibn Baṭṭuṭah, III, 678; and *CP*, 25。

2 Vaṣṣāf, 331.

第六章　消费文化

1221 年，李志常随长春真人丘处机穿过阿尔泰山南部，见商人从西域运来面粉，在当地“五十两白金可易面八十斤”！[1] 显然，此时的蒙古人是狂热而无节制的消费者，他们购买包括非奢侈品在内的各种异域商品。这些商品无视经济规律，被追逐利益的骆驼商队运输两千里或接近七百英里的距离。

蒙古人迅速地形成了与传统观念相称的消费文化。天性质朴的游牧民族被他们“文明的”臣民腐化，习得了这种自我放纵的行为。经历若干世代之后，这种行为愈发明晰。这种论说线索，可以追溯到阿拉伯历史学家伊本·赫勒敦（Ibn Khaldūn，卒于 1406 年）。[2] 具体的实例说明，游牧民族的消费文化容易受到定居民族的影响。1221 年，宋朝使臣赵珙前往华北，访问蒙古帝国的当权者。他指出，年轻的一代

1　Li Zhichang, 281–82; and Li Zhichang/W, 71.

2　见 Dale 2015, 186–206。

即第二代蒙古人，已经接受了胡服胡帽。[1] 虽然这种观点很吸引人，但大量证据表明，蒙古人对名贵物品的渴求与选择，早在展开最初的军事征服之后，直接并密切地接触定居世界的财富和品位之前，便已经形成。

前帝国及帝国时代的文献，对蒙古人购物清单中的首选商品都有明确记载。这些材料告诉我们，几个世纪以来，蒙古人划分价值层级的标准始终稳定不变。蒙古人最为渴求的物品，是来自草原民族的牲畜以及从定居城镇获取的奢侈品。奢侈品主要指精美织物、贵金属、
62 宝石，尤其是珍珠。在后一种情形下，契丹统治者经常收到阿拔斯王朝赠送的大珠。11 世纪的蒙古人肯定对咸水珍珠有一定程度的了解。[2] 我们可以推测，由于这种商品珍稀而且产地遥远，它所散发的光环被极度放大。因此，在蒙古帝国形成之前的几个世纪，蒙古人已经意识到西域珍珠的物质价值和精神属性。

此后，12 世纪中叶，蒙古人实际上是从女真人的手中获得了这些珍宝。女真统治者也在他们的个人装饰中大量地使用珍珠。金朝统治者为了在草原地区寻求代理人，按照皇家赠礼的标准，赐予成吉思汗三世祖合不勒汗（Qabul Qan）“黄金、宝石、珍珠和服饰”。[3] 而更直接且具体的案例是，1195 年前后，蒙古人与其盟友击败了塔塔儿部，缴

---

[1] Zhao Hong, 441 and 455.

［译者按］《蒙鞑备录》原文即“内四夫人者甚姝丽，最有宠，皆胡服胡帽而已”。这四位夫人是木华黎（1170—1223）的妻妾。爱尔森将“胡”译为 Turkistani。

[2] Ye Longli, ch. 21, 205.

[3] *SCBM* 17 (ch. 3, 4a); 引自 Rashīd/K, I, 192.

获的战利品中有一件“大珠衾”（*tanatu könjile*，镶有大珠的被子）。[1] 这件事在当时很有名，表明咸水珍珠在草原地区极为罕见。需要强调的是，蒙古人对他们所获的物品非常了解，已经赋予其特殊的名称。

这并不是说蒙古人对珍珠的偏爱是纯粹原生的。显而易见，蒙古人对奢侈品和用来表明社会地位的商品的特定品位，受到近邻尤其是内亚诸民族的影响。仅举一例说明：蒙古人对波斯湾珍珠的偏好，与契丹人和畏兀儿人认为南方海域出产的珍珠优于当地品种的看法完全一致。在这个具体的案例中，珍珠给予蒙古人的影响，很可能是因为它们与草原地区的皇室相互关联。

正如后续章节将论证的，蒙古人在这类事物上的优先选择——譬如黄金的属性与权力——深深植根于游牧民族和后游牧民族的文化史。因此，蒙古人在扩张的前夕，已经形成了消费社会。他们对名贵物品有着固定的观念，认为它们是宏伟帝国的附属物和装饰品。这些观念被保存在游牧民族的历史记忆中，直到取得军事上的胜利，才成功地被激活并成为现实。[2] 成吉思汗及其继承者以惊人的方式获取了空前丰饶的海陆宝藏。

一旦控制定居国家，蒙古人便立即沉溺于对显示身份地位的商品的偏好之中。这些商品部分来自官方渠道、战利品分配以及宫廷赏赐，精英们则很快自主地通过商业途径寻求更多。蒙古帝国宣告成立 63
后不久，统治者就开始关注物资是否充足的问题。1215 年前后，花剌子模沙摩诃末（Khwārazmshāh Muḥammad）派往蒙古帝国的第一批使

[1] *SH*, § 133; *SWQZL*, 44; and Pelliot and Hambis 1951, 191–92 and 202–3.

[2] 关于其连续性，参见 Khazanov 2016, 171–88; and Allsen 1997, 69–70。

者抵达华北，成吉思汗热情地接待他们，然后指示他们向他们的君主传达以下消息："我是东方之主，你是西方之主。让我们之间建立起友谊、和睦、安宁的稳固关系；让彼此的商人和车队畅通无阻；让我国的财物和商品流通到贵国，也让贵国的财物和商品同样地输入到我这里来。"[1] 这段记载来自术兹札尼（Jūzjānī），尽管他是在讲述此事发生之后流传的故事，但大概的语气和主旨基本属实，也完全符合成吉思汗与长途商人之间密切关系的基本事实。这种关系可以追溯到蒙古帝国建立之前。

上述记载同样与《元史·定宗本纪》相吻合，它生动地展现了蒙古第三代统治者狂热采购的情形："诸王及各部又遣使于燕京迤南诸郡，征求货财、弓矢、鞍辔之物，或于西域、回鹘索取珠玑，或于海东楼取鹰鹘，驲骑络绎，昼夜不绝，民力益困。"[2]

这条史料对许多观点具有启发性。首先，它再次申明被挑选的这些珍珠皆从波斯湾地区输入。其次，它提供了一个典型的案例，说明跨生态物种交换的重要性——通常以自然物及动物产品的交换为特征。此外，宗室贵戚们采用帝国的驿站系统来扩大自身的利益，也已经被其他材料所证实。这告诉我们，在很短的时期内，蒙古人已经成为欲罢不能的长途购物者。[3] 换而言之，在追求名贵商品的过程中，蒙古统治者及其家臣们对跨越洲际的商业辐射范围喜闻乐见。难怪在 1240 年

---

1 Jūzjānī/L, 336; and Jūzjānī/R, II, 966.

2 *YS*, ch. 2, 39–40.
［译者按］《元史》卷二包括《太宗本纪》和《定宗本纪》，引文为《定宗本纪》的内容，爱尔森误识为《太宗本纪》。今径改。

3 Juvaynī/Q, I, 24; and Juvaynī/B, I, 33.

代中期，柏朗嘉宾会被统治阶级积聚的“金、银、丝绸、宝石和珠宝”等巨大财富所震撼。[1]

后世对奢侈品的需求有增无减。据拉施特记载，合赞汗统治时期，
高利贷猖獗。许多贵族为了购买“镶有宝石的腰带、珍珠和其他名贵 64
之物”，不惜大肆借贷。[2]城市居民、商人以及其他有社交渴望的群体竞相攀比，自然造成了屡见不鲜的个体化负债事例。[3]但正如我们引述的材料所描绘的那样，蒙古统治者与法国古代政权的情况类似，整个统治阶级在疯狂追求显示身份地位的商品的过程中，完全陷入了债务的泥淖。

拉施特的另外一段记载提供了有用的标准。拉施特宣称与他同时代的普通民众坚信，精英阶层所穿的织金锦衣使用了大量黄金，直接导致市场上黄金短缺的现象。[4]尽管从经济学角度来看并不准确，但这种认知仍然有助于我们了解公众对待蒙古贵族消费主义泛滥的印象和态度。

蒙古人好像贪得无厌，欲壑难填，导致上级向下级施压索要珍珠，下级同样接受了向上级行贿的行为。[5]通过这些手段，具有政治影响力和社会地位的人士，包括忽必烈汗的两位首席财政大臣阿合马（Aḥmad Fanākatī）和桑哥（Sangha）在内，在其丰富的个人收藏中积聚了许多高品质的珍珠。同样的，他们一旦失势倒台，不义之财也会

---

1 Carpini, 41.

2 Rashīd/K, II, 1080–81.

3 *MTMW*, 99.

4 Rashīd/K, II, 1056; and Rashīd/M, pt. II, 128–30.

5 Yang Yu, ch. 19a; *YS*, ch. 21, 449, ch. 119, 2945, and ch. 139, 3353.

被没收充公并存入国库。[1] 1282 年，御史台臣上奏，揭露了这类腐败的程度以及由此产生的没收行为："见在赃罚钞三万锭，金银、珠玉、币帛称是。"忽必烈的回应是"诏留以给贫乏者"。[2] 因为汉法传统的监察机构御史台于 1268 年重建，所以上述报告的数额是十余年以来的积累。

向有影响力的政府官员赠送"礼物"，通常用珍珠或者类似的贵重物品。这在绝大多数历史时期的政治生活中，是广泛存在且普遍被接受的特点。事实上，由于官员长期得不到足够的资源或财政资金来履行主要职责，所以在许多前现代社会中，一定限度的政府贪腐行为都在公众的预期和容忍范围之内。在伊斯兰国家，这些"礼物"被称为 *nisar*，如果保持在合理范围，就会被公开记录并致谢。[3] 然而，这种做法在元朝似乎已经远远超出公认的容忍限度，因此被视为几乎不加掩饰的大肆贿赂——这种认识非常正确。

65 拉施特完全理解，对于蒙古人而言，"首饰（*muraṣṣaʿāt*）、宝石和珍珠以及服饰"是财富和地位的必要标志，因此它们也是宫廷政治的重要组成部分。[4] 三者结合形成了一个整体，所有上位者都迫切地将这三部分同时展现出来。元末杨瑀也持相同的看法，他指出，"金、珠、锦绣"在中国是精英地位的标准特征，如果有所欠缺，则会被认为非常窘迫。[5] 上述珍宝的缺乏，也会引发竞争和强烈的嫉妒。同时代的汉

---

1 Rashīd/K, I, 650–51, 653, and 655–56; and Rashīd/B, 289–90, 293 and 295–96.

2 *YS*, ch. 12, 241.

3 *BF/M*, 150–52.

4 Rashīd/K, II, 792.

5 Yang Yu, 54a.

人史家权衡，详尽地叙述了另外一件更引人注目的事例。1358 年，元朝最后一位皇帝顺帝妥懽贴睦尔下令为一位近侍修建一处豪华宅邸。这引发宦官（内侍）们抱怨他们的住处相形陋劣。顺帝接受了宦者的意见，并允许宦者从近侍的宅邸中取走黄金和珍珠，以供他们自用！[1]

在传统汉文史籍中，类似的出格行为被视为王朝衰亡的根源和象征。明太祖朱元璋（1368—1399 年在位）也持相同的看法，认为有必要在他的官员中禁止所有形式的赠礼——这是蒙古人留下的负面遗产，因为他坚信这种做法对元朝的覆灭起到了重要作用。[2]

当然，试图通过流行的、价格高昂的显示身份地位的商品，获取相应社会地位的行为，是欧亚大陆历史上一个连续不断的特征。[3] 早在现代科学社会出现之前，这些消费文化蕴涵的基本社会动力已经得到清晰的识别和长足的理解。较早的案例是成书于公元前 81 年的《盐铁论》，双方的争论围绕着西汉政府的经济政策展开。《盐铁论》扼要地指出“上好珍宝，则淫服下流”；之后的篇目又补充为“富者欲过，贫者欲及”。[4]

大约 14 个世纪之后，官方仍然对上述情况所带来的危险非常担忧。这一点在 1314 年元仁宗颁布的法令中得到了体现，其中宣称“比年以来，所在士民，靡丽相尚，尊卑混淆，僭礼费财”。[5] 这种情形之

---

1 Quan Heng, 32b.

2 *MS*, ch. 2, 24; and Dardess 1978, 9–10.

3 Yü 1967, 172, 177, 178, 182, 192, 193, and 199–201; Shiba 1983, 96; and Pliny, XXXVII.12–18.

4 Huan Kuan, I, 29 and 235.

5 *YS*, ch. 78, 1942.

下，所有这类法令的关键目的是维护社会政治的等级秩序，它又与对
66 于各阶层普遍存在财政困境的顾虑混合在一起。在当朝君主看来，过
度的消费主义已经成为大问题，威胁了元朝政权的稳定。

失控的消费主义是很常见的故事，普遍存在于定居民族和游牧民族之中，影响到社会所有阶层，而且绝非任何特定的地点、年代和经济制度所独有。选取特定种类的显示身份地位的商品进行展示，是人类学家所谓“文化聚焦”（cultural focus）的副产品。“文化聚焦”现象在传统和现代社会中都是变革的主要根源。该理论在一定程度上指出，最受关注、引发最多讨论的文化特质，也是最多变、最精巧、最让人竞相模仿的。[1]而且其中最密集、最奢华的竞争大多发生在精英之间，尤其是涉及穿着和个人装饰时。毋庸置疑，这是蒙古统治者及其朝臣的真实写照。他们的社交生活聚焦于展示服装、首饰和珍珠的机会。王公贵族们的确在许多场合下可以这样做，因为宫廷设置了大量的节日和庆典，有些持续数日甚或数周。在此期间，每日更换服饰，客人们便有足够的机会炫耀和攀比他们所积聚的华服。[2]毫无疑问的是，蒙古宫廷的主要功能之一，是为此类炫耀性的消费提供适宜的展示场所。

不言而喻，竞相模仿通常导致失去节制，尤其是“高级的”和由皇家宫廷认定的非理性的时尚，经常由于复杂性、尺寸和重量的增加而变得失衡。罟罟冠便是一个详细而生动的案例。它达到了这种程度，必须经过精心设计，并且尽可能固定得牢靠。它的最终也是极端形式可能出现在帖木儿帝国的宫廷。克拉维约（Ruy Gonzales de Clavijo）亲

1　Herskowitz 1951, 544–46 and 560.

2　相关例证参见 Juvaynī/Q, I, 147 and Juvaynī/B, I, 186。

眼见证了帖木儿的皇后进帐仪式，她那“硕大的冠前后晃动”。为了防止冠脱落，侍女们“举着手托着冠”。即便在皇后落座后，她们中仍然有三位继续做着这项至关重要的工作。克拉维约补充道，随后又有八位夫人列队而入，同样装扮，同样被服侍。[1]

对宫廷内的其他女性而言，这些精心安排的时尚展览设定了当时的基本标准。而这些标准必然促使她们尝试进一步地装饰自己的罟罟冠，即使她们不能寄希望于复制或者超越皇室女性那些令人惊叹的穿着。但需要再次强调的是，按照礼仪，为成吉思汗后裔服务的朝臣不仅被允许，而且实际上也被要求在所有的庆典场合穿着比皇家服饰略 67
有降格的服装。因此，总是存在增添和改进的空间。

这让我们思考时尚新旧更替的速度问题。与现代以来每年更新时尚服装相比，较早年代的风格变化需要更长的时间——几十年甚至几个世纪，更多时候是通过精心的设计和积累，而不是有意识的尝试创新，更不用说彻底地脱离继承而来的传统。因此，在绝大多数案例中，相互攀比竞争通常的焦点是拥有“更多”。这一点在史实中有清晰的反映。统治者和精英们所储存和掌握的财富的最大特点，是在种类上多有重复，尤其是礼服、酒杯、宝石和珍珠。尽管实际涉及的数量巨大，这些数字又被有预谋且完全编造的谣言进一步夸大。但无论如何夸大，它们往往被后代当作实际数值和先王流传下来的规范，从而成为需要达到甚至赶超的标准。

正如我们所看到的，蒙古人热衷于这种竞相模仿，又不断地被宫廷中奢侈的再分配行为所推动，而珍珠永远位列其中。但对蒙古人而

[1] Clavijo, 258–60.

言，事情要远比纯粹的展示更加深刻，因为他们将各种神奇的力量归结于珍珠和其他珍贵的材料。可以认为，事实上，蒙古人主要依据他们获取和积聚这些奇妙的甚至能预示未来的物品，来衡量帝国组织冒险行动的成功与否。13—14 世纪的一系列材料——包括汉文、亚美尼亚文、叙利亚文和古法语——通过反复申述，都准确地表达了如下观点：在帝国时代之前，蒙古人极为贫穷，物质文化储备非常有限；然后又强调，由于成吉思汗所取得的成就，蒙古人才享受到巨大的回报和财富。最能说明问题的是，蒙古人用从定居社会中生产和获取的华丽衣饰取代了本土粗劣的服装，成为记录这两个不同时代之间显著差异的主要衡量标准。[1]

这些作者都没有亲身见证这一转变，但他们观点一致，必然与消息提供者的历史记忆相呼应。这些记忆可以大致指导第二代、第三代、第四代人认知帝国崛起和空前扩张的变革性。对蒙古统治者的臣子们
68 而言，这不仅仅是服装风格的改变或物质财富的增加。其真正内涵与深厚影响，在 1260 年代中期被志费尼明确领会并阐述。志费尼直言不讳地指出，这种突如其来的由贫穷到富裕的奇迹般转变，完全是“成吉思汗的福运（*dawlat*）的旗帜”所带来的。[2] 下一章将讨论这种极为特殊的福运的性质，及其与显示身份地位的商品中存在的强有力的精神属性之间的密切关联。

---

1 Peng and Xu, 479; Grigor of Akanc‘, 289; Bar Hebraeus, 352; and Het‘um, 148–49.

2 Juvaynī/Q, I, 15; and Juvaynī/B, I, 21–22.

第七章 富饶与福运

对于蒙古人而言，珍珠具有特殊的效力。人们相信，珍珠是能促进生育和丰产的东西。正是因为如此，燕京行省长官牙老瓦赤（Maḥmūd Yalavach）觐见暮年的窝阔台汗和他最宠爱的妃子时，将“大量的王者之珠（*la'ālī'-i shāhvār*）撒在他们的头上”。[1] 珍珠的外形像犀角一样，具有催情的作用。因此，作为合适的新婚礼物，它们也有助于增强新婚夫妇的生育能力。依照契丹、畏兀儿和蒙古地区的传统，主要是新娘收到珍珠；而在帖木儿帝国，所有婚礼的参与者都可以享有。[2] 据考察发现，在许多定居民族中，精英阶层将抛撒珍珠作为忠诚的象征，并拥有一种确保婚姻硕果累累的备受欢迎的魔力。这催生了现代婚礼上抛撒白米的行为，只是白米的价格更为低廉。[3]

---

1 Juvaynī/Q, I, 174; and Juvaynī/B, I, 218.

2 Juvaynī/Q, I, 189; Juvaynī/B, I, 233–34; *YS*, ch.142, 3406; Wittfogel and Feng 1949, 276; Clauson 1971, 176 (r15–16), 178, and 182; Yazdī, II, 435, 441, and 442; Clavijo, 248; and *CP*, 95–96, 98, and 99.

3 例如 *BGR*, §§ 111 and 116; Ibn Arabshāh, 220–21; and *Dom*., 233。参见 Kunz and Stevenson 1908, 304–7。

然而，这种对蒙古人喜好的分析还有待完善。为了全面把握珍珠与生育能力之间的联系，有必要详细地考察拉施特对蒙古人传说中的祖先阿阑·豁阿（Alan Qo'a）的记载。拉施特将贝壳等同于子宫，珍珠等同于生命的种子——精子。

拉施特采用蒙古早期的记载和当地知情者提供的材料，以如下表述介绍了他对这一民族遗传传统的拓展评论：

> 讲故事的大师们（*ārbāb-i ḥikāyat*）所传如下：阿阑·豁阿的丈夫朵奔伯颜早年去世。但无与伦比的造物主预先注定要让一位
> 70 福星高照（*sahib qirān*）、威严雄武的君主出现在世上，让他征服世界一切国家，将驯服之轭加到桀骜不驯的统治者们的颈上，这位君主的精神是那样坚强，他能统治世界，统率各民族，而在他之后，世界上所有的君主和地面上所有的统治者，都应当出自他的氏族，——这就像那经过多年在壳内长成一颗稀有珍珠（*durr-i yatīm*）的蚌壳……［造物主］把阿阑·豁阿的纯洁的子宫做成成吉思汗那颗宝珠降生所在的蚌壳，并在其中用纯洁之光创造了他的本体。[1]

对于拉施特和他的信息来源而言，这都是至关重要的问题。因为在之后的几段话中，拉施特又回到了这一主题。他断言，由于被纯洁地孕育，阿阑·豁阿的后代在蒙古人之中最受尊敬。[2] 在详述他们高贵

---

1 Rashīd/K, I, 169–70.

2 Rashīd/K, I, 172.

的血统与特征之后，拉施特继续展开："天神的意志，是要让成吉思汗作为珍珠（*gawhar*），随着时日的流逝和岁月的绵延，在其母系祖先腰部的贝壳中培育起来。祂（天神）降福于成吉思汗世系的先祖海都汗，佑助他，荫护他，直到他有了难以数计的妻妾、部属、羊群和马群为止。他生了三个儿子，都是福运的宠儿。"[1]最后，拉施特采用如下方式总结成吉思汗血脉的特性："他（成吉思汗）像是一堆宝石中的稀有珍珠（*durr-i yatīm*），高出所有人之上……他的伟大子孙和著名氏族在［全世界］七个地带的六处成了王冠和宝座的拥有者及幸福的国君（*mamlakat-i bakht-yārī*）。"[2]

尽管这段历史是受合赞汗的嘱托而编纂完成，但经过其治下精英阶层的改造，这一传统仍然具有价值和意义。随后，拉施特谨慎地将合赞汗比作"成吉思汗后裔王朝大海中的珍珠（*durr*）"，进而与荣耀的血统联系起来。[3]这种举措绝非偶然。

要分析这些记载，首要问题是设法探寻拉施特本人究竟如何看待它们。在其他一些案例中，拉施特将神秘的草原信仰理解并解释为隐喻和修辞。他自然有充分的理由在这一案例中采取同样的处理方式。 71
几个世纪以来，穆斯林学者和诗人用珍珠和贝壳的比喻，彰显贵族自身及其家族世系的纯粹与光辉。[4]出于类似的目的，他们通常提及举世无双的独子珠（*durr-i yatīm*），它拥有无与伦比的尺寸、外形和亮度。[5]

1 Rashīd/K, I, 178.

2 Rashīd/K, I, 219.

3 Rashīd/K, I, 214.

4 Al-Bīrūnī/B, 17; and *CP*, 20 and 101.

5 Jāḥiẓ, 156; and *BGR*, §§ 160, 224, and 333.

因此，拉施特和他的穆斯林读者极有可能不是从字面含义出发，而是将珍珠与贝壳的说法理解为用来表达成吉思汗及其后裔至高无上但完全**人格化**的品质。另一方面，蒙古人看待事物的视角必然不同；为了领会他们的观点，我们需要更加仔细地审视蒙古先祖的神话在不同时期的各种变体，然后将可获得的“选项”置于蒙古帝国意识形态的情境之中。

首先，我们可以对比拉施特提供的神话版本与《蒙古秘史》的记载。最显而易见的是，二者具有共同的内核：成吉思汗的世系，源于阿阑·豁阿纯洁的孕育，是天命所归。“天”即草原民族的腾格里。然而，在《秘史》中，阿阑·豁阿多次被一个“明亮的金色神人”探访，“四射的神光透入她的腹部”，她因而受孕，然后，神人随着“日月之光”离开。在两个版本的故事中，神光尽管都作为关键的元素出现，但其来源并不相同。《秘史》记载的“光”来自金色神人，而《史集》中的“纯洁之光”则直接源于造物主。最后，同样明显的是，《秘史》的叙事中并没有提到珍珠。[1]

现在我们参阅其他晚出版本，会发现它们普遍以《秘史》的故事情节为主，稍加修饰。不同的版本出现较早，1271 年，亚美尼亚僧侣乞剌可思（Kirakos）称，他听闻成吉思汗是由圣光穿过他母亲的腹部而“非经过受精而降生”。[2]据我所知，将传说中的祖先纯洁降生的事迹转接到成吉思汗生母诃额仑（Hö’elün）身上的说法，并不见于其他记载。这可能是以基督教的宣传方式强化成吉思汗血统的神圣性。当然，

[1] *SH*, §§ 17–22.

[2] Kirakos/B, 203; and Kirakos/Kh, 173.

也可能只是一种单纯的误解；跨越语言和文化障碍的宗教信仰与概念经常被误解和改变。

在帖木儿寻求合法性的过程中，神话的各种变体更加精心，也得到了更多的研究。这可以根据帖木儿统治期间及之后的族谱、叙事史以及阿拉伯文、波斯文与回鹘文的碑铭进行重建。这些史料遵从《秘史》的版本，宣扬“神光”和阿阑·豁阿的血统，但也引入了许多修
订和矛盾之处，尝试将帖木儿及其所在的八鲁剌思部（Barulas）与成 72
吉思汗血脉及其神圣起源联系起来。这种事业，持续到 16 世纪的莫卧儿王朝。[1]

随着时间的推移，故事版本及变型的多样性明显增加，但没有理由认为所有这些都能追溯到单一的原型。拉施特在介绍蒙古神话时，宣称这些信息来自“讲故事的大师们”，并且用复数暗示存在许多的口头或书面传说可供甄选。因此，拉施特并不以消弭传说之间的差异为主要目的，因为所有“可靠的”原始故事都会被晚出的诸种版本所“侵蚀”。相反，正如史诗和其他口传的作品一样，内容总是不断演变，有一系列的版本可供利用，便于调整，以满足新观众的情绪和需求。

由于 12—13 世纪蒙古人的宗教生活具有高度融合性，融合了腾格里信仰、萨满教、日月崇拜以及对众多地方神祇的礼敬，这毫不意外地使得他们的民族神话和帝国意识形态同样具有复合的特征。而且，这也是长期以来草原传统的一部分。彼得·高登（Peter Golden）称，早期突厥人之中有显著不同版本的起源神话，有助于促进政治动

1 Woods 1990, 85–125; Abū'l Faẓl, *AN*, 37–39, 178–83, 190, and 353; and *CP*, 15 and n. 12 and 101.

员，在不同族群和语言的成分组合为游牧部落、联邦或国家时，提供了灵活性和“意识形态的保护伞”（ideological umbrella）。因为所有的草原政权都是不同族群的结合体，所以起源神话的变型不仅不可避免，而且是一笔重要的财富。[1]同样有用的是，这些故事的组成部分通常呈现出多种形式，使受众可以从中解读出符合预期以及令人愉悦的含义。毕竟，即便是当今的政治，也在不同的（有时甚至是相互对立的）选区之间建立联盟；为了成功实现目标，形式多变、适应性强的信息显得极其必要。在具体案例中，蒙古帝国的政治军事精英们是前现代社会最为多样化的群体，珍珠拥有他们所需要的精神与象征意义。

至于为什么存在一个“珍珠变体”版本供拉施特选择，我们必须首先考察蒙古帝国的意识形态。其主要特征非常明显，1252 年在第比利斯（Tbilisi）发行的硬币上以波斯文写着：

73 仰仗长生天的威力

借助世界皇帝蒙哥合罕的福荫[2]

上述套语的所有要素均与拉施特记载的传说存在联系。拉施特称，成吉思汗的诞生是由完美无瑕的珍珠孕育而成。赐予成吉思汗特殊的福运以及统治世界之权，也是上天安排的一部分。

需要特别指出的是，拉施特在此处清楚地重复了将珍珠与福荫等同的观点。就蒙古人而言，这种等同植根于他们对草原环境和游牧

---

1 Golden 1992, 120.

2 Pakhomov 1970, 133.

生活的适应原则。这种生活方式的关键特征之一，是严重依赖奶制品——黄油、凝乳、酸奶以及马奶酒。蒙古人对于食物的五种颜色分类，说明了这些食物在他们饮食习惯中的重要性，而白色食物居于首位。白色即“颜色之母”，被认为是乳汁分泌和畜群生长的象征，而畜群生长又是繁荣和福运的主要标准。[1]

同时代的材料提供了若干有益的视角，有助于理解白色在蒙古帝国形成过程中的政治内涵。据为成吉思汗统御华北的木华黎（Muqali）的汉文传记所载，木华黎诞生之时，有白气从帐中升起，这预示着他的美好未来。[2]然而，白色不只是象征：白色的物品可以召唤、确保以及创造福运。这就是白色所拥有的力量，从一开始便为蒙古帝国保驾护航。1206年，成吉思汗举办忽里台大会（*yeke quriltai*），臣民们举起他的九尾白旄纛（*chaghan tuq*），开启了正式宣告新国家建立的程序。[3] 1227年，成吉思汗逝世之后，他的全能之灵、天授之力（*charisma*）、福荫（*su*）继续影响着蒙古帝国，而且留在他的白旄纛中，合而为一，被重新命名为“苏勒迭”（*sülde*）。[4]

白色、福运、善政与王朝正统性紧密相联，在《耶律楚材神道碑》中表现得淋漓尽致。耶律楚材向窝阔台谏言：“陛下新登宝位，愿无污白道子。”窝阔台从之，“盖国俗尚白，以白为吉故也。”[5]

这些观念逐步制度化，进而演变为一年一度的节日。马可·波罗 74

---

1 Zhukovskaia 1988, 76–77 and 158–60. 参见 Lubsangjab 1980, 41–43。

2 *YS*, ch. 119, 2929.

3 *SH*, § 202; Rashīd/K, I, 307; and *SWQZL*, 147; and Pelliot 1959–73, II, 860–61.

4 Skrynnikova 1992–93, 51–59.

5 *YWL*, ch. 57, 12a.

笔下有准确的描述。此节每年八月在上都举办，忽必烈礼仪性地照管他拥有的大群白牝马，然后取其乳洒在空中和地面，以安抚神灵，确保所有生物繁衍与兴旺。忽必烈每年正月在大都度过另一次节日，庆祝春天的到来，亦即蒙古新年，现在称为“白月”（*Chaghan Sara*）。马可·波罗记载，忽必烈的臣民们纷纷进献珍珠和其他“白色或者带有白色”的礼物，臣民们也互相交换“白色之物”，“俾使全年纳福”。[1]

这种年度庆典在伊利汗国的史书中也有记载。它被称作“白色安息日”或“白节”，由早期的伊利汗举办，在合赞汗统治下得以延续。[2]时人瓦萨夫（Vaṣṣāf）描述1303年伊利汗国的新年庆典，与马可·波罗的记载类似：数量众多的宾客穿着镶有珍珠的白色衣服，互相交换礼物。[3]上述材料给人非常真切的感受：蒙古人积极且系统地为自己纳福。

将“白色之物”与福运联系起来，对蒙古的政治文化具有其他重要的含义：每当成吉思汗系帝王赏赐珍珠，他们从两个不同的层面增加了接受者的福运。首先，珍珠本身发挥了作用；其次，它们的出处，将皇室的无尽福运分出一些，传递到臣子身上。这种“传递”，见于1277年举行的盛大宴会。忽必烈之子安西王忙哥剌（Mangala）将金尊杯和貂裘赐予汉人将领汪惟正。安西王妃则赐给汪惟正的母亲“珠珞帽衣”，并说：“吾皇家儿妇也，为汝母制衣，汝母真福人也。”[4]很明显，

---

1 Marco Polo, 186–88 and 222–23. 参见 *CWT*, II, 239, and Serruys 1974, 1–15。

2 Bar Hebraeus, 453, 466, and 480; and *MKK*, 250–51.

3 Vaṣṣāf, 399; and *SMOIZO*, 84.

4 *YS*, ch.155, 3656.

［译者按］这位汉人将领的姓名，原文作“Wang Piwei”，应是汪惟正之讹。此外，原文将安西王妃赏赐“珠珞帽衣”的对象误作汪惟正之妻，实为惟正母。皆据《元史·汪惟正传》改正。

这条记载里的汉字“福”，就是蒙古人意识形态套语中的“福荫”，译自蒙古语 *su*。[1]

因此，福运和珍珠一样，属于非必要商品，分配时必须有极大的自由度。在庄重的环境中向高级官员提供个性化的赏赐，是实现福运传播标准的戏剧化的形式。但成吉思汗系帝王的追随者众多，逐一赏赐显然并不可能。而通过连续的再分配，他们将东西从自己手中逐级传递到普通士兵手中。如果安排得宜，这也能有效地将统治者的天授
之力和福运传给下属。这个过程提供了强有力的黏合剂，有助于创造 75
一个不断扩大的臣子与追随者的圈子。

珍珠因为具有耀眼的光泽，被认为尤有效力。同样的品质也是蒙古人偏爱瓷器的原因。最早的一个案例发生在 1263 年，表明了蒙古人对瓷器的兴趣。忽必烈诏令安南统治者进贡“白瓷盏”——在冗长的需求清单中，这是唯一一种人工制造的商品。[2] 此后，蒙古人可以无限制地广泛获取中国本土商品时，他们虽然没有大量使用瓷器，但最钟爱卵白色瓷器，这很能说明问题。玉器也是如此，它对蒙古精英阶层吸引力有限，但他们拥有的玉器还是以白色为主。[3]

由此可以总结得出，尽管所有“白色之物”都能带来福运，但其各自产生的影响并不是同等的；对蒙古人而言，它们存在等级之分，而且具有不同层次的影响力。毫无疑问，别儿哥汗（Berke Qan）采用漂白的毛毡建成的宫帐，或者忽必烈为供奉成吉思汗及其遗物设立的八白帐（*chaghan ger*）所带来的好处，远超普通的牧民用白垩、泥土

1　*YDBH*, 29, 34, and 35.

2　*YS*, ch. 209, 4635.

3　Gerritsen 2012, 241–73, esp. 250–53, 258–59, and 263–66.

或者骨头粉末“使之更为洁白”的帐房。[1]

蒙古人在这些事物上的偏好引出了其他重要结论，即他们对珍珠的颜色及功效的认知问题：并非所有的珍珠都具有如此强大的力量——只有白色的珍珠才能带来福运和富饶。这可以从元代后妃们的肖像中找到证据，她们佩戴的珍珠皆为白色，没有其他的深浅颜色。

突厥的牧民、伊朗的绿洲居民等其他许多族群都认为白色和珍珠寓示吉祥，能带来福运。但我注意到，只有成吉思汗系帝王才将这一观念转化为帝国意识形态的重要组成部分。[2]因此，蒙古人之外的族群以及许多被征服者似乎对珍珠认知有所不同，他们将珍珠视为伟大的君王们期盼拥有的皇家珍宝，但至少最初没有视其为产生福运的途径。在此背景下，为了这一目的而定期举办赐予珍珠的盛大仪式，可能是向外人宣示其帝国意识形态核心原则的载体。

除此之外，成吉思汗系帝王大量地积聚优质珍珠，发展了另一条
76 见于记载的基本信条：海陆珍宝黄金和珍珠的大量展示，琳琅满目，为蒙古帝国的幅员辽阔与吸引力提供了引人注目且确凿无疑的证据，进而验证了天授皇权的说法。在文化水平有限的时代，以视觉与仪式交流的形式展开的政治宣传——皮埃尔·勃里安（Pierre Briant）称其为“意识形态展示”（*vitrine idéologie*）——是寻求追随者与合法性的重要工具。[3]

[1] Mufaḍḍal/B, 459; *CT*, 81–82, 105, 107, and 193 ff.; and Rubruck, 73.

[2] 例如 Yūsuf, 139, and Yelu Chucai, 22 and 115 (3a)。

[3] Briant 1982, 451–56.

第八章　后蒙古帝国时代的珍珠

14 世纪间，区域性的汗国都经历了动乱与瓦解：蒙古人对中国、突厥斯坦和伊朗的统治宣告终结；金帐汗国在帖木儿帝国的攻势下大为衰弱，但仍然存活到下一个世纪。蒙古帝国风光不再，但在众多被统治族群的历史记忆中留下了深刻的印记，也对后来的定居、游牧国家的政策与政治文化都有影响。那么，蒙古人大规模地积累和展示珍珠的原因是什么——这是否扩大了珍珠普及的地理范围和政治功用？尝试解答这一问题的最佳方式是比照南、北草原的情况。

依照元朝先例，明前期在南方海域推行积极的商业政策。珍珠来源也从东南亚地区拓展到印度洋西部。[1] 明朝从阿耽（今亚丁）和忽鲁谟厮（今霍尔木兹）获得了种类丰富的宝石与数量众多的大珠。[2] 明代宫廷本身便是珍珠的主要消费者。[3] 关于宫廷服饰的法令，《明史》中详细记载了皇室成员与政府官员所佩戴的帽子、腰带、长袍上的珍珠数

---

1 Bokshchanin 1968, 143, 150, 164, and 165–66.

2 Ma Huan, 170 and 172; and *MS*, ch. 326, 8453.

3 *MS*, ch. 66, 1621, 1622, 1624, and 1626, and ch. 67, 1644.

量和品质。[1]后宫妃嫔冠饰也有类似的规定可循。[2]明代宫廷对珍珠的喜爱与展示，虽然延续了元朝许多举措的特征，但也存在明显差别：毫无疑问，玉在蒙古人统治下退居幕后，但在明代再次作为珍珠的搭档走到了台前。中国人通常将珍珠和玉石视为海、陆财富的象征。

1433年郑和最后一次航海之后，中国与波斯湾的商业联系渐趋衰落，但明朝宫廷仍拥有大量的珍珠储备；1449年，明朝赏赐西蒙古即
78 瓦剌部（Oyirad）首领5600或6500颗大珠（*tanas*）。[3]其中一些咸水珍珠继续流传到清代前期。迟至1659年，一份俄罗斯的外交报告称，北京城的宝石和珍珠供应充足，都来自“南方”。[4]这一时期，珍珠在北亚的来源也变得越来越成问题，因其名称有了很大变化：在汉语中，“东珠”取代了年代更早的“北珠”；塔纳在蒙古语中指珠母贝，而在满语中指淡水珍珠。[5]因此，1620年，满族皇帝授予蒙古同盟者“塔纳”时，我们很难判定其具体为何物。[6]上述变化，显然与满人将淡水珍珠视为族群身份和祖地的象征有关。[7]

整体而言，满人在北亚地区的影响虽然可被察觉到，但很温和，没有造成戏剧性的变革。其使用方式的特征是淡水、咸水珍珠组合，

---

1 *MS*, ch. 66, 1615, 1618, 1626, 1627, 1628, and 1630, and ch. 67, 1637, 1642, 1643, 1644, 1645, 1646, 1649, 1650, and 1652.

2 *MS*, ch. 66, 1611–12, 1623, 1624, and 1625.

3 Serruys 1967, 207 and 253.

4 *PRDK*, 132–33 and 136.

5 Schlesinger 2017, 34, 47 and 69–70; Lessing 1973, 776; Kane 1989, 351; Rozycki 1994, 201 and Tsintsius 1975–77, I, 601 and II, 160–61.

6 *MMR*, 56 and 59.

7 Schesinger 2017, 25–26 and 28–29.

而且当地和国际时尚交融。这与几个世纪以来中国及内亚地区宫廷的做法完全一致。

相似的连续性，也见于蒙古人在东部伊斯兰地区的继承者帖木儿帝国。帖木儿帝国与明朝一样，有能力从波斯湾和印度获取大量的珍珠。当然，开国者们在军事远征中，以战利品的形式收缴了更多的珍珠。[1]这使得帖木儿帝国君主与他们的成吉思汗系先辈一样，将大量的高品质珍珠积聚起来并展示。他们用珍珠装点首饰、帽子、衣服、家具、墙帷、餐具以及独一无二的工艺品。[2]后者中最壮观的是一颗巨大的人造树，上面有人腿大小的镀金树干，树枝上挂满了珍贵的宝石和“许多美丽且富有光泽的大圆珠”。[3]萨珊王朝和阿拔斯王朝皆以拥有类似的人造树而著称，所以这一令人惊叹的创造在西亚享有无可挑剔的皇室血统。[4]

在这个案例中，帖木儿只期待与蒙古帝国保持高度的连续性。因为帖木儿自称是尽职的“古列坚”（*küregen*，即驸马），他有意识地效仿蒙古传统并试图修复破碎的帝国，同时吸收了前几个世纪丰富的波斯—伊斯兰文化资源。

相较南部草原的连续性，北方草原发生了显著变化，尤其在莫斯科公国表现得最为明显。简要地探索莫斯科公国与金帐汗国之间长达
数百年的亲密关系，可以最好地理解这一点。金帐汗国的统治者与其 79

---

1 Yazdī, I, 236.

2 Clavijo, 220, 227–28, 254, 258–59, and 269–70; Ibn Arabshāh, 216; and Andrews 1999, II, 950–51, 962, 965, 987, 1030–31, 1124, and 1227.

3 Clavijo, 270.

4 *BGR*, §§ 215 and 408.

他地区的成吉思汗后裔一样，力寻所有资源以确保珍珠的大量供应。

金帐汗国没有直达海洋的路径，获得珍珠需要通过多种渠道，其中包括远程贸易。大多数的商人都是穆斯林，与宫廷有密切的官方联系。但也有希腊和意大利商人在克里米亚半岛的中心城市及塔纳城贩卖珍珠。[1]珍珠从其出产地印度洋经过多种不同的线路到达金帐汗国。第一条路线是由印度从陆路经突厥斯坦，至花剌子模和萨莱。其次，穿过红海和金帐汗国长期的同盟马穆鲁克王朝，然后到君士坦丁堡和黑海北部的港口。最后，波斯湾顶部有一条陆路通道穿过伊拉克，抵达小亚细亚的东部地区，再乘船抵达卡法（Caffa）和塔纳。

最后一条线路尤为活跃，由热那亚人控制。因为热那亚人自 13 世纪后期直到伊利汗国瓦解之时，占据了该路线欧洲部分的主要位置。他们在大不里士和独立于希腊的特拉比松王国（Trebizond）获准的居住区，使他们成了这一利润丰厚的过境贸易的中介。因此，尽管伊利汗国和金帐汗国之间存在间歇性的冲突，但珍珠和其他商品通常由欧洲商人经手，从南方海域流入西部草原。[2]

由于金帐汗国提供了极具吸引力的税率，商人们受到鼓励积极地开展贸易活动。像伊利汗一样，它们向所有入境商品征收关税，只有金、银、珍珠例外。这种豁免政策从约 1289 年持续到 1330 年代。[3]十年之后，通过热那亚人输入的珍珠也只有 0.5% 的象征性关税。[4]超低

---

1 Balard 1978, I, 350, and II, 720.

2 Ciocîltan 2012, 114–39. 参见 Berendei and Veinstein 1976, 117 and 123–24; and Bautier 1970, 314。

3 Bratianu 1929, 244; Pegolotti, 24; and *CWT*, III, 158.

4 Balard 1978, I, 405.

税率也在一定程度上反映了宫廷对珍珠的强烈渴求。[1]

皇家展示和外交赠礼进一步增加了对珍珠的需求。在克里米亚的辛菲罗波尔（Simferopol）附近发掘出的一处宝藏，可以追溯到大约公元 1350 年。其中包括三百多种缀有珍珠和其他宝石的黄金首饰与女式冠饰，很有可能就是类似的礼物。鉴于这些物品清晰地表现出与马穆鲁克风格的相似性，以及马穆鲁克和金帐汗国保持着良好关系，这些发现被合理地解释为前往萨莱途中丢失的皇家赠礼。[2]

另一个主要来源是战利品，在 14 世纪的金帐汗国仍然保持着举 80
足轻重的地位。骤然转移财富的过程极为复杂，其中一次尤其具有启发性。1335 年伊利汗国分裂之后，篾里・阿什列甫（Malik Ashraf）成为地方权力角逐者之一。他是末代伊利汗不赛因最有权势的宰相出班（Chuban）的后裔。1349 年，篾里・阿什列甫已经掌控阿塞拜疆地区，通过抢掠、没收臣民财产的方式，积聚了大量的金银珠宝。1357 年，札尼别汗（Jani-Beg Qan）亲自统领术赤系军队跨越高加索地区，篾里・阿什列甫麾下的军队迅速土崩瓦解。篾里・阿什列甫也裹挟着珍宝逃跑了，剩下的小部分珍宝随即被他的仆人瓜分。札尼别得知这一消息后，迅速派遣部将追捕篾里・阿什列甫，并仔细地搜寻他的财富。其中的一部分被找回，具体而言是珍珠、宝石，札尼别将它们带回了金帐汗国。[3]

通过这些多样的渠道，金帐汗国成功地积累了大量的宝石和珍珠储备。若干条证据可以支持这一结论。首先，当时有两条著名的意大

---

[1] 其他案例，见 Ashtor 1983, 68, and Roe, II, 507。

[2] Jenkins 1988, 29–42; and Fyodotov-Davydov 1984, 191–92.

[3] Ḥāfiẓ-i Abrū/B, 229 and 134–35; and al-Ahrī, 78–79 and 178–79.

利文献直接谈及此议题。一则是成书于1315年前后的商业手册，明确宣称商人们能够在塔纳找到“来自东方任何区域的珍珠”；另一则是1343年的商业信件，其中提及一名意大利商人在花剌子模国的玉龙杰赤城（今译乌尔根奇，Urgench）收购了“价值17 000拜占庭金币的珍珠”。[1]由于珍珠在主要城市的自由市场上供应充足，金帐汗国统治者及其臣僚们必定拥有大量的珍珠。

第二条证据虽然晚数十年，但同样完全支持上述解释。这则材料在当代俄罗斯故事集中可以找到，涉及金帐汗国非成吉思汗系当权者马麦（Mamai）的倒台。1380年，罗斯人击败了马麦，并抢走大量的现金、首饰（*uzoroch'ia*）、黄金、织锦缎及花缎。次年，马麦又在克里米亚北部草原被成吉思汗后裔脱脱迷失（Toqtamish，1376—1395年在位）打败。此时，胜利的一方获取了“他的大量财富、金银以及珍珠和宝石，并分发给他的臣僚们”。随后，马麦携带“大量的财富、金银以及珍珠和宝石”逃往卡法，为热那亚人所杀。热那亚人没收了马麦剩余的珍宝。[2]

战利品的不断循环本身就很有意义。尽管不能被证明，但可以想象篾里·阿什列甫没收的珍珠，不久经过札尼别及其继承人马麦，又落在脱脱迷失之手，而最终归于热那亚人。这个案例是没收、再没收
81 的连续过程。更为明确的是，由于金帐汗国内部权力斗争持续不断，愈演愈烈，巨额珍宝被反复夺取、重新分配和散发，同马麦的那些一样。因此，大量的珍珠最终出现在以前接触南方海产品有限的区域。

---

[1] Bautier 1970, 316; and *MTMW*, 282 and 284.

[2] *SPKB*, 12, 72, 136, and 197; and *NC*, III, 303.

西伯利亚西部即是其中一例：1580年代前期，哥萨克人在失必儿汗国（Qanate of Sibir）发现了大批财物，其中便包括宝石和珍珠。[1]

然而，在金帐汗国分裂之时，其他的森林民族——诸如伏尔加流域的不里阿耳人（Volga Bulghars）和东斯拉夫人（Eastern Slavs）——与汗国接触时间更长，联系也更紧密。经考证，俄语 *zhemchug* 源自汉文"珍珠"，其中介是不里阿耳突厥语 *yěnchěk*。语言学上的联系有力地表明，有关珍珠的共同经验可以追溯到蒙古征服之前。[2]

从现有的文献资料判断，约公元990年，东斯拉夫人皈依东正教后，珍珠与宗教活动之间的联系超越了政治展示。[3] 但在蒙古人统治期间及之后，有证据表明莫斯科公国逐步发挥了珍珠在政治方面的功用。蒙古人对这一转变产生的影响是可见的，并不出人意料，因为莫斯科公国是金帐汗国的属国。因此，莫斯科的王公们为了履行对金帐汗的义务，定期前往萨莱朝觐，进而广泛地接触到主子的宫廷文化。他们在金帐汗国宫廷获得正式封授，按照成吉思汗后裔的传统，总要赏赐装饰华丽的宫廷袍服。

尽管俄语材料提供了许多关于金帐汗国的一般信息，但是这些报道经常缺乏细节。例如，众所周知，1230年代晚期，蒙古人最初征服罗斯。此后到15世纪，罗斯王公与金帐汗"依照惯例"长期互赠礼物，但具体交换的物品不得而知。[4] 而有一件存世之物很可能是金帐

---

1 *YCS*, 50 and 150; and Remezov, 556.

2 Róna-Tas 1982, 152. 关于该术语的广泛传播，见 *SJV*, 350 (#1067); Tsintsius 1975–77, I, 601; and Krippes 1992, 103。

3 案例见 Sreznevskii 1989, I/2, 855。

4 *NC*, III, 23, 59, 67, 105, and 303, IV, 14–15, and V, 14.

汗对莫斯科王公的封赏，即所谓的“莫诺马赫王冠”（cap or crown of Monomakh）。据16世纪的俄语文献记载，这个王冠由黄金制成，饰以珍珠，传言是拜占庭皇帝君士坦丁九世莫诺马赫（Constantine IX Monomachus，1042—1055年在位）赠予基辅大公弗拉基米尔·莫诺马赫（Vladimir Monomakh，1113—1125年在位）的礼物。这在系年上显然是不可能的。此外，从王冠的风格来看，它极其接近后来伊斯兰传统的首饰制造，在金帐汗国很流行。因此，研究者们日益认同这个王冠或是受伊斯兰传统启发，或是蒙古人送给莫斯科王公的礼物。[1]

82 除此之外，一些文献暗示了罗斯王公最有可能收到金帐汗国的赠礼是什么；或者同等重要的是，罗斯王公选择效仿的对象是什么。根据金帐汗在罗斯公国的首位财政代理人伊凡一世（Ivan Kalita of Moscovy，1328—1341年在位）的遗嘱，他为子女们留下了金樽、金盘、貂皮上衣、丝绸披风，以及一条镶满宝石和珍珠的意大利金腰带。[2]尽管这些物品的来源不能确定，但我们可以合理推断，其中一部分来自月即别汗（Özbeg，1312—1341年在位）——伊凡曾经非常忠诚地为他服务。即便意大利腰带大概经克里米亚或者塔纳传入，也可能是月即别赏赐的。伊凡及其直接继承人的遗嘱都指示着同一个方向。这些王公为他们的继承人留下了大量的珍珠以及用珍珠装饰的头盔、服饰、腰带、餐具和耳环。[3]

然而，珍珠并非只来源于赠礼，战利品和贡物的渠道同样引人注

---

1 Pelenski 1974, 109–10; Jenkins 1988, 32–35; Kramarovsky 1992, 191–200; and Noonan 1983, 217.

2 *TGPM*, 117, 118, 182, 183, and 185.

3 *TGPM*, 124, 129, 132, 153, 199–200, 216, 223, and 297.

目。如前所述，1380 年，罗斯人击败马麦后，攫取了大量的财宝。可以推测其中包括珍珠，因为古俄语 *uzoroch'e* 的本义为“宝石”（jewel）或“珠宝”（jewelry），尤其是考虑到次年马麦失去之物。[1] 更为令人确信的是，在 16 世纪，莫斯科王公从金帐汗国的继承者——特别是伏尔加不里阿耳人的直接继承者喀山汗国（Qanate of Kazan）处获得了为数不少的珍珠。1508 年，罗斯人进攻取得胜利之后，喀山汗派遣使者向瓦西里三世（Vasily III，1505—1533 年在位）赠送“礼物”，其中包括镶满珍珠和宝石的精致大帐——这发源于伊朗的萨法维王朝。[2] 莫斯科王公最丰富的收获是在 1552 年。彼时他们已经战胜并长期占据了喀山汗国的领地。罗斯统治者几乎完全沿袭了蒙古人获取战利品的方式。抵抗一结束，伊凡四世（Ivan IV，1533—1584 年在位）就清点了喀山汗国的帑藏，并将其封装运往自己的都城，与此同时，罗斯军队也从普通百姓手中“抢掠了无可计数的金、银、珍珠（*zhemchug*）及宝石”。此外，他们被允准从喀山汗的私人住处带走他的私有财产，诸如珍珠墙饰和宝珠（*bisar*）。[3] 毫无意外，在莫斯科举行的胜利游行活动上，伊凡四世戴着“镶有大颗珍珠的黄金王冠（难道是莫诺马赫王冠？）”，并穿着类似装扮的服饰。[4]

商业联系提供了更多的珍珠补给。16 世纪中叶在莫斯科贸易的欧洲人注意到，当地的统治者从波斯湾地区和印度——有时也由英国人

---

[1] Fasmer 1967, IV, 155.

[2] *KI*, 340.

[3] *KI*, 526, 528, 534, and 544. 关于 bisar 即珍珠，见 Slovar 1975– , I, 185, and Vasmer 1967, I, 168。

[4] *KI*, 546.

转手——获取珍珠，沙皇颇具野心地想要“独占”或垄断珍珠市场。[1]所以，与早期蒙古宫廷类似，莫斯科王公试图建立珍珠进口的“准
83 垄断机制”，以期获取利润，并确保对这一重要政治通货拥有充足的储蓄。

那么，莫斯科公国如何处理其不断增长的库存呢？有明确的证据显示，15 世纪晚期，在其他显示身份地位的商品中，镶有珍珠的皇冠和纺织品是罗斯精英阶层和王公们经常交换之物。[2]当下个世纪西欧人抵达罗斯时，观察者们证实了这一图景，并且补充了富有启发性的细节。他们提到，伊凡四世宫廷中的贵族穿戴和使用的金锦袍、帽子、衣领、披肩、长靴、手链以及马饰等，都用珍珠点缀，这种风尚一直持续到 17 世纪。[3]大公自然佩戴着最高规格的珍珠，英国商人将其形容为“巨大、浑圆、晶莹”，与克拉维约描述另一位著名的成吉思汗系继承者帖木儿所拥有的珍珠遥相呼应。[4]

然而，由于珍珠在拜占庭宫廷同样引人注目，我们必须面对长期存在的争论——拜占庭帝国与金帐汗国在莫斯科公国政治文化形成过程中何者更为重要。[5]当然，拜占庭和金帐汗国之间也有相互影响，但尝试衡量两者的影响力时，必须牢记莫斯科王公在两百多年间多次觐见金帐汗，却从未涉足君士坦丁堡。

---

[1] Bushkevich 1980, 61–62 and 155; Willan 1968, 53, 57 and 249; *EVTRP*, I, 115; Fletcher, 43v–44; and *RBK*, 275.

[2] *NC*, V, 172–73.

[3] Fletcher, 58v and 113v–115; *EVTRP*, I, 33 and 39–40; and Olearius, 127–29.

[4] *EVTRP*, II, 360 and 366; and Possevino, 47.

[5] 关于拜占庭的珍珠，参见 Donkin 1998, 250–54；历史学领域的争论，见 Pelenski 1979, 93–109。

13 世纪，他们觐见金帐汗国是必需的，因为他们通常要考虑在前任汗逝世后重新获得封授；而到 14 世纪，贡物的分配则成为主要被关注的事宜。在相关事件的报道中，罗斯编年史惯常简洁地记载某位王公“前往御帐”（*ide k ordu*）。事实上，这一表述非常贴切，因为金帐汗国仍然遵循着游牧的生活方式。[1] 相应地，这也意味着罗斯王公及其随行人员在萨莱和奢华的宫帐中度过了较长一段时间，金帐汗的宫帐每年巡游遍及伏尔加盆地。[2]

罗斯史料中也记录了另一个重要的影响渠道，即罗斯王公派往金帐汗国的使者（*posoly*）兼半常驻代表。14 世纪中期，这些官员越来越多地被称作“基里赤”（*kilichei*），主要由莫斯科王公派遣，携带着丰厚的礼物与金帐汗交涉各类事务。他们的职衔“基里赤”，源自蒙古语 *kelechi*，意为“说话者”，又引申为译员、发言人或“喉舌”，确实是恰当的名号。[3] 他们也需要长期居留金帐汗国，而且考虑到他们的职衔和工作性质，他们被选任的首要原因很可能是了解成吉思汗后裔 84
的语言和风俗。因此，他们成了将金帐汗国的政治文化传播到莫斯科公国的极佳媒介。由于这种丰富的一手经验，罗斯人对宏伟帝国的观念——尤其是在视觉和物质表现上，与其最直接的范例金帐汗国之间的相近度，并不使人意外。

在解释莫斯科王公对珍珠的热切接纳时，还需要记住，由于珍珠长期广泛地被神圣化并与帝国统治相联，因此像在其他地方一样，珍

1　这种用法参见 Slovar 1975– , XIII, 64。

2　Poluboiarinova 1978, 8–18.

3　有关词源学层面的说明，参见 Slovar 1975– , VII, 123; Fasmer 1967, II, 232; and Doerfer 1963,471–72；相关机构见 Poluboiarinova 1978, 18–22。

珠具备多重意义，向臣属的各个族群传达了不同但可信且易于理解的信息。于是，一位全身遍布珍珠装饰的沙皇宣称对斯拉夫臣民统治的正统合法性的同时，也向他日益增多的鞑靼臣子和代理人证明他是金帐汗国的正当继承人。鞑靼人称莫斯科公国统治者为白沙皇（*belyi tsar*），无疑表明他们欣然接受了这种继承关系。“白沙皇”最初是由诺盖鞑靼人（Noghai Tatars）在16世纪中叶授予伊凡四世的称号。此后，漠西蒙古延续了这种做法，他们称罗曼洛夫王朝前期的君主为“大察罕汗”（*yeke chaghan qan*，意为大白汗）。[1]

由于白色是西方的颜色象征，也是草原民族的福运之源，所以莫斯科沙皇在他们眼中俨然成为西方有福的汗。而且，这与伊凡三世（Ivan III，1462—1505年在位）以来莫斯科大公的自我形象完全吻合，他们都自称拥有运气（*zdrovie*）和福祉（*schastie*）。[2] 17世纪，俄罗斯向东扩张，向各地的蒙古统治者遣使，恰到好处地将这些任务的成功归于沙皇独特的福运。1659年沙皇阿列克谢（Alexei）遣使与清朝皇帝交流时，也是这样宣称的。[3]

根据这些材料，我们可以得出四点结论。

在蒙古时代，珍珠首次大量出现在西部草原以北的以森林地区为中心的国家的政治生活与宫廷文化中，并确立了稳固的地位。

从一个稍有不同的视角来看，得益于蒙古人开创的先例、举措及优先级，这些国家第一次拥有了大型的珍珠库存。珍珠流入金帐汗国治下的北部森林地区，进而构成了长期的“南方化”进程中的另一

---

[1] Khodarkovsky 2002, 44–45; and Serruys 1962, 21 and 23.

[2] Sreznevskii 1989, III/2, 864.

[3] *RMO*, 172 and 330; and *RCS*, I, 291.

阶段。

在扩张阶段，蒙古人只依赖外来的宝石和珍珠。而在其衰落阶段，成吉思汗后裔竞争时愈发倚靠内部的资源。换而言之，他们相互抢占 85
这些资源。从这类突发、混乱的财富转移中，也可以诊断出帝国的许多制度处于衰落阶段。

最后，蒙古帝国的扩张引发了大量珍珠和宝石的聚集，而蒙古帝国的崩溃同样导致了珍珠和宝石的分散。两者都戏剧性地影响了珍珠的分布、获取以及价格。

PART II

下部 比较与影响

Comparisons and Influence

第九章　珍珠的价格

珍珠在蒙古帝国的历史提供了一个观察更普遍和长时段的历史现象、前现代欧亚大陆文化和商品流通的无数连带效应及意料之外的后果的有益窗口。为了实现对于这些现象的富有成效的观察，我们需要广泛的跨文化和历史比较。特意重点比较的是规模不一、复杂性各异的政体、族群和社群之间的互动，因为这里的关键问题是跨洲贸易和文化标准对当地口味和当地经济的影响。

第九章、第十章和第十一章将勘定并简要考察其中的一些影响。这些案例研究表明，这是一个反复发生的普遍现象，并且有足够的文献支持此类考察，其中最有启发性的一些来自非传统史料。

第一项比较研究是处理珍珠和其他宝石之价值的长期波动。上古和中古时期关于珍珠价格的记载是零星且歪曲的。具有特色的是传统伊斯兰文献中提供的数字。它们遵循印度宝石学相沿成习的传统——通常颇有夸大——旨在强调特定宝石的尊贵或宣扬其拥有者（通常是一位著名的君王）的巨大财富。[1]

1　相关研究见 Wiedemann 1911, 345–58。

这种做法开始得很早，而且报告的数字非常惊人，如以下简短抽样所示：

> 在古印度，一串珍珠价值十万金币。
>
> 90 萨珊国王赠予的一千颗无瑕珍珠，价值四千银迪拉姆。
>
> 阿拔斯王朝早期的一串珍珠，价值一百万金第纳尔。
>
> 埃及法蒂玛王朝（Fatimid）的一串珍珠，价值八万［第纳尔或银迪拉姆］。
>
> 最令人震惊的是，阿拔斯王朝治下有一颗大珍珠卖出七万金第纳尔。[1]

将这一清单作为整体来看，能发现一些共性。所有估值均来自较晚的史料，通常与王室的拥有、购买和展示相关。传递这种信息的文献，多半是为娱乐上层阶级而描写珍宝和奇观的作品。但这些故事也保留在更具有大众性质的作品中。13世纪后半叶，伊利汗国敦奈塞里（Dunaysarī）编纂的波斯语百科全书，简短地讨论了波斯湾中可获取的珍珠，也特别关注了那些标价极高的珍珠。[2]他的作品由于面向普通大众，恰当地选取了简单直接的书写风格，因此反映并维持了人们认为珍珠“价值连城”（worthy of a king’s ransom）的普遍看法。

显然，这里有一定的协同作用：神话般的价值增强了王的威严，而这种威严反过来又增强了他拥有和分发的珍贵珠宝的名声和价值。

---

1 *LKA*, 241; *BGR*, §§ 5, 224, 237, 252, and 378. 亦见 Niẓām 1931, 87, and Maqrīzī, II/1, 242。

2 Dunaysarī, 153–54.

实际上，增值的动力是普遍的，甚至还影响了像比鲁尼这样的专家，他有时无法抗拒地关注传说中某位伟大的王以高价购买的珍珠。[1] 但是，谈到自己所处的时间和地点时，他的估值发生了明显变化，因为他现在提供的是单体珍珠的真实市场价格，由重量、形状、光泽和产地所决定。在这种情况下，即使是那些质量最高的，也仅售约一千第纳尔。[2] 此外，他的数据与 13 世纪初佚名所著波斯语地理书中的陈述相符。后者报告中国产的最好品种的通常要价时，与比鲁尼使用了同一数字。[3]

蒙古时代的一些真实价格数据也见于记载。元末陶宗仪记载，有一对“珠子耳环”，值钞三十余锭。[4] 更有助益的是裴哥罗梯（Francesco Pegolotti）1330 年左右的记载，提供了波斯和地中海地区出售的珍珠的价格和重量的实例。[5] 但是，即使将价格缩水至现实水平，利润率毫无 91
疑问仍然很高，珍珠会继续吸引大量投资。关于商人的预期，至关重要的是一些硬数据；根据一件诉讼中股东们的宣誓声明，一伙意大利商人 1343 年在德里购买了价值 102 000 贝桑的珍珠。[6] 商人们可能希望（但未明言）珍珠价格暴涨，以便预期可观的投资回报。

这种信息尽管肯定有用，但是有限且分散，因此几乎不可能重建上古或中古任何特定地区或市场中珍珠逐年的价格历史。即便如此，

---

1 Al-Bīrūnī/B, 144–49.

2 Al-Bīrūnī/K, pt. II, 24–27.

3 ʿ*A-D*, 218 and 515.

4 Tao Zongyi, ch. 8, 104.

5 Pegolotti, 26, 28, 59, 62, 64, 66, 71, 79, 124, 126, 146, 182, 215, and 302–4.

6 *MTMW*, 283.

我们可以说，自然力和人力导致千百年间其价格反复变化，幅度时常很大。

变化的主要来源之一是供应的波动性。由于不断过度开发已有的矿床，波动范围往往很大，有时程度剧烈。结果是人们对这种变化相当敏感，也留下了诸多评论。伊利汗合赞询问法尔斯海岸附近的一个小渔场的收成时，被一位宫廷官员告知：丰年收益约 750 曼，一年后可能会有 450 曼，第三年只有 250 曼。[1] 但人们对导致变化的原因了解有限。比鲁尼报道了一种传统观点，他说，在他的时代，锡兰（Sarandīb）的珍珠床消耗殆尽，当地人认为牡蛎已经“迁移”到非洲东海岸的索法拉（Sufala）。[2]

以现代眼光解释为什么收获如此无规律，必须考虑珍珠自然历史的几个基本特征。

首先，为获取少量珍珠，必须牺牲许多牡蛎。即使假定最佳比例——十分之一的牡蛎中含有一颗具有商业价值的珍珠，仍然意味着大量浪费和繁殖种群的大量减少。如果这一比例是百分之一或千分之一（看起来可能性更大），那么破坏程度将会相应地扩大。锡兰对其数量有充分记录，过度捕捞在那里是一个长期的问题。仅在 1905 年，当地就捕获了总数 49 250 189 的牡蛎以寻获珍珠。[3]

其次，其他高价珠宝是极为长期的宇宙过程和地质过程的产物，而珍珠却是相对短期的生化过程形成的。因此，与供应量有限的钻石或红宝石不同，珍珠被视为一种可再生资源。所以，珍珠产业中惯

---

1 Vaṣṣāf, 336.

2 Al-Bīrūnī/S, I, 211.

3 Watt 1908, 557; and Kunz and Stevenson 1908, 103–9.

常使用诸如“收获”和“作物”之类的词语，并非偶然。而且，正如用于人类装饰的其他可再生动物产品如羽毛、毛皮和象牙，人们 92
显然倾向于设想其供应无限而过度开发，这是“掠夺经济”（德语 *Raubwirtschaft*）有效传达出的态度。[1]毫不令人惊讶的是，淡水和咸水中的珍珠都遭到了无情的开采，并且大多数情况下，对生产者的保护是被动的，只在收成急剧下降之后才勉强而零星地采取保护措施。[2]

再次，钻石是永恒的，而珍珠不是。实际上，它们非常脆弱，易于老化和损坏，这种脆弱性经常被早期博物学家、诗人、历史学家和商人指明。[3]这意味着它们在劫掠和军事行动中时常被大量摧毁。比鲁尼曾陪同哥疾宁王朝统治者马赫穆德一年一度地进军印度西北部。据他记载，人们出于宗教狂热焚烧“偶像庙”时，珍珠被毁得面目全非，而红宝石得以幸存。[4]尽管具有次要意义，这种破坏和老化仍然影响着珍珠的供应和价格。

最后，故事在现代早期走向终结，由于珍珠生长的自然过程相对容易复制，御木本（Mikimoto）完善的大规模人工控制生产成为可能。[5]珍珠产业的这一发展，以及传统捕捞方式特有的过度开发，意味着天然珍珠产业最终在 19 世纪末至 20 世纪初崩溃了。[6]

因此，自然力与生产方法是造成供应量反复波动（偶尔极端波动）

---

1 Brunhes 1920, 340–45.

2 见 Landman et al. 2001, 189–201。

3 Niẓāmī, v.19.12; Ibn Khaldūn, II, 325; and *TTP*, 57 and 59.

4 Al-Bīrūnī/K, pt. II, 30.

5 关于现代珍珠养殖业，见 Landman et al. 2001, 155–83。

6 Cf. Khoury 1990, 24–31; and Parry 2013, 52–59.

的基本因素，而供应量又长期决定了珍珠的价格。可是一旦进入陆地，珍珠的存量——无论其大小和组成如何——都将进一步受到不同的且不断变化的交换方式的影响。交换方式频繁地且决定性地影响着珍珠的有无、分配和价值。我们用菲利普·格里尔森（Philip Grierson）和安东尼·卡特勒（Anthony Cutler）的论点开始分析。他们认为，中世纪的西方存在三种主要的流通形式：贸易、礼物交换和战利品获取；作为推论，贵重物品的占有和分配模式，不能被简单理解为一系列商业交易的副产品。[1] 在我看来，他们的理论可以有效地应用于前现代的整个欧亚大陆。

当然，基本市场力量始终是其中的一部分。由于大、圆形、白色和有光泽的珍珠是自然界生产的最稀有珍珠，也是人类最珍视的珍珠，
93 其长期价格结构不断受到供需基本规律的影响。短期价格结构也是如此。在中古和现代早期，诸如南印度等供应充足的地区，珍珠是在市场上公开买卖的，被用作商业交易的媒介，并经常落入下层阶级的手中。[2] 帝制时期的中国也是如此。关于市场力量在起作用的最早表述之一，见于公元前 81 年成书的《盐铁论》。其中指责“今世俗坏而竞于淫靡”，导致“工极精巧”，人们“钻山石而求金银，没深渊求珠玑”。[3] 后来的中国史料很显然地表明，这一追求并非上层阶级的垄断，有报道称珍珠在公开市场上有售，在街上叫卖，有时价格便宜得足以让平民拥有。[4] 即使在远离任何海洋的突厥斯坦也是如此。1404 年，帖木儿

1 Grierson 1959, 123–40; and Cutler 2001, 245–78.

2 Xuanzang, II, 817; Xuanzang/B, II, 207; Marco Polo, 381; Nikitin, 79; and *CP*, 308–10.

3 Huan Kuan, I, 42.

4 Sima Guang, I, 94; Shiba 1970, 159–60; and Khiṭā'ī, 118.

（Temür）在撒马尔罕（Samarqand）举行盛大庆祝活动时，巴扎集市上有一些商人向公众提供宝石和“光亮的珍珠”。[1]

价格与重量比及具有的流动性，使珍珠对旅行者而言实为诱人的货币形式。例如，麦加（Meca）朝圣者的标准做法是携带珍珠而不是现金，其中一些是由马穆鲁克、伊利汗等王朝宫廷无偿提供的。[2]旅程结束时，他们将珍珠大量卖给中间商以支付费用，这压低了整个地区的市场价格。我们还应该记住，这些特定的珍珠的最终价格是由市场的抗衡力量决定的，这限制了它们的贬值程度——它们因为与圣城结合而被神圣化了。[3]结果，麦加成了一个重要的珍珠交易中心，这使马欢误以为“天方”本身是珍珠生产的重要中心之一。[4]

各种奢侈品特别容易受到时尚变化的影响。这些变化尽管比今天要少，但在历史记录中仍然引人注目。公元1世纪，罗马最著名的例子是人们对珍珠的狂热。普林尼尖刻地指出，这迅速而急剧地抬高了它们的价格。[5]在伊朗，珍珠甚至是个人装饰中丰富而长久的支柱。16世纪后期一种将珍珠融入女性发型中的新时尚，也增加了其需求和价格。[6]这些大大小小的时尚变化，是市场的永恒特征，并且影响着市场。

供需无疑是重要的，从主要生产商到中间商或批发商，再到零售
商人，再到客户，即我们认为的常规商业链。但还有其他非市场交换模 94

1　Yazdī, II, 247; and *CP*, 93.

2　Al-Maqrīzī, II/I, 214; and Mufaḍḍal/K, 69 and 191.

3　Pearson 1996, 175–77.

4　*LMJT*, 31, 83–84, 136, and 151; Ibn Jubayr, II, 140 and 206–7; ʿ*A-D*, 236 and 528; and Ma Huan, 176.

5　Pliny, IX.117–22.

6　*NITP*, 223.

式，经常绕开常规商业链或者替换其中一些步骤。这些干扰因素加在一起，经常以意想不到和无法预测的方式影响珍珠和宝石的市场价值。

礼物交换就是一个例子。正如已见于记载的那样，在成吉思汗系的宫廷中，这种交换可能占据很大的比例。在这里，就像在其他帝国中心一样，聚集着许多精英，他们不断争夺君主的青睐并相互交换名贵商品。在这种环境下，困难时期、政治危机和时尚变化都会导致贵重物品的周期性抛售。流动性最高的资产——宝石和珍珠很自然地占据主导地位，其结果是市场迅速饱和，价格急剧下跌。[1]

有些时期，贵族的抛售变得制度化。1327 年，这样的事情发生在大都，皇帝命令建立一个特殊的珠宝市场。[2] 时人陶宗仪能够准确地描述西域各种各样的宝石及其阿拉伯—波斯、印度名称，这是元朝最后几十年中流通量的一个指标。[3] 此后不久，曼德维尔书在欧洲完稿，其中记载大可汗宫廷的宝石和珍珠价格便宜，数量“超出人们的估计”，这很可能是大幅抛售珍宝的遥远回响。[4]

交换的最后一种方式是战利品获取。对于正规经济的分析而言，它经常被忽略，或者被认为是微不足道或无关紧要的，因此值得进一步考察。一旦考虑这一问题，它通常被联系到野蛮人和游牧民族的掠夺，但是定居政体也热衷于从事劫夺活动。实际上，欧亚和世界历史

---

1 *FCH*, 237; *BGR*, § 252; and Bar Hebraeus, 219.

2 *YS*, ch. 30, 676.

［译者按］《元史》原文“命市珠宝首饰”，可理解为出售，也可理解为购买。爱尔森理解为前者。

3 Tao Zongyi, ch. 7, 84–85; and *MREAS*, I, 173–76.

4 Mandeville, 150 and 160.

上一些能够卓有成效地获取战利品的边地，是由“文明”大国制造的，这些国家与蒙古人的掠夺方法（如果不是行动范围）相似。

美索不达米亚是罗马和波斯帝国以各种形式奋战了数个世纪的边地之一，他们从这里提取了无尽的战利品，其中包括大量的珍珠。[1] 虽然从被占领的城市及其居民中榨取了巨大的财富，但在战争之后立即系统地洗劫死者，对于寻找宝石也很有收获。[2]

印度西北边地同样出名，甚至更有可能对于掠夺宝石和珍珠富有成效。古代游牧民族于公元前数百年间已经开始掠夺。在中古的穆斯林国家中，最突出的是哥疾宁王朝（Ghaznavids，977—1186）定期开 95
展这项有利可图的事业，从宫廷、神祠和庙宇中获取大量财富。这些常年的劫掠，部分是由于印度以其宝石的美丽和神奇的力量而享有盛誉，部分是由于人们相信寺庙除了其外部装饰外，还包含用作原始银行的仓储和宝库。[3] 虽然穆斯林史料提供的有关从印度榨取战利品数量的数据可能被夸大以美化马赫穆德及其继任者们，但其数量级是毫无疑问的，他们在阿富汗的宫廷之富丽可为明证。[4]

我相信，一个运作中的动力是可以辨识出来的：在一定程度上，掠夺是由有关印度的庙宇、寺院和神祠拥有宝石的数量、价值、美丽

---

1 相关案例，见 Dasxuranc‘i, 77 and 82。

2 Theophanes, 24. 35.

3 Xuanzang, I, 117; Xuanzang/B, I, 44; al-Nadīm, II, 827, 828, and 830; ‘*A-D*, 75 and 368; al-Bīrūnī/K, pt. II, 30; al-Bīrūnī/B, 71 and 157; al-Bīrūnī/S, I, 116, 119, and 121; Niẓām 1931, 86–122 and 124–25; Darmasvāmin, 70, 79, 90, 94, and 110; and Rashīd/J, 49 and 340r.

4 *BGR*, § 29; Niẓām 1931, 163, 211–13, and 221; and Bosworth 1963, 78–79, 135–37, and 140.

和神奇特性等许多传说和故事所激发的。[1]可以肯定的是，其中一些是入侵者为张大武功和声望而对所获宝藏加以夸大的副产品。但是，还有一种情况是这些机构的印度管理人员和居住者都在积极地创造关于他们财宝的传说——一颗巨大的祖母绿宝石，光辉熠熠，让人在晚上可以读书，就很好地凸显出这样的效果。[2]他们声称拥有巨大的物质和精神财富，当然是为了吸引新的信徒和捐款，但这样做却无意间引来了当地匪徒和外来侵略者的注意。

华北是另一个这样的边地，内亚民族一直活跃在此地域。其真实的和想象中的财富，一再吸引草原和森林民族南下，组成混合的边疆政权，有时还建立强大的帝国。在劫掠和征服过程中，他们通常掠夺前朝的财富和宝库。女真人在 1119 年占领辽上京时，有计划地洗劫了契丹诸帝的陵墓，发现许多金、银、宝石和珍珠。大约一百年后，蒙古人在金中都夺取了女真人积累的珍珠。1368 年，明朝军队胜利攻入大都。蒙古人逃回草原，随身带着一些但非全部的元朝宫廷宝玉。[3]

如前所述，这种掠夺性再循环实际上在欧亚大陆相当普遍。关于它的频率，以及与之相伴的宝石和珍珠的汇聚与分散，通过观察 11 至 14 世纪的格鲁吉亚王国可以有所了解。1065 年，随着塞尔柱人的到来，格鲁吉亚当地朝廷和教会机构被入侵者一再洗劫。塞尔柱人像后
96 来的蒙古人一样，将贵金属和珠宝当作目标。随后，为了恢复统一并建立一个强大的跨高加索帝国，格鲁吉亚人发动进攻，从他们的穆斯林对手那里获取战利品、囚犯赎金和征收贡纳，收回并积累了大量黄

[1] Cf. Donkin 1998, 171–73.

[2] Darmasvāmin, 70.

[3] Ye Longli, ch. 19, 182; and *YS*, ch. 47, 986.

金、宝石和珍珠。在蒙古时代，他们最初也是通过同样的渠道失去珍珠。不久之后，格鲁吉亚作为伊利汗的代理人和军事盟友，在巴格达和其他地区收回了许多损失。最终，当伊利汗在13世纪末改信伊斯兰教，格鲁吉亚所积聚的宝藏——其中总是包括珍珠——再次被洗劫，一直持续到帖木儿时代及以后。[1]

为了完整而适度地描述作为巨额财富转移方式的战利品获取，我们必须重新审视宝库的可移动性问题。首先要注意的是，流动性王权并不是草原独有的，在定居世界也很普遍。比鲁尼再次提供了有关该主题的一些有见地的评论。他说，国王们通常偏爱在行进和战役中携带珍贵的宝石，因为它们比贵重的金属更轻，且占用的空间更少。因此，这是一个后勤问题，反过来这又为他解释了为什么“宝石是国王的附属品”。[2]在这个问题上，比鲁尼是相当正确的。古典文献经常提到波斯人有此习俗，首先是阿契美尼德王朝（Achaemenids），它是近东许多后继者的政治榜样。[3]这种做法的直接后果是，每当定居的统治者将其带到野外，就有大量的财宝可供使用。590年，拜占庭军队占领了萨珊王帐，他们带着大量的黄金和珍珠逃走了。792—813年间，拜占庭人和多瑙河保加尔人（Danubian Bulghars）先后三次互相夺取对方的流动宝库。[4]

游牧统治者出于同样的后勤原因，也由于追随者对定期重新分配的期望，遵循相同的做法。忽必烈潜藩为王时，1250年代初出征中国

---

1 *GC*, 71, 83, 84, 100, 115, 127, 134, 137, and 140; and *HG*, 617.

2 Al-Bīrūnī/B, 30-31. Cf. Nadvi 1979, 535.

3 Quintas Curtius, III. iii. 24.

4 Theophylact, III.6.4 and 14.10; and Theophanes, 151, 171, and 180.

西南部，携带了大量的珠衣。[1] 帖木儿也为此目的将大量衣服、贵重宝石和珍珠带到野外，毫不奇怪，当他的部队 1400 年在叙利亚被马穆鲁克军击败，胜利者带走了大量黄金和珍珠。[2] 在一些情况下，胜利的部队简直就是在追踪被击败的统治者匆忙溃逃时遗落的宝藏的痕迹。[3] 最明显的是，这样做是为了减轻重量和提高速度，同时希望分散追击者的注意力。

97 选择哪些贵重物品带到野外，引出了另一个重要的问题。便于后勤运输的宝石始终在内，这与比鲁尼的分析一致。但为什么要携带大量的奢华服装呢？它们不仅笨重，且对运输动物有苛刻要求。答案是授衔仪式一直被用来表彰特殊服务并宣布新的任命和晋升，因此是指挥和控制游牧军队时不可或缺的。如果没有定期重新分配这组特定的奖励，草原军队很快就会感到不满并瓦解。

毫无疑问，蒙古人的战利品边地远远超过了他们的前朝，从朝鲜半岛扩展至美索不达米亚，他们从非洲最富有的宫廷和经济体获得了不可估量的流动财富。最值得一提的是在都城、省会城市和王廷中积累和储存的财富，但很多是在转移过程中被截获的。其原因很容易确定：蒙古人的迅速扩张引起定居、游牧和半游牧民族为逃离杀戮而大规模迁徙，尤其是精英阶层携带着他们最便携的财富。

由此产生的颠覆，在花剌子模国的历史上得到了很好的证明。花剌子模国是蒙古人 1219—1231 年向西扩张的第一阶段的主要目标。这期间反复无常的剧变，详载于最后一位花剌子模沙（Khwārazmshāh）

---

1 *YS*, ch. 128, 3137.

2 Yazdī, I, 188; and Maqrīzī, III/3, 1042–43.

3 Mīrzā Ḥaydar, 323–24 and 327–28.

札阑丁（Jalāl al-Dīn）的传记中。撰写者是其家臣穆罕默德·纳萨维（Muḥammad Nasawī），他目睹并参与了这一系列沧桑变幻，其记载可以得到其他独立史源的验证和补充。

由这些史料可知，首先，当统治家族和其他精英在蒙古的压力下离开家园，他们携带了大量贵重金属、钱币、宝石和珍珠。此外，札阑丁在奔走途中为他的移动国库获取新的资产，其形式也是钱币和宝石。获取途径包括临时藩属的“献礼”，向当地统治者征收贡品，以及对呼罗珊和外高加索的劫掠。然而，与此同时，他也遭受了重大损失。一些损失是因为财宝重量太大，渡河时必须抛弃黄金和钱币以摆脱蒙古人，最著名的是他 1221 年渡印度河一事。另一些财宝是与追击者对峙时被迅速夺去并重新分配了。最终，札阑丁 1231 年去世时，只拥有一些贵重的宝石和珍珠，幸存的随从们带着残存的财宝逃到了马穆鲁 98
克国，或者带着它们到蒙古宫廷换取宽恕和青睐。[1]

总而言之，1220 年代在从土耳其到外高加索的巨大带状地域上，可流转且可移动之财富的离散、转移和流失，是空前且不可估量的。其数量之庞大，即使经蒙古人仔细搜索，也有相当多的遗漏。证据是 16 世纪突厥斯坦大城市周围常常开挖和清洗土壤，以回收 1220 年代掩埋的贵重金属和宝石。[2]

流动性财富大规模流散，在许多不同的族群、政体和社会阶层之间转移，但主要的受益者当然是蒙古人。强行掠夺尽管自然被视为自由市场的对立面，但可能会产生极具戏剧性的影响。早在 1250 年代，

1　Nasawī, 75, 94, 105, 107–8, 115, 203, 208, 223, 231, 277, and 300; Rashīd/K, I, 376; Juvaynī/Q, II, 199; Juvaynī/B, II, 466–67; and *HG*, 511 and 513.

2　Mīrzā Ḥaydar, 255–56.

当时的一位观察者志费尼就注意到，蒙古贵族积聚了如此多的宝石和珍珠，以致其帝国中心附近的市场价格急剧下跌。[1]征服通常具有这种效果。亚历山大大帝掠夺东方之后，马其顿拥有的宝石太多，价格大大缩水。[2]

令人出乎意料的是，巨大的掠夺量导致腐败猖獗，也造成了明显的价格波动。在阿鲁浑和乞合都（Gheikhtu）统治期间，地区总督们定期向国库送来“镶宝石的皮带、珍珠和其他高价商品”，以寻求青睐和个人利益。然而，他们所委托的信使不以为意，为了迅速获利，只以低价出售或典当，结果对珍珠和宝石的需求就崩盘了。在这种情况下，对越来越多宝石的不断需求并没有提高市场价格，反而压低了它们。根据拉施特的说法，这些做法如此广泛，以至于宝石的真实市场价值仅在 1298 年合赞财政改革实施后才反弹。[3]

关于交换模式、它们的速度及其所产生的波动性之间的相互作用，纳萨维提供了篇幅不大但信息量丰富的记载。他说，蒙古人于 1222 年在呼罗珊西部的哈布珊（Khabūshān）战胜并杀害了一群富有的花剌子模人。然而他们并没有留下来搜寻战利品，很可能是因为他们的军事日程很紧。该地区的普通百姓便从死者那里收集了宝石和珍珠，并
99 以非常低的价格在当地的一个小集市上售出。其中一些被附近尼萨（Nisā）城的市长纳速剌丁（Naṣīr al-Dīn）收购。此后不久，他本人告诉纳萨维，其中有一颗钻石（*ālmās*），他以 70 第纳尔购得，随后将其赠予札阑丁，这时他发现这颗钻石的实际价值为 4000 第纳尔。因此，

---

[1] Juvaynī/Q, I, 15–16; and Juvaynī/B, I, 22.

[2] Quintas Curtius, IX. i. 2.

[3] Rashīd/K, II, 1081 and 1084–85; and Rashīd/M, pt. II, 169 and 181.

不到一年的时间里，这颗宝石就经过转手，改变了地位，从私有财产变成战利品，再变成市场商品，最后变成了出于政治动机的礼物。[1]

这些流通方式的存在和相互作用，带来了另一个重要的问题：它们的主导地位是否存在先后顺序，是否构成了演化的几个阶段？为了理解大规模政治形态及其交换系统的特征，学者通常关注从朝贡、再分配、封建等标签中确定一种主导性模式。但是在我看来，证据表明，混合性的系统普遍存在，而且不同的系统共存，相互竞争，相互补充。几乎没有例外，因为这种混合是建立在泛欧亚交换的结构中的。在丝绸之路的东端，贸易商品主要是通过掠夺和纳贡的方式获得的，因此得自军事投资。而在西端，其最终价格是由市场竞争决定的；可以说，跟跨生态的交流是一回事。通过强制纳贡和古老的“盲贸易”（blind trade）而获得的北方产品到达南方时，通常在公开市场上出售，或作为豪华的礼物赠送。因此，长途贩运的商品通常以不同的模式组合这么做。但即使是那些短程贸易也采取这种方式：我们从乞剌可思的记载中知道，在1240年代的外高加索，蒙古指挥官通常会将他们的战利品作为礼物送给某位受宠的商人王，也就是说，他们急切地将这些武力掠夺之物投入商业中。[2]

这些广泛的相互作用，难以用绘图理清。它们作用于珍珠、宝石汇聚和分散的循环过程，对其价值产生了深远影响。但其复杂性并非到此为止。正如我们接下来将要看到的，珍珠的需求、分布和成本，也取决于有关其起源、特性和影响力的广为流布的神话。

---

1 Nasawī, 130–31.

2 Kirakos/K, 175

第十章　神话传说与市场营销

商人当然也影响着价格，操纵着市场，包括珍珠市场，并且有许多方法来做到这一点。有时，他们会向统治者和贵族提供丰厚的礼物，免费提供其商品的“样品”，相当于现代为打开新市场大门而设计的促销品（loss leader）。[1]然而，大多数情况下，商家通过艰苦的讨价还价和精心的销售技巧来努力使商品的价格和利润最大化。就珍珠和宝石而言，围绕贵重物品的丰富的传说故事极大地帮助了他们。

传统社会的人们，包括受过教育的阶级如宗教领袖、文人和博物学家，普遍认为宝石和珍珠具有神秘的功能和强大的魔力，能对其拥有者产生有益的影响。[2]因此，尽管这很大程度上起源于民间故事，但随着时间的流逝，它被载入文献，宛如信史。在古典文献中，宝石被广泛用于确保身体健康，招引好运，并抵御各种邪恶。[3]随后的几个世纪里，穆斯林对矿物学的研究很大程度上依赖希腊、伊朗和印度的

---

1 *TMC*, 177 and 189; and *YS*, ch. 16, 352.

2 *BF*/D, 289–91; and *BF*/M, 202–3.

3 Neverov 1983, 123–35.

文献，显然成了关于宝石的自然历史、商业建议以及奇幻故事的混合体。[1]

成吉思汗系宫廷对这类文献的兴趣超过了以往，尤其在伊利汗国治下，有几部指南书编写而成。其中最早的是纳速剌丁·图昔（Nāṣir al-Dīn Ṭūsī，1201—1274）于1260年代为旭烈兀编纂的《伊利汗珍宝书》（*Tanksuq-nāmah-i īl-khānī*）；内容涵盖金属、矿物和宝石，大幅使用了比鲁尼的《珠宝录》（*Kitābal javāhir*）。[2] 1301年，宫廷史学家哈沙尼以自己的名义发行了《珍奇异宝录》（*'Arā'is al-javāhir va nafā'is al-ṭā'ib*），大概可以说是前者的“修订版”。书中描述了渔场的位置， 101
主要是波斯湾内的渔场，这些地方的风和水的情况，潜水技术，珍珠的生长，它们在壳中的位置，它们的名称、大小、形状和颜色，以及评估时所使用的其他标准。[3]第三部志书中也有相关记载。拉施特的农书《迹象与生命》（*Kitāb-i Āthār va Āḥya'*），据其文献目录，成书于1310—1311年。此书原本包含了有关宝石和珍珠的获取和谋利的内容，但这些章节今已佚失。[4]显然，在拥有大量珠宝收藏的伊利汗国宫廷，关于宝石主题的作品一直受到欢迎。

元朝宫廷还可能见到有关该主题的一些伊斯兰书籍，具体是哪些迄今尚未确定。1273年，秘书监下属的北司天监报告称，其藏品中有290部穆斯林科学著述，按主题分类。其中一个条目的音译是“者瓦希剌”，对应了阿拉伯—波斯语的*javāhir*或*javāhirāt*，即“宝石、珠宝”

1 Ullmann 1972, 95.

2 Akimushkin 1967, 147–48.

3 Qāshānī/A, 84–107. Cf. Mikhailevich 1972, 107–9.

4 Rashīd/Q, CXIII–CXIV and CLVIII; and Lambton 1999, 131.

的单数和复数形式。随附的中文注解记载，这些藏品中包含关于“辨识珍宝”（the discrimination and recognition of jewels）的五部作品。[1]虽然没有办法完全确定任何书名，但该机构如果没有收藏比鲁尼的《珠宝录》就会令人非常惊讶，因为他在这一领域的地位是穆斯林世界中无可匹敌的。[2]图昔的著作可能也在其中：它在1265年旭烈兀逝世之前的某个时间能够传过来，并且，图昔是他那个时代杰出的伊斯兰天文学家，供职于北司天监的穆斯林科学家可能对他的所有作品都特别感兴趣。

无论如何，比鲁尼的著作对后来的所有穆斯林矿物学著作都产生了显著影响，这意味着伊利汗国和元朝宫廷都利用一批共同的文献来获取有关宝石和珍珠的权威信息。这不足为奇，因为这两个宫廷中评估宝石的专业团队基本上都是从同一拨穆斯林商人和宝石工匠中招募而来的。

文人著作和民间故事都非常关注奇迹般的起源。珍珠的神秘始于深海，一个充满奇异生物和强大自然奇迹的神奇世界，在这个世界中，一切想象皆有可能。[3]有一个理论也许传播最广最久，最早被古典作家记录下来：牡蛎会季节性地浮出水面，打开贝壳，吸收雨水或露水，
102 然后转化为珍珠。[4]因此，是气候条件决定了珍珠的质量；当然，这完全符合许多上古和中世纪的思想，认为环境条件对所有生物的行为具有根本性的影响。

---

[1] Wang Shidian, 207 (ch. 7, 14b); and Tasaka 1957, 100–101, and 114–15.

[2] Anawati 1979, 437–53; and Ullmann 1972, 121–22.

[3] 关于中国的视角，见 Schafer 1967, 207 ff., and Schafer 1970, 77 ff。

[4] Pliny, IX.107–9. 进一步参见 Donkin 1998, 1–8。

这一理论的一个变体，虽然承认最好的珍珠是在雨季生产的，但声称它们实际上是由一个形如螃蟹的小生物产生的，它将食物带入牡蛎中，然后在牡蛎壳内生“根”，长出珍珠。[1]这些生成理论的基础亦见于中世纪的穆斯林和犹太文献中。到 16 世纪，它们已经为欧洲人所熟知。[2]

尽管上述归于古希腊人的理论已被广泛接受，但比鲁尼提出了另一种解释。他对这个问题的看法是现代早期以来最先进的。他公开反对普遍流行的知识，而认为珍珠生长于牡蛎体内。[3]值得注意的是，尽管比鲁尼享有声誉和权威，但这一特殊论点却鲜有拥护者，很快就被边缘化了。对此现象有一个简单解释，即他超前于时代。但正如我下文将讨论的，商人和珍珠产业的既得经济利益在于保留和传播固有的故事，而不是自然史学的最新进展。

东亚也有一个同样丰富的故事。中国神话中，神秘的鲛人生活在海底，他们的眼泪变成了珍珠。[4]中国人甚至将珍珠的产生解释到了陆地上，不过其过程仍然非常奇妙，因为中国人认为，在遥远而奇异的西域，有产珍珠、宝石的树，种子像珍珠一样。[5]但是，最广泛和持久的观念则认为珍珠是“在月光下孕育的”（映月成胎），这一想法显然是由月亮的形状、颜色和亮度催生的。牡蛎再次浮出水面，打开壳层，

---

1 Isadore, 11.

2 Al-Shīrāfī, 128–29; Benjamin of Tudela, 119; *BF*/D, 290; *BF*/M, 203; Teixeira, 179; and Fryer, II, 362–63.

3 Al-Bīrūnī/B, 126–32; and Qadri 1979, 589–90 and 592.

4 Schafer 1967, 220.

5 *CMS*, 22, 140, 141, 247, and 249.

跟随月亮的运行轨迹，吸收月光的精华，这让胚珠的“灵魂”臻于完美（取月精而成魄）。[1]

珍珠自然带有神秘起源的烙印。它们的特殊功能很多。有些是自发光的，莹然如月光；有些甚至离开海洋之后，至少在适当的精神环境下仍继续生长。[2]关于其效力和能量的观念，上古时期已经出现。古印度人认为，由云、蛇、鱼、大象和牡蛎生产的珍珠能够带来好运、繁殖力和胜利，还能解毒。[3]它们甚至有预言力；拥有了特殊珍珠的人，能够预见未来。[4]

103 值得注意的是，民间和文献传统中所见的关于珍珠的绝大部分知识，是跨文化共有的。[5]正如上文已经触及的，一个共同的主题是人们认为珍珠起源于球状的水——雨水、露珠和水滴。毫不奇怪，在许多南亚语言中，“珍珠”和“泪”这个词是密切相关的。[6] 15 世纪拜占庭的圣母玛利亚圣像流下的泪珠形成珍珠，说明这一神话西传并被吸收。[7]

但是，这种运动远不止于此。关于珍珠形成的主要理论在上古晚期开始接触并走向融合。证据是公元 4 世纪阿米安努斯（Ammianus）记载，印度人和波斯人认为牡蛎浮出水面并打开壳，同时暴露在露水

---

[1] Song Yingxing, 437–38. Cf. Donkin 1998, 10–13 and 179–80.

[2] Eberhard 1941, 241; Eberhard 1968, 239 and 246; Schafer 1963, 232–39; Schafer 1970, 50; Zhao Rugua, 137; and Zhao Rugua/H, 157.

[3] Hara 1999, 155–74. Cf. al-Bīrūnī/K, pt. I, 406.

[4] Tao Zongyi, ch. 21, 263.

[5] Eberhard 1968, 205, 235, and 381.

[6] Donkin 1998, 154–56.

[7] *RTC*, 132–33.

和月光下，形成了珍珠。[1]

同时期的中国文献记载了一个稍有不同的混合体。早期的中国史书以及 781 年立于长安的《大秦景教流行中国碑》，都记载了西域的物产“明月珠”，光明照夜同昼。[2] 在这个例子中，珍珠的属性融合了中国的珍珠生成观念、伊朗的象征王室福运的王冠概念，以及辨识神圣人物的基督教光环。珍珠越过边界移动时，通常会获得新的意识形态解读，同时保留其原产地的旧有信息。

西方也不例外。东方长期积累和共享的珍珠故事，显著影响了欧洲人的态度和认知，在大发现时代最终成型。可以肯定的是，探险家们热切地寻找并开发了新世界的珍珠，但正如唐纳德·拉赫（Donald Lach）所观察到的，黄金象征着他们在美洲寻求财富的过程，而东方对他们来说是宝石和珍珠之地，以其象征性、装饰性、神奇性和药用价值而愈显贵重。这种认识忠实地再现了穆斯林世界和亚洲所流传的想象和观念。[3]

它们的各种属性中，最负盛名的一项是治愈能力。在西亚的医学传统里，整个牡蛎，包括贝壳、肉和珍珠，都具有药用价值。[4] 珍珠粉呈粉末状，具有很强的效力，可用于治疗各种疾病——最常见的是眼

1　Ammianus, XXIII. 6.85–86.

2　Pelliot 1984, 25–26, 45 (XIV.114) and planche V in book pocket. Cf. Moule 1930, 40.

3　Lach 1970, 113–17. Cf. Olschki 1960, 48 and 162–65; Donkin 1998, 318–31; Landman et al. 2001, 13–21; and Phillips 1990, 83–85.

4　*SBM*, 515; and Qazvīnī, *ZSNQ*, 59.

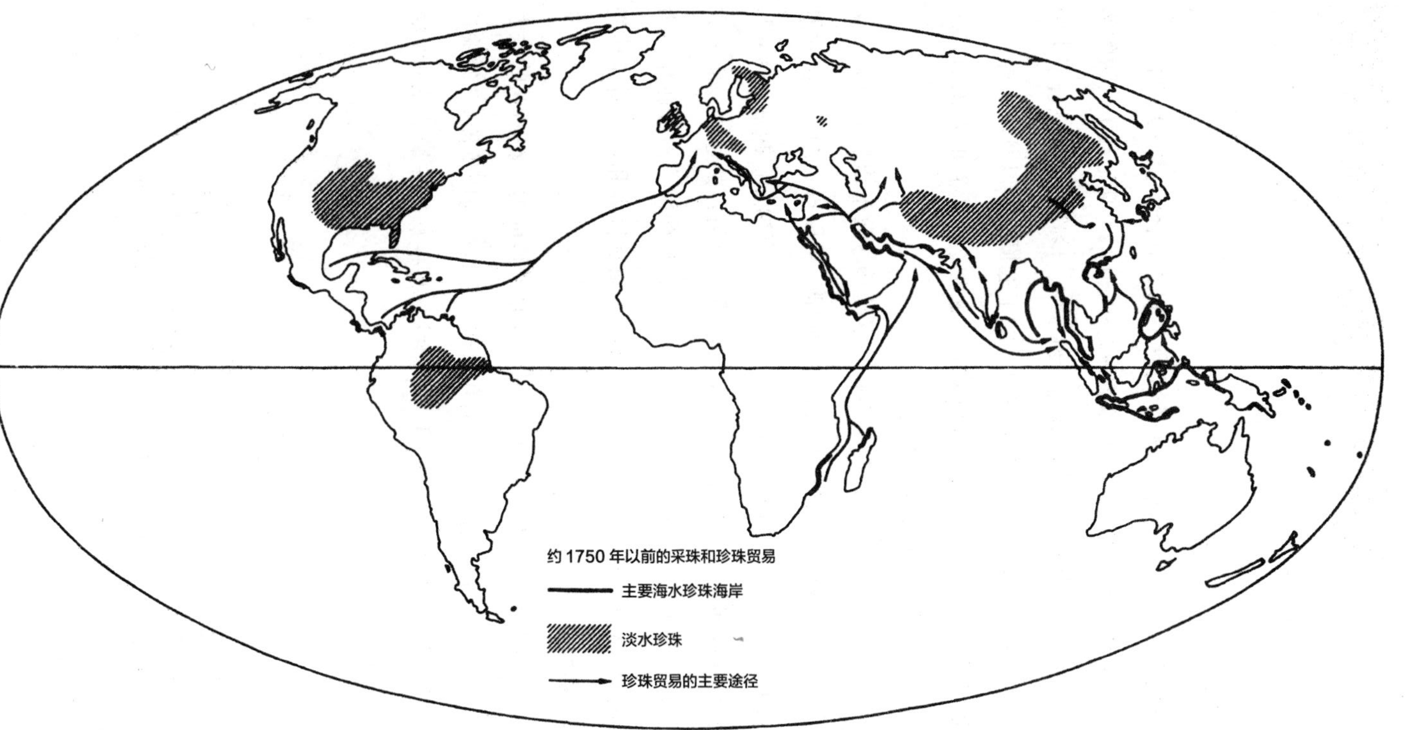

地图 5　1750 年前后的全球珍珠贸易地图

病——在欧洲和印度也有应用。[1]

中国人也用珍珠治疗眼部疾病，道士用它炼长生不老药。[2]印度次大陆上，它们在医疗中的用途也很普遍，在成吉思汗时代以前，随着 105
印度医学文献译成于阗语、回鹘语和藏语，传播到了内亚。随后的若干个世纪，珍珠成为蒙藏药学中的固定配置，一直流行到了 20 世纪。[3]

至中古晚期，欧洲也开始用类似的方式接受和使用珍珠。在西方传统中，出于医学应用的目的，宝石被分为源自地下的宝石——红宝石或祖母绿，和源自动物的宝石——珍珠或珊瑚。它们全都被用作护身符，以抵御疾病和邪恶。它们全都被磨成粉末内服，以治疗特定疾病；在西方的流行，再次反映了这些观念和用法在大陆上的传播。[4]

东西方的基督徒、穆斯林和中国的药理传统有一个共同点，即对无孔珍珠的执着。[5]原因是相信珍珠的治愈能力被穿孔所损害，穿孔使大部分生命力流失。[6]无孔的品种是由伊斯兰地区的专门商人经营的。它们是较小较便宜的芥子珠，无论如何都难以穿孔，因此成为药粉的首选来源。[7]欧洲中世纪晚期的记录，经常提及以磅出售的珍珠（*perle*

---

1 *SBM*, 101–2, 109, 297–98, 301–3, and 502; *BF*/D, 290; *BF*/M, 203; Ibn Riḍwān/G, I, 38 and 83, and II, 167; Ibn Riḍwān/D, 31 and 141; Samarqandī, 139, 140, 142, and 150; and Donkin 1998, 181 and 260–61.

2 Schafer 1963, 245; and Needham 1976, 34–35 and 99.

3 Bailey 1962, 31–32; Bailey 1982, 14 and 33; and van der Kuip 1975, 24.

4 Ponder 1925, 686–87; and Thorndyke 1958, 80, 125, 177, 193, 241–44, and 246.

5 Al-Bīrūnī/K, pt. II, 22–23.

6 Teixeira, 180–81.

7 Al-Bīrūnī/K, pt. II, 28; and Goitein 1967–93, I, 155.

da pestare），表明消费量相当大。[1] 它们被广泛用于这一目的，解释了为什么西方商人始终将珍珠、宝石与药物一起放在“*spezierie*”标题之下。[2]

珍珠具有这样的效力，自然很难获得。志费尼引用了关于此主题的众多阿拉伯诗句之一，说大海淹没了珍珠，而腐肉浮在水面上。[3] 换句话说，大海隐藏着、保护着它的宝藏。古典文献中，鲨鱼群守护着牡蛎，因为它们非常仰慕珍珠。当潜水者们设法获得了一颗珍珠，一条鲨鱼便找到他们并展开复仇。据解释，这就是珍珠如此昂贵的原因。[4] 贪婪的海怪吞噬潜水者的主题，也见于其他文献。即使是那些据信产生于陆地的珍珠，也受到可怕生物的守护。[5]

由此可见，人类获得珍珠，本身就是通过特殊手段实现的壮举，其形式繁多，数之不尽，反映了当地的宗教和巫术习俗。在印度洋西部，陆栖的动物如狐狸和鸟类，偶尔会将珍珠送到人类手中。[6] 但更常见的做法是选择海洋生物作为工具。10 至 13 世纪流行的一些阿拉伯
106 故事中，一位穆斯林圣人乘船旅行时被指控盗窃，作为回应，他呼吁神召唤鱼群浮出海面，鱼群口中有无数的珍珠，以证明他的无辜。[7] 然而更广为人知的是普林尼记录的一种方法，这使人们相信，牡蛎像蜜蜂一样生活在群落中，一个人如果捕获了它们的“王”，就能控制整

---

1 Pegolotti, 36 and 109; *CWT*, III, 168; and Fryer, II, 367–68.

2 *MTMW*, 111 and 113; and Pegolotti, 294 and 296.

3 Juvaynī/Q, I, 5; and Juvaynī/B, I, 8. Cf. al-Bīrūnī/K, pt. I, 411–12.

4 Pliny, IX.110; and Ammianus, XXIII. 6.87.

5 Rockhill 1915, pt. III, 387; and Ibn Khaldūn, I, 138.

6 Narshakhī, 45; al-Sīrāfī, 130–31; and *GLR*, 286.

7 Arberry 1947–48, 36–38.

个“牡蛎群”。[1]一部13世纪的波斯语地理志书基本上重复了这一较古老的传统，并显然加以改写，将“珍珠之王”（*shāh-i gawharān*）放到了牡蛎床上，在那里它吸引着其他珍珠，就像磁铁吸引铁屑一样。不出所料，能拥有像这样的一颗“珍珠之王”的，也得是一位充满传奇色彩的王，例如萨珊国王胡斯罗二世（Khusro II Parviz，591—628年在位）。[2]

中国有时重点关注的是人：英勇的潜水者下潜到700英尺（约213米）的深海获取珍珠；[3]但是更经常提及动物的辅助，与来自西方的传说一致。汉代已经有一些故事，讲述渔人乘象入海底取宝，与鲛人同宿，得鲛人所泣之珠。[4]

宋代中国北珠热潮的发展，进一步阐明了动物辅助（animal intermediaries）这一主题。首先，这种风潮让新发明的收购神话流行起来。当时的汉文资料记载，人们普遍认为，可以训练鹰鹘（海东青），捕获以牡蛎为食的天鹅，从它们的嗉囊中获取珍珠。结果，契丹宫廷为了谋取利益，迫使其藩属女真到居住于乌苏里江下游和阿穆尔河盆地的五国部索取海东青，须索之数前所未有。然而，更有趣且重要的是，这些相同的文献记录了珍珠形成神话与实际采集技术之间的直接联系。由于人们相信月光在形成珍珠的过程中必不可少，而月光在八月达到顶峰，因此辽朝坚持要求五国部在十月艰苦的冬季条件下潜入东北北部的河流中捕捞珍珠。这些叠加的压迫，引起了臣属民族的普遍反抗，

---

1 Pliny, IX.111. Cf. Arrian, *Ind.*, 8.11–13.

2 ʿ*A-D*, 148 and 456.

3 Schafer 1952, 162.

4 Schafer 1952, 156–57 and 160.

严重削弱了辽朝。[1]

大量共有的相关传说故事，让商人们有了丰富的材料源，可以用来进行跨文化的商业活动。而且文献证据表明，这些相似之处是有目的、有意识的传播与散布的产物。这是具有重要理论意义的现象。

英国考古学家安德鲁・谢拉特（Andrew Sherratt）主张，在识别和
107 分析长期历史变化方面“关注消费而不是生产”。因此，学者们必须认真考虑“从文化上定义的奢侈品”的贸易和交换，而不仅仅是考察通常被归类为“必需品”的大宗商品。重要的是认识到，新的消费模式会在时间和空间上转移和转化，因为谢拉特总结道：“价值体系像商品一样可以传播。”[2]

商家在珍珠宝石营销中对通俗神话的依赖，很好地说明了这种传播方式的使用寿命、经营范围和文化活力。唐代中国有很多关于这种商业用途的故事记载。在首都长安以及其他内陆和沿海城市，大量波斯人和粟特胡人迎合了唐人社会对外来和异域事物的浓厚兴趣。那个时代中国的通俗故事，始终将许多奇迹和魔力归因于伊朗人贩运来的珍珠：它们可以在沙漠中找到水，带来好运，并让拥有者在水上行走或随意改变体型。商人本身被看作奇迹的贩卖者，是发现海底宝藏的术士和法师。他们从居住在海里的龙王那里获取珍珠的故事，被佛教传说描述过，也被描绘在塔里木盆地北缘库车的7世纪墓葬壁画上。这证明了此类故事的广为流传，也证明了陆上和海上商业线路的神话

---

1 *SCBM*, 20–21 (ch. 3, 10b–11a); Stein 1940, 95–102; Franke 1975, 151–53; Schlesinger 2017, 47; and Wang 2011, 110–18.

2 Sherratt 1995, 10–17 and 24–25.

整合。[1]

这些商人及其珍珠的超自然力量，在大众媒体上广泛传播，几乎无疑地构成了一个重要的商业优势。商人是否为谋取私利、促进销售而编造和操纵这种传说？商人与顾客对宝石的特殊功能是否持有相同的观念？这既是可以回答的，也是具有启发性的。尽管个体的态度无从知晓，但伊斯兰时代之前杰出的长途商人粟特人整体上对宝石及其种种力量十分着迷。比鲁尼引用了一件粟特语作品，其中列出了各色宝石，它们被磨成粉末后可作为有效的护身符，抵御灾患，促进事业成功，激起他人的同情心，等等。这部作品的名称，比鲁尼用阿拉伯文写为 *Tūbūsta*，可以勘同为一部粟特语宝石书，其存世残件名为 *twbwsth*，或者更可能是 *nwbwsth*，这是出自中亚本地的一部专著。[2]因此，我们有充分的证据表明，卖方坚信其产品的力量和功效，始终拥有吸引客户并完成销售的资本。

这一传说的地域流动性和商业实用性，在 13 世纪早期的波斯语地 108
理书中得到了进一步记录。书中记载，中国南海居住着一个民族，他们每年都带着珍珠来到岸上，卖给印度商人，换取钢铁，然后回到深海中。[3]这个故事融入了国外市场。其灵感可以追溯到两个中国传统：第一是鲛人，如前所述，他们生活在水下，眼泪化作珍珠；第二是合浦的采珠人，他们的铜船与神和巫息息相关，因为只有他们才拥有使金属漂浮的魔力。[4]

---

1 Benn 2002, 55; Schafer 1951, 403–22; Schafer 1963, 242–43; and Rong 2005, 215–16.

2 Al-Bīrūnī/B, 204, 408, and 474. Cf. Grenet 1996, 75 and Livshits 1962, 60–62.

3 *ʿA-D*, 59 and 350.

4 Schafer 1967, 98–99 and 220.

欧亚大陆的民间传说与宝石之间的这种紧密而持久的联系，可以用钻石的迁移和形象清楚地加以说明。一个多世纪以前，劳费尔（Bertold Laufer）令人信服地证明，尽管产品本身来自印度，但关于其获取方式的传说却起源于希腊化的东方。塞浦路斯主教伊皮法纽（Epiphanius，约315—403）最早提到的这个传说，肯定是复制自一个篇幅较长的古本。这个故事也是一个着重讲述动物辅助的获取神话，它由五个基本部分组成：钻石的产地比斯基泰地区还遥远；它们在一个深不可及的峡谷中；人类将大量腐肉投入其中；鸟把肉衔上来，宝石附着在肉上；人类捕获鸟类并获得钻石。接下来是唐代传奇官员张说（667—730）作品中保存的两种变体，都讲述了钻石在6世纪初到达中国的情况。第一种说法，出自一位博学的朝官，说钻石的来源是拂菻，即东罗马帝国。而第二种说法，是扶南（今柬埔寨）的商人讲述的，正确地将其来源置于西印度。而在这两个版本中，获取方法均忠实地复制了伊皮法纽的描述。

这个传说显然具有相当大的吸引力和持久性，因为在随后的几个世纪里，只稍经修改，它便出现在各种穆斯林宝石学作品和流行的诗歌中。[1]不仅如此，这个传说在蒙古时代仍然非常活跃。远东人常德，是蒙哥派往旭烈兀的使者，记载了它；远西人马可·波罗，是忽必烈派往伊利汗国阿鲁浑汗的使者，恰好也记载了它。[2]

就我们的目的而言，这个有关获取珍珠的神话具有许多鲜明的特征，其中最主要的是其持久性、地理和文化的流动性，以及通过各种

1 Laufer 1915a, 5–21 and Laufer 1915b, 202–5 所揭汉文文献.

2 *MREAS*, I, 151–52; and Marco Polo, 395–96.

媒体传播的途径——宗教文献、文人著述以及商业渠道。在最后一种 109
情况下，应该强调，是东南亚商人将印度钻石和希腊化民间故事打包带到唐代中国。

宝石神话的商业利用，是一个非常古老的游戏。正如柯提斯（Quintas Curtius）在公元 1 世纪所载，印度洋上布满了大量宝石和珍珠，印度人成功地将对此类商品的需求传播给了外国民族而获利。[1]他们的成功，体现在地中海对亚洲宝石的需求不断增长。这一需求足够强，以至于南印度专门为希腊和罗马消费者准备宝石。这种发展，表明中介者、中间商和商人向生产者和加工者透露了准确的营销信息。[2]

关于他们在西方的营销策略的细节，公元 1 世纪的阿里安（Arrian）做了详细阐述。他说，印度人将印度珍珠（sea margaritas）与大力神赫拉克勒斯巧妙地联系在一起，赫拉克勒斯在旅行和冒险中发现了这种“新形式的女性饰品”，赠予他的女儿。结果是“富庶繁荣”的希腊人和罗马人大规模购买了这种宝贝。[3]因此，印度人，或者更准确地说是他们的商人中介，成功地利用了名人（这个时代真正的超级巨星）形象，以对标外国市场中的特定人群。

普林尼则将其他成功的营销策略归于波斯人。在他看来，最重要的是法师（Magi）—— 一类巡回仪式和法术方面的专家，负责对贵重和半宝石的神奇特性进行无休止的虚假报道。[4]普林尼引用了许多虚假的说法，其中某些宝石使运动员立于不败之地或者使人隐身，而另一

---

1 Quintas Curtius, VIII. ix. 19.

2 Pollard 2013, 19–20.

3 Arrian, *Ind.*, 8.8–11.

4 见 Mair 1990, 27–47。

些则抵消巫术或者赋予拥有者预言能力。他鄙夷地说，很多罗马人相信了这些谎言，并大量购买这些不可思议的宝石。[1]他不是唯一的批评者。商人撒谎、制造幻象的习性，经常为人注意，也被谴责。对于5世纪作家攸纳皮乌斯（Eunapius）而言，商人的信息毫无用处，因为他们为了获利什么都会说。[2]

这些批评性的甚至有时很苛刻的评论，使我们回过来关注商人的诚信。当然，商人会操纵和欺骗，但是这种行为几乎不能证明他们不
110 相信自己的产品。在任何情况下，我们都不应该用比传教者更高的标准衡量商人，因为传教者通常将热忱的信仰、精巧的表演和精心设计的信息结合在一起，所有这些目的都是针对另一群受众——具有不同文化特征和期望的潜在皈依者。不仅如此，应该指出的是，尽管几个世纪以来常常有人提出严重警告，但这些策略直到今天仍在使用，而且一直很成功。

从广告史的角度看上述材料，有几点值得注意。对于那些进口且出售宝石和珍珠的人来说，追求利润时，需要对很多流行观念加以择取，并从文化上进行调整。向公众展示他们的商品时，商人通过诉诸文化英雄、魔法专家和文人作品来“认证”宝石的特殊功效，由此创造了新的需求，打入了新的市场。当然，所有这一切都提前运用了现代市场营销的许多重要原理，为受过良好教育的商人所用，无需任何今天我们所谓的广告投入。

为了更加完整地描绘宝石商人及其市场，我要讨论其他一些问题，

---

1 Pliny, XXXVII. 54, 118, 124, 135, 142, 144–45, 155–56, 165, and 169.

2 *FCH*, 103.

涉及消费方式、购买力、社会诉求和买方的市场行为。商家当然会尽力塑造有利于自己的市场，但有时候市场的形态本身对他们就是有利的。当然，对于个体卖家来说，理想的客户是一位“为宝石而迷狂”的富有四海的君王。[1]但对于整个行业而言，更重要的是涌现“新贵”（*nouveau riche*）。最突出的例子是，罗马帝国和蒙古帝国的早期成功造就了大量新贵。在这两个案例中，帝国扩张的受益者们都不谙世故，容易上当，喜欢在享乐上竞争，而且最初似乎拥有无穷无尽的可自由支配的收入。当时的资料清楚地表明，蒙古人疯狂争夺那些显示身份地位的商品，尤其是珍珠，成吉思汗的子孙们积极寻找商人并为其商品支付高昂的价格。这最终导致债务日益增加，放债的商人从中获得了更多利益。

在如此营销的宝石中，珍珠因其吸引力脱颖而出，几乎遍及整个欧亚大陆。主要原因可能是它们的多功能性。单单因光泽之美它们就可以作为装饰，也可以作为身份标识，或作为护身符，还可以被磨成粉末摄入以改善健康状况。几乎没有其他宝石可以将这些功能集于一身。当然不仅如此，它们还来自一个非常神秘的地方。那里就像其他 111
所有极端自然环境一样，总能为其天然产品注入魔力和神力。

从这些数据中进一步得出的结论，可以更广泛地应用于文化史和商业史研究。[2]

第一，许多其他产品伴随着故事和神话而来，令人无限向往，也容易买到。其中，香料是最有启发性的例子。它们自从于罗马时代到

[1] Theophanes, 139 即如此描绘拜占庭皇帝君士坦丁六世（Constantine VI，780—797 年在位）。

[2] 下文所表达的观点，很大程度上应该感谢 Mary Helms, 1988 and 1993。

达地中海，就获得了各种魔力和治愈力，而且就像宝石一样，使它们受益的许多说法可以追溯到印度史料。[1]我们应该牢记，在现代早期，这种古老的故事很大程度上仍在发挥作用，推动了欧洲对香料的需求，以及寻找通往东方的另一条海洋路线。[2]龙涎香（ambergris）和石棉（asbestos）等不太显眼的工业材料也以同等程度传播。在这些案例中，附加的故事也足够复杂和具体，可以排除独立发明的可能性，确保其实现跨大陆扩散。[3]鉴于这种现象的频繁和持久，我们很难不坚信，每种产品跨越文化或生态鸿沟时，都带着自己的神奇故事和起源神话。

第二，这些联系很早就出现了。公元前三千纪，神话中已经记录了伊朗高原和中亚之间的织物和纺织技术转移。[4]因此这种现象从城市革命开始时就出现了，很可能在史前时期异域商品远距离交换刚开始时就出现了。

第三，在很多（如果不是大多数）情况下，这些商品的生产者、运输者和消费者以及与之相关的故事，对大陆的不同文化区而言都是本土的。因此，对故事主体的了解，就像对外国语言、汇率、重量和度量的了解一样，是商人惯用手段的一部分，是跨文化贸易中必不可少的工具。

第四，跨文化广告经过精心计算而转移关注点，充分表明商人经常掌握着各种可能有用的故事和神话，根据情况适时推出。这方面最具启发性的是猛犸象牙、海象牙和被称为“鱼齿”的独角鲸角的历

1 Pollard 2013, 20–23.

2 Freedman 2008, 223–26.

3 关于龙涎香，见 Wheatley 1961, 125–30；关于石棉，见 Laufer 1915c, 302–59。

4 Good 2006, 204–6.

史。买家、卖家从未清楚地区分这两种材料。它们最早在辽代（907—1125）大量南下。[1]这种产品是通过北极和亚北极地区的狩猎民族获得的，通过森林地带的中介到达南部市场，然后通过陆路和海路进入东西方的商业渠道。鱼齿最初用作剑柄，后来很快被重新塑造成名为 112
“蛇角”（snake horn）的特效药，号称能够准确检测、抵御各种形式的毒药。后一种应用日益流行，其基础是中国人和穆斯林共同持有、广为接受的“以毒攻毒”原则。这种商品从工业原料到解毒剂的转变，显然是进取的商人试图提高销售额而有意识地改变了营销策略的结果。这是将一个很古老的故事与一个非常新的产品成功结合在一起的例子。

第五，贩运这些商品的商人为了既得利益，将他们的商品及其原产地神秘化、异域化。他们当然很有条件做到这一点；在传统社会中，经常旅行的人被认为对遥远的地方和非凡的事物有特殊的了解；从社会职业分类而言，没有谁比商人旅行得更广。作为来自遥远地方的使者，他们可以堂而皇之地介绍自己是“专家”，能够承担判定跨文化的杰出标准、认证异域产品的特殊属性等各种事务。[2]

第六，商人贩运异域商品，同时也贩运异域故事，认识到这一点，我们可以得出最后一条甚至可能是最重要的结论：远方地域与远方民族（即现代学术行话里的“他者”）的形象创造，很大程度上是多个参与者和多重动机互动与协作的过程。

---

1 Laufer 1913, 315–64; Laufer 1916, 348–89; Pelliot 1913, 365–70; Wittfogel and Feng 1949, 235; and Schafer 1963, 242.

2 Helms 1988, 68 ff. Cf. al-Bīrūnī/B, 48, and Lieu 1985, 71.

113

第十一章　替代品与仿冒品

对珍珠之类高价奢侈品估价时，真实性显得很重要。替代品和仿冒品的问题，也与当今关于前现代世界长距离贸易的性质和后果的争论息息相关。是否如许多人所言，这种主要以贵重物品为形式的交换，仅限于少数统治者和城市精英之间，没有改变参与国的经济？或者是否像其他人所认为的那样，这样的交换构成了一个真正的体系，一个环环相扣、整合一体的市场，影响了所有参与者的制度和行为，甚至是那些偏远地区小规模社区中的居民？[1]

在利用珍珠进一步阐明这一问题时，首要任务是给予其基本定义，再据此分类分析。天然珍珠，是指未经人工干预而生产的珍珠；养殖珍珠，则由人类发起生长过程；替代品，是完全人工制造的，更实惠的品种；仿冒，是有意欺骗、欺诈的行为。接下来要说明的是，这些类别之间的界线是可以相互渗透的。实际上，养殖珍珠是人工干预自然过程的产物，促使产量增加，捕获成本降低。而且替代品和仿冒品

---

[1] 例如 Makarov 2006, 130–31。

之间的关系更加不稳定。人造珍珠可能作为廉价替代品出现在成熟的市场上，但也可能冒充“真实”的珍珠而定价卖给粗心的人。

此外，还需要考虑另一层复杂性。这适用于各种各样的商品和收藏品。在现代，对真品的追求，遍及所有艺术品、手工艺品、古物和
自然宝物的估价。然而，即使是赝品，更早的时代也能被视为更有价 114
值；随着时间的流逝，它可能会改变类别，获得其自身的真实性，并在市场上获得可行的位置。[1]我们将看到，这种类别上的模糊性是一种优势，让物品在地方、区域和大陆等各层面被接受，进入经济领域并产生影响。

珍珠与多数名贵商品一样，刺激人们寻找更实惠、更易得的替代品。最早生产替代品的迹象，出现于上古时期。在真正的珍珠见于考古记录之前，公元前4000年的上埃及就有从珠母贝上刮下来的附贝珍珠。[2]在这个例子中，人类使用替代品显然早于使用珍珠原型，这种异常现象可以用珍珠的脆弱性来解释。

随后的几个世纪中，寻找替代品的方式越来越新颖。将异物插入牡蛎，牡蛎即用珍珠层将之覆盖，因而产生养殖珍珠，这是公元9世纪以来中国人熟知的技术。[3]尽管这无疑是一项技术成就，但在前现代时期，养殖珍珠的经济意义有限。更重要的是人工制造。尽管有迹象表明这项技术可以追溯到汉代晚期，但最早见于记载的是公元7世纪的炼金术手册中的两种方法，都是以珠母贝为基础制造的。[4]随后不

---

1 Lowenthal 1992, 189–90.

2 Donkin 1998, 42–44.

3 Needham 1971, 674–77.

4 Sivin 1968, 212–13; and Needham 1971, 677–78.

久，唐朝将类似的方法用于工业化生产人造珍珠，以满足不断增长的需求。[1] 接下来的几个世纪里，中国人继续为富裕程度较低的消费者生产这种珍珠。1419 年帖木儿帝国派往明朝的使臣，用波斯文记载中国艺人所佩戴的人造品种（*mavārīd-hā idarūghī*），明确区别于精英们展示的“名贵大珍珠”。[2] 汉文的“珠”通常以“真”或“珍”两个字作前缀，这告诉我们人造品种在中国国内市场占有重要地位。

中国的人造珍珠很快也在国外市场站稳了脚跟。11 世纪上半叶，比鲁尼述及伊斯兰地域越来越怀疑许多中国珍珠是人造的。[3] 很明显，此时商人试图用人造珍珠来假冒真品，并取得了一些成功。但是，随着时间的流逝，人们接受了它们的本来面目——精心制造的仿制品。它们在外国日益被接纳，其产量为俄罗斯商人阿凡纳西·尼吉
115 丁（Afanasii Nikitin）所记载。1475 年，他在印度西部旅行时，被当地人告知，在中国（Chīn）南方，“他们制造（*delaiut*）最优质的珍珠，全都价格低廉”。[4]

最早关于中国境外出产人造珍珠的记载，见于公元 636 年成书的《周书》。书中指出波斯产“珍珠、离珠”，[5] 后者的字面意思是“不及珍（真）珠”。在伊斯兰时代，它们是由珠母贝、汞、滑石粉和其他成分制成的，据比鲁尼称，多数是有意的伪造品。[6] 公元 9 世纪的阿拉伯商

---

1 Benn 2002, 104–5.

2 Ḥāfiẓ-i Abrū/M, 35 and 56.

3 Al-Bīrūnī/K, pt.II, 23.

4 Nikitin, 82.

5 *ZS*, 15 and 80 (17a).

6 Al-Bīrūnī/K, pt. II, 22–23; and al-Bīrūnī/B, 99, 113, and 129. Cf. Donkin 1998, 261–63.

业手册也表明，它们在整个西亚享有利润不菲的市场份额。书中还解释说，人造珍珠会浮在水上，真正的珍珠会下沉。[1]

人造珍珠进入内亚地区时，可能遇到了类似的反应。显然，它们很受欢迎：前蒙古时代整个西部草原的墓葬中，金银首饰上的铅玻璃珠是很常见的。这告诉我们，这些替代品是精英人士使用的，而不仅仅是平民百姓。[2]这些替代品绝大部分是从定居国家进口的。但是随着蒙古帝国的到来，工匠被调遣迁徙到草原上，制造了很多珍珠。哈剌和林当地的产业之一是生产球形和椭圆形的白色玻璃珠，以替代真正的珍珠。[3]

但在这方面，不仅珍珠如此，所有的宝石、次等宝石都有替代品。这样的技术，与珠宝业紧密相关。宝石的“提升”是工艺的内在组成部分，因为宝石的镶嵌得当及审美语境都非常重要。除此之外，还可以用其他矿物衬托，或穿孔和引入着色剂，来增强宝石的光彩。[4]简而言之，珠宝商拥有一套提高其产品质量的技术，其中许多被认为是正当的。但可以肯定的是，相同的技术也可以应用于创造替代品，这在很早的时候就开始了。埃及第十八王朝（约公元前 1570—前 1304）已经学会仿制从远方进口的青金石（lapis lazuli），后来亚述人开始用铅玻璃仿制自己钟爱的蓝宝石。[5]16 世纪，这些古老的工艺仍然存世，因为欧洲商人通常会在伊斯兰地域和印度次大陆市场上遇到各种“假珠

1 Jāḥiz, 155.

2 Bálint 1989, 152–53 (pls. 63.7 and 10), 200 (pl. 89.1–3), and 246 (pl. 116.7–10).

3 Levashova 1965, 298–300.

4 Al-Bīrūnī/B, 41, 71, 80–81 and 91.

5 Lucas 1934, 347–48; and Thompson 1936, 133–34 and 195.

宝”，他们谨慎地将它们当作低档珠宝购入。[1]最有名的是南印度的珠宝工匠，据早期葡萄牙观察者判断，他们非常擅长抛光、镶嵌真宝石，以及生产高质量的“假宝石”。[2]

116 珠宝商是替代品和假冒品生产的主要参与者，而“假珠宝”（如人造珍珠）的开发和传播则与炼金术密切相关。从中国到地中海的炼金术士除了实现其主要目标——寻找长生不老药以及将贱金属转化为黄金，还学会了制造各种人造宝石。[3]而且，这一次要工作显然很快就被宝石工匠和商人接手，他们取得了可观的商业成就，因为市场上反复出现有关假货流行的警告。最早发出有关该行业警告的人，普林尼是其中之一，他说不诚实的制造商使用玻璃、琥珀和其他材料来大规模假冒绿宝石、蛋白石和其他许多宝石。他针对每一种宝石测试重量、硬度和反射率，将天然宝石与人造宝石区分开。[4]中古时期，比鲁尼发出了同样的警报，并提供了有关人造宝石制造的详细信息。[5]公元10世纪的阿拉伯书志学家纳迪姆（al-Nadīm）记录了炼金术士的积极参与。他记载，一位著名的珐琅和玻璃制造专家伊斯哈格·伊本·努赛尔（Isḥāq ibn Nūṣayr）撰写了一部名为《名贵珍珠的制造》的书。[6]

在现代早期的中国，伪造宝石的情况也很普遍，其基础工艺技术迅速传播，许多情况下是通过印刷媒介。[7]有趣的是，正如我下面讨

---

1 Fryer, II, 363; and *AM*, 248 and 255.

2 Lach 1965, 374 and 403.

3 Needham 1962, 112–13; *ʿA-D*, 174 and 483; and Ibn Khaldūn, III, 230.

4 Pliny, XXXVII. 51, 79, 83–84, 98, 112, and 197–200.

5 Al-Bīrūnī/B, 83 and 260.

6 Al-Nadīm, II, 867.

7 Song Yingxing, 443–44 and 449; and Clunes 1992, 151–52.

论的那样，从事寻找替代品的产业，似乎都有快速传播的特征。这也有助于解释为什么它们的生产及其所造成的问题这么早就传播如此广泛，最终涵盖了整个欧亚大陆，并覆盖了包括钻石在内的所有类型的宝石。[1]

在中世纪晚期的西方，人们非常关注假冒商品，[2]准确地反映出欧亚大陆其他地区的情况。甚至有人怀疑社会高层圈子中也使用它们。例如，罗马教皇于 1288 年向伊利汗的特使列班·扫马（Rabban Sauma）送上一双珍珠鞋，这位使者的叙利亚语旅行记中特意指出它们是“真的”。[3]这种谨慎和怀疑，确实是有原因的。从同时期的欧洲商人通行费中可以看出，大量假宝石（*lapidum falcium*）流通于世，其中一些品质足以进入皇家收藏。[4]

所有这些都引出了关于炼金术活动和目标的真实范围的问题。李约瑟（Joseph Needham）认为，假冒宝石在地中海世界工商业中的盛行，很可能与叙利亚地区玻璃的早期发展以及希腊化时期炼金术相关 117
的“模仿”目标和过程有关。[5]随后的几个世纪里，这些技术对于在欧亚大陆西部制造假宝石具有不可否认的重要性，需要我们对炼金术历史地位的一般认识略作调整。尽管我们习惯于接受炼金术作为现代化学的先驱，但其作用不仅如此。被非专业人士忽视或者至少是未充分理解的是，许多工艺技术隐藏在炼金术中，作为保护商业机密的

---

1 Laufer 1915a, 41–42.

2 Mandeville, 119.

3 *MKK*, 196.

4 *MTMW*, 138; and Holmes 1934, 195–96.

5 Needham 1970, 154–55.

一种方式，因此它替代了版权法和专利法。例如公元9世纪的科普特（Coptic）炼金术，主要关心的是寻找昂贵染料如骨螺（murex）的低价替代品。很多穆斯林炼金术士也写过同一主题的著作。[1]

综上所述，这些证据合在一起，给人以强烈的印象：这种生产是一种常见的、可盈利的产业。这又进一步引发了一个有趣的问题：谁拥有更大的市场份额？真宝石的经销商，还是替代品和假冒品的供应商？从数量上来讲，这是无法回答的，但人们很容易相信一个长期存在的假设：与统治阶级有关的财富和光芒，大多是借助金箔和假宝石产生的。这种欺骗手段是古老的，在公元前三千纪中叶的地中海就可以得到证实。[2]到上古晚期，可疑的货物大量流通，以致引起了远方的注意。《后汉书》谈到大秦（希腊化东方）时记载："诸国所生奇异玉石诸物，谲怪多不经，故不记云。"[3]其作者范晔（398—445）告诉我们，到他的时代，人造宝石的流通量远远超过真宝石。但无论实际涉及的数字是多少，对价格实惠的替代品的高需求，无疑刺激了整个欧亚大陆地方生产中心的增长，而且最终推动了现代低档珠宝业的发展。

寻找替代品，常常受到外来贵重物品的传播的刺激，其影响深远，绝不仅仅局限于宝石和珍珠。尽管几乎每一种昂贵的产品都会引发这样的寻找，但这样做有不同的目的和方法。如我们所见，就宝石而

1 MacCoull 1988, 101–4; and al-Nadīm, II, 856, 857, and 867.

2 Renfrew 1988, 148–49.

3 *HHS*, ch. 88, 2920.

［译者按］此句史料，爱尔森英译为"items of rare and exotic stones produced in this country are bogus wonders, for the most part not authentic and therefore not detailed [here]"，因此下文有人工宝石之说。

言，故意骗人的假货很普遍。就药品而言，伪造是属于另外一种。在药物交易中，国内外市场都遭受了猖獗的欺骗和假冒行为的困扰。最常见的是原产品被大量掺假并稀释，欧亚大陆西部最受欢迎的胃药中国大黄便是如此。[1]另一方面，制成品的替代品价格明显便宜得多。例 118
如，在珠宝首饰的制造中，替代品的数量肯定超过了假冒产品。因为贵金属难以仿制，所以像金箔这样用于降低生产成本的技术立刻就出现了。[2]

为了说明这些做法的广泛分布和重要影响，我们可以举出两种广为行销的中国奢侈品：陶瓷（尤其是瓷器），以及在伊斯兰地域被称为基姆喀（*kimkhā*），而在欧洲被叫作卡莫卡（*camoca*）的一种织物。

从阿拔斯王朝初期开始，中国的装饰器物——陶器、漆器和瓷器就到达了伊拉克和伊朗，此后不久有证据表明其鉴赏水平日益提升。[3]上述器物的大量进口，对精英的品位和生活方式产生了显著影响。随后几个世纪，人们加大了使用本地工匠和材料在国内复制这些商品的努力。结果出现了替代各种中国瓷器的技术创新和本土生产热潮。[4]

格鲁吉亚为这些事态发展提供了有益的例证。在当地，唐、五代、宋时期进口的中国陶瓷对当地的陶器产生了重大影响，在 11 至 13 世纪间刺激了相关产业的蓬勃发展。作为此类产业中的典型代表，他们还借鉴并改良了拜占庭和伊朗开发的本地材料和区域技术，以生产中

---

1 Nappi 2009, 41–44; and Karimov 1991, 141–42.

2 关于金箔，见 Shiba 1983, 97。

3 Al-Shīrāfī, 44–45; and al-Bīrūnī/B, 211–12.

4 Stanley 2010, 107–15.

国风格陶瓷如著名的唐三彩的替代品。[1]

公元9世纪中叶，阿拉伯语史料中首次提到瓷器。它在伊斯兰东方引起了特别的关注。人们试图参透其深层秘密，并在本地制造可以比拟的或者相同的产品。这种情况下，穆斯林技术人员取得了一定程度的成功。在某些地区，蒙古时代已为这些工作取得了重大进展。李志常1221年称赞邪米思干（撒马尔罕）生产的瓷器“有若中原定磁者”，即北宋和金代备为推崇的定窑瓷器。[2]这种象牙色或米色的瓷器受到蒙古人的欢迎，哈剌和林出土过几件这种风格的用旧了的碗和盆。[3]

成吉思汗家族为模拟和更新当地替代品的生产提供了更多的动力，因为大量的元代瓷器从菲律宾出口到波斯湾和非洲东部的沿海市场。[4]这种影响也在陆地上发生。金帐汗国为这些模仿产业在草原地区的分
119 布提供了有用的材料。伏尔加河流域城市的14世纪地层中，考古发现了进口的瓷器，包括中国瓷器和更加少见的高丽瓷器。还发现一件中国瓷器形制的瓶子，上面有中国图案和阿拉伯文铭文，被认为是一位伊朗大师模仿中国原型的作品。[5]这个案例中，进口原件、进口替代品、本地产的替代品共存，并在同一个市场中竞争。这种情况激发了新的仿造尝试。

在伊朗，这种努力在后来的几个世纪一直持续，并取得了相当大

---

1 Lang 1966, 143–49.

2 Li Zhichang, 347; Li Zhichang/W, 107; and Rawson 1984, 82–85 and figs. 63–65.

3 Elikhina 2010, 45; and Erdenebat et al. 2010, 57 and 59.

4 Gerritsen 2012, 267–72.

5 Fyodotov-Davydov 1984, 126, 195, and 238.

的成功。很有趣的是，在大城市和省级小城镇中皆如此。[1]当然，并非所有的仿制努力都得到承认，失败和欺诈也见于记载。[2]即便是这样，对中国青花瓷的迷恋和仿制的尝试，仍遍布整个欧亚非大陆。瓷器的吸引力是多种多样的，这解释了为什么瓷器在如此广阔的领土上受到欢迎并发挥多种功能。[3]

但是，瓷器除了实用性和美观性之外，还具有另一种对古代人极具吸引力的品质，而最近的学术研究却没有给予足够的重视。正如伯希和（Paul Pelliot）在数十年前所论，中世纪欧洲所用 *porcelain*, *porcellana* 等词的本义是贝壳，转义为陶瓷，因为基督教和伊斯兰世界普遍认为贝壳是陶瓷制造过程中至关重要的成分。不过，更重要的是随之而来的传说，认为贝壳以及瓷器具有过滤杂质及中和毒物的能力。[4]尽管这些观点不准确，我们也必须承认瓷器配得上一种有效抗毒素的声誉，因为它很少有凹坑和裂缝——可以滋生引起食物中毒的细菌。因此，与远东地区的许多产品一样，瓷器具有特殊的拯救生命的能力，这一卖点进一步提高了远西地区对瓷杯的需求。

瓷器的多重吸引力无疑激发了许多仿制项目，最终梅森（Meissen）的工厂取得了突破。[5]外国奢侈品的诘难，以及对价格实惠的替代品的寻找，又一次刺激了本土创新、生产和消费，影响了地方和区域经济。但重要的是我们得理解，经济活动的催化剂不仅是重大突破，更是原

---

1 *CP*, 224; Wulf 1966, 149–50; and Christensen 1993, 173.

2 Al-Bākuwī, 28 and 12b.

3 Pierson 2012, 9–39.

4 Pelliot 1959–73, II, 805–12. 亦见 Wheatley 1961, 83, and al-Bākuwī, 20 and 8a。

5 Finley 1998, 141–87.

120 始努力。拉施特在其1309—1310年成书的农业手册中讨论葫芦，记载在亚兹德（Yazd）和伊斯法罕（Iṣfahān），“他们以中国瓷器（*ālāt-i khitā'ī*）的方式给葫芦上色，将它们变成酒杯”。[1] 因为这些产品显然不是真的瓷器，价格有限，所以它们的生产告诉我们，即使是外国流行的奢侈品所促成的低端替代品，也可以吸引较贫穷阶层的注意力，并在当地的经济和市场中占有一席之地。

我们的下一个案例研究的是一种织物。阿拉伯—波斯语称之为“基姆喀”（*kimkhā*，*kamkhā*，*kimkhāb*，*kamkhāb*），应该都源自汉语“金花”。它至少最初是织有金丝图案的锦缎。[2] 这种织物在公元5世纪首次被提及，是内亚女性头饰的覆盖物。[3] 直到蒙古时代，穆斯林资料始终将其描述为从中国进口的商品。[4] 但是有确凿的证据表明，其制造也在缓慢地向西移动。佚名的波斯语地理书《世界奇观》（*ʿAjāʾib al-Dunyā*），成书于蒙古人第一次入侵伊朗的1220年，记载基姆喀是巴格达和大不里士的重要产品之一。[5] 不久后，它被赵汝适记为大秦（伊拉克）土产，称为“花锦”。[6]

蒙古人来临之前，伊斯兰世界已经在本土生产基姆喀了。但我们有理由相信，他们的到来进一步扩大了它的规模。14世纪有文献记载，高质量的基姆喀一般产于伊利汗国，又提到一个新的地方你沙不儿

1 Rashīd/S, 189.

2 Pelliot 1959–73, I, 145–50.

3 *TYH*, 17.

4 Thaʿālibī, 141.

5 *ʿA-D*, 106-07, 184, 193, 409, 492, and 499.

6 Zhao Rugua, 81 and Zhao Rugua/H, 103. Cf. Laufer 1967, 539.

（Nayshapūr/Nishapūr）。此后不久，孙丹尼牙、撒马尔罕和突厥斯坦其他地区也被添加到名单中。[1]我们完全可以想象，帝国初期迁往伊朗的中国织工可能对其传播有贡献，因为蒙古人常常在他们的帝国内部迁移技术人员，包括成千上万的穆斯林织工被强迫迁往东亚。[2]

无论如何，这些政策都指向了这一刺激方案的另一条可行途径。这条途径以赫拉特为中心。[3]1221 年，该城市最初被占领之后，蒙古人将 1000 户织工迁往天山北麓畏兀儿的夏都别失八里（Besh Baliq）。在他们迁入的这一地区，纺织品生产已成为国内经济和商业经济的稳定分支。此外，这个地区是一个真正的十字路口，当地纺织传统经常受到中国和伊朗的影响。[4]因此，1230 年代末，窝阔台下令送 50 或 100 名织布工回赫拉特，帮助重建这座受损的城市，那些返回的人已经接触了畏兀儿人的融合性装饰和制造技术近 20 年。这种情况下，赫拉特 121
充当欧亚大陆东半部有关纺织品生产的最新信息管道，就不足为奇了。将你沙不儿的基姆喀生产的引入与赫拉特的刺激联系起来也很容易，因为这两个地方都位于呼罗珊地区。

蒙古时期在伊斯兰土地上生产的基姆喀的数量未知，但至少有迹象表明其量级很高。拉施特在他的农业手册中详细描述了亚美尼亚和阿塞拜疆生产的大量红色染料（*qirmiz*），这些染料在制造基姆喀时用

---

1 Ibn Baṭuṭṭah, II, 446, and III, 548; ʿUmarī/L, 27, 97, 100, and 156; Clavijo, 287, 327, and 353; and Mukminova 1976, 70 ff.

2 Cf. Serjeant 1972, 69.

3 Allsen 1997, 38–41.

4 Tikhonov 1966, 82–84; and Litvinskii, ed., 35–74.

于染色。[1]由于这种染料长期以来一直是伊朗和外高加索纺织工业的主要原料，可以肯定地说，基姆喀的生产与其他本地制造的织物相比具有广泛的竞争力。

对这种织物需求的增加，更普遍地反映在其商业可用性的扩大上。1364年威尼斯与特拉比松签订的希腊语条约中，列出了一系列织物，其中一种叫作“库立卡尔塔”（*kulicarta*），此名源于汉语“骨立”（坚固、耐用）和“花儿”以及蒙古语所有格后缀 *-tai*。它们组成的复合词 *goli quartai*，意为“耐用的有花纹的［丝质材料］”，与汉语“花锦”一词有关，因为蒙古语动词 *quarla-* 意为绣花。[2]这种织物的蒙古语名称为特拉比松以外的欧洲商人所熟知。特拉比松与伊朗、黑海和金帐汗国之间有着活跃的商业联系。这给人留下强烈的印象：整个帝国的西半部对基姆喀的需求量很大。

它在远西地区日益被接受，1320年代也有证据。裴哥罗梯记载，卡莫卡丝绸（*cammucca de seta*）在中国、君士坦丁堡、法马古斯塔（Famagusta，在塞浦路斯）、墨西拿和热那亚有售，并以热那亚银币给出了中国品种的价格。[3]此外，马可·波罗在他1324年去世时，列出了五种卡莫卡（*chamocha*）。三年后，爱德华三世（Edward Ⅲ）为其加

---

1 Rashīd/S, 208.

2 相关语言学分析，见 Theodoridis 2002, 249–57。Cf. Jacoby 2003, 140–41, and Lessing 1960, 993.

［译者按］“骨立”一词，见 Theodoridis 文中引 Robert Henry Mathews, *Mathews' Chinese-English Dictionary*, Revised American edition, 1969, p. 517；英译：“stiff-of cloth”。

3 Pegolotti, 23, 36, 79, 109, and 216; *CWT*, III, 155; *MTMW*, 358; and Lopez 1952, 74–75.

冕典礼购买了许多色彩绚丽的卡莫卡（英语称 kincob）。[1]

考虑到马可·波罗的人脉和生涯，我们可能会怀疑他的部分或全部卡莫卡都是中国制造的，但是到了这个时候，中国原产和伊斯兰仿制已不再是欧洲仅有的选择。在那里，通过创造适合当地口味和购买力的基姆喀，逐渐出现了独立的产业。实际上，这是西方纺织产业的长期趋势。正如大卫·雅各比（David Jacoby）所揭示的，从上古到中
古，精英时尚所推崇的昂贵的进口布料，经常在当地被模仿。这种低 122
价化，需要将丝与成本更低的纤维混合，使用更便宜的着色剂（由炼金术士提供），并用绣花设计代替机织。这些努力，不仅为低端市场提供了最新的款式，而且令节省成本的生产方法在地中海地区迅速扩散。[2]雅各比记载，意大利进行了这种调整。14 世纪初意大利的卡莫卡产量之高使他们开始减少从东方进口，而其质量之高使当地消费者难以区分二者。到这个世纪末，伊斯兰地区成了意大利制造的卡莫卡的一个接收市场，而以前那里生产的替代品是出口欧洲的。[3]

这个漫长过程的最终结果是这种织物类型的变体形式出现了。它们都有相同的名称，差异是现代的基姆喀分类为织锦（brocade）、坎帕斯（campas）或锦缎（damask）（单色或彩色），或者简单地称为中国丝绸。但最常见的是一种花样丰富或装饰精美的织物，其基础材料正常情况下是（但不限于）丝绸，并且通常用金银线织或绣出花卉

---

[1] Marco Polo, 556–57; and Monnas 2001, 7–8.

[2] Jacoby 2004, 209–12 and 216–22.

[3] Jacoby 2003, 140–42; Jacoby 2007, 30–31; and Jacoby 2010, 78–81.

图案。[1]

的确，整个欧亚大陆，不同的纺织品类型都在缓慢而不断地进化，由装饰图案、基础材料和编织结构的不断变化来实现。随着时间的流逝，这些变化合起来导致了广泛的适应性和融合性。换句话说，这种变体不断出现。[2] 而且，正如学者所指出，某些情况下，这是制造商和中间商有意识加快速度完成的，他们不断努力寻找低成本替代品，以满足本地和区域市场不断变化的需求。

“金花”（*kimkhā/camoca*）标签的保留和广泛使用，不仅仅是一个习惯或传统问题，也是一种营销技术，现在称为“品牌战略”。最重要的是，这种手段将本地产品与国外进口的无懈可击的血统联系了起来。这种形象在伊斯兰和基督教世界建立并不断巩固，因为它们在本国精英中流行，而且在描述远方辉煌的宫廷时被提及。[3]

当时，欧亚大陆上没有哪个宫廷能像元朝那样以富丽而闻名。那里的纺织品享有无可争议的优越性，因为只有最高级别的一、二品官
123 员才可以穿着“浑金花”，[4] 即完全由金花锦制成的服装。元朝宫廷的魅力反过来又与它对中国的控制息息相关。中国因各种人工产品无与伦比的卓越性而广为人知。蒙古时代西方基督教世界也接受了穆斯林表达的一种观念，即中国人在制造所有东西时都有“两只眼睛”，而所有

---

[1] Yule and Burnell 1903, 484–85; Pelliot 1959–73, I, 146–47, Slovar 1975–, VII, 48–49; Monnas 2001, 7–8; and Serjeant 1972, 150 and 248.

[2] 关于编织结构的分析，见 Gasparini 2012, 1–19。

[3] 见 *CWT*, III, 98–99; Clavijo, 328; and Fletcher 1968, 213。

[4] *YS*, ch. 78, 1942.

其他人都是"一只眼"或"盲目的"，这种说法可能在汉语中有先例。[1] 信息的特殊性及其跨大陆传播的统一性，令人信服地证明欧洲在很大程度上透过穆斯林的棱镜观察中国。

这一数据引出了几点具有更广的历史应用价值的补充假设。

降级，适用于所有类型的产品。这解释了在区域和本地市场上可见的商品类型（而不是质量）为什么经常与宫廷和精英人士的时尚品物平行。[2]

在没有专利和版权法的情况下，风格和品牌名的挪用很普遍，而且经常针对受欢迎的进口商品。莫卧儿皇帝阿克巴尔（Akbar，1556—1605）的秘书阿布·法兹勒（Abū'l Faẓl）描述古吉拉特邦的产品，如实记载那里"也仿制土耳其、欧洲和波斯的产品"。[3] 显然，他不认为这种做法异乎寻常，有悖诚信或者与传统不合。

各种替代品和假冒品定期进入市场，并且大量存在于市场中，打破了关于长途贸易的传统假设。因为它主要是针对社会上层的贵重物品，对当地经济没有明显的影响。相反，外国模型经常创造新的消费领域，刺激新的制造技术和新的本地产品的传播，在领军行业（珠宝首饰、餐具和织物）中同样如此。这强力支持了一个结论：替代品的生产构成了前机器时代工业经济的主要组成部分。

---

1 ʿUmarī/L, 33 (原文), 113 (译文); Allsen 2009, 152–53; and Nappi 2009, 41.

2 Cutler 2001, 260–78.

3 Abū'l Faẓl, II, 247.

第十二章　陆路与海路

长途商人如马可·波罗家族，经常使用陆路和海路交通。他们的决定取决于对天气、战争、商业可能性和政府政策的整体考量。除了风和天气外，其他因素往往可以协商或者绕开。例如，尽管中国传统上坚持所有来访的个人和使团离开时必须走入境时的口岸（无论是内陆还是沿海），但商人还是设法避开了这些规定，选择了最适合其当下需求的离境路线。[1]要做到这一点，他们当然得到了腐败官吏的帮助，但也许更重要的成功因素是个性化信息网和商业邮驿提供的最新情报，其传递速度是官方通讯系统无法比拟的。[2]

尽管商人普遍使用这两种选项，但海上贸易与陆上贸易之间的关系仍未得到应有的重视。其原因有几个，最重要的是，草原与海洋呈现出一种分离的趋向。一般的假设是，来自南方海洋的影响没有到达内亚。这对于气候的影响力而言是正确的，但对商业和文化互动却并

1　Kauz 2010b, 159–71.

2　关于穆斯林中间人，见 Goitein 1964, 118–23。

非如此。[1]另一个相关的困难得归因于传统的学术分工，草原历史和海洋历史被视为各自独立的领域。

我的意思不是说没人注意过它们之间复杂的相互关联；而是说，关于陆上贸易的专门研究或关于海上贸易的专门研究数量之多，令关于二者相互关联的研究相形见绌。最近几十年中，针对互联问题的高质量研究已经出现，探讨了一些相关问题：进出海洋贸易的天然产品和制成品的起源和目的地；海洋和陆上贸易量是同时增减，还是彼此 125
独立；以及探索欧亚大陆区域经济之间多重联系的重要性，而不是将欧洲经济结构特征与亚洲经济结构特征进行简单、静态、过度均质化的比较。[2]此种研究裨益甚多。对亚洲内部贸易方式的进一步考察，将有助于确定是哪些基本组成要素使蒙古人能够建立联结陆地和海洋的跨洲际网络。

如果不详细说明和论述这些连接，就无法确定世界体系（至少是旧世界体系）的有效性、性质和动态。为了实现这一目标，基本问题之一是数据和史料的问题。首先，有大量信息直接记录了两个运输系统之间的关键联系。我们从文献和考古学证据得知，整个中古时期，波斯湾的主要贸易中心西拉夫（Sīrāf）、基什和霍尔木兹通过商队路线与伊朗、伊拉克和黎凡特的较大城市相连。其中一些路线是由具有广泛海上利益和承诺的商人王开发及资助的。[3]

1　Cf. Hambly 1966, 1.

2　相关例证见 Tampoe 1989, 129–50; Yokkaichi 2008, 73 ff.; and Barendse 2000, 183 and 194。其他例证见下文。

3　Aubin 1969, 21–37, 36（地图）; Williamson 1973, 61; and Ashtor 1983, 323 and 397–98.

马可·波罗对霍尔木兹的描述，很好地说明了其遥远而多样的联系：“而且我告诉你，所有商人都是从印度各地乘船来到那里，带来了所有的香料（*spiceries*）和其他商品，包括宝石、珍珠、织金和其他颜色的布料、象牙，还有许多其他器物。在那个城市，商人们将它们出售给其他许多人。这个城市本身也有商人，将它们运送到全世界，卖给其他商人。”[1]

中国人也很清楚这些联系。13 世纪初，赵汝适报道，每年骆驼商队将加工过的货物从内陆带到港湾，然后装载上船，运往“记施国”（今基什）。[2] 15 世纪初，马欢观察到忽鲁谟斯（今霍尔木兹）的情况：“各处番船并旱番客商，都到此处赶集买卖。”[3] 此后不久，1442 年经行这座港口的撒马尔罕迪（‘Abd al-Razzāq Samarqandī）再次列出了与霍尔木兹有商业联系的遥远国家的名单。最有帮助的是，他将货物分为两类：来自东南亚、印度、锡兰、马尔代夫、阿拉伯和非洲东部的海上货物，以及通过陆路与埃及、叙利亚、罗姆、外高加索、伊拉克、伊朗、中亚河中地区（Transoxania）、突厥斯坦、钦察草原、准噶尔盆
126 地（Qalmaq）和华北地区交易的货物。[4] 由于其宽广而迢远的陆上联系，霍尔木兹附近地区供应大量骆驼就不足为奇了。[5]

因此，有充分的证据表明，陆上和海上的利益方（地方统治者、商人、牙侩、运输者和商队）将这两个体系视为互补的和互动的。

---

1 Marco Polo, 123.

2 Zhao Rugua, 108–9; and Zhao Rugua/H, 134.

3 Ma Huan, 165.

4 *CP*, 300.

5 Ma Huan, 171.

更普遍地看，大国的商业政策和政治优先权，也让我们得出相同的结论，而且能证实这种情况早就存在。正如尼娜·皮古列夫斯卡亚（Nina Pigulevskaia）几十年前所认识并论述的，公元4世纪至6世纪初，拜占庭人和萨珊人激烈而持久地竞争，以控制通过陆路和海上而来的中国丝绸；导致了美索不达米亚和高加索地区的直接对抗、阿比西尼亚（Abyssinia）和红海的代理人战争，以及外交使团深入亚洲。[1]不那么引人注目但同样令人信服的是，宋朝积极参与并促进了海上和陆上贸易，它被正确地视为其时代的主导性经济力量。[2]

除了制度、基础设施和政府政策，海洋产品贸易还可以为我们提供更多有关两大体系整合的信息。毕竟，龙涎香（一种抹香鲸的排泄物）和麝香（内亚鹿类腺体提取物）是香水的重要成分，而香水是西亚商业中极受重视的特产，因此二者合起来成了王侯的赠礼。[3]同时，印度洋的贝壳也很有启发性和说服力。这种贝壳在中古后期波罗的海地区作为一种贴身饰物备受推崇。[4]更重要的是，这些贝壳在欧亚非大陆的许多地方用作货币，本章稍后将在不同的背景下讨论这一主题。

更直接的则是，关于珊瑚和珍珠进入欧亚内陆的记载之多，令人惊讶。它们是最显见的海洋产品，为两个商业圈子之间互联的时间顺序和动机提供了指引。

优质珊瑚的主要来源是地中海中部，由于其饱满的红色而在整个

---

1 Pigulevskaia 1951, 266, 274, 388, and 393–97.

2 Sen 2003, 219–20.

3 Schafer 1963, 157–60 and 174–75; and al-Ṣābi', 79.

4 Noonan 1983, 239–43.

上古和中古时期都广受赞誉。[1]第二个来源是红海，在后来的几个世纪中越来越被接受。[2]珊瑚在锡兰、马来亚、中国和日本附近也可以获得；显然，在这些地区，偏红的色调也是首选。这有力地说明了，地中海珊瑚决定了其他所有珊瑚的估价标准。[3]

127 公元前 2 世纪就有远距离海上贸易的明确记录，当时地中海珊瑚已经出口到印度。这种活跃的交通一直持续到穆斯林时代。[4]此时，珊瑚以枝、串、袋、盒的形式出售，贸易遍及西亚和南亚。[5]到唐代，中国人已经充分了解地中海使用金属龙网捕捞珊瑚的技术。[6]这能很好地说明这种商品在整个欧亚大陆的重要性。

珊瑚的运输主要沿海上路线从西向东，也向北稳步移动。公元前 2 世纪，阿富汗北部的希腊化巴克特里亚城市阿伊哈努姆（Ai-Khanum），发现了刻有印度风格图案的地中海红珊瑚。几个世纪以后，花剌子模及其周边地区也常见粉红色的珊瑚珠。[7]地中海珊瑚继续在内陆发展，并在中古时期到达克什米尔、吐蕃、于阗、回鹘和西夏王国。[8]从其商

---

1 Pliny, XXXII. 21–22; and al-Bīrūnī/B, 178 and 180.

2 al-Bakuwī, 54.

3 Schafer 1967, 159; Clark 1986, 26–28; and Rockhill 1915, pt. III, 383–84, and pt. IV, 624.

4 Ray 1998, 77–78; *PME*, 67 (28), 75 (39), 81 (49), and 85 (56); *Ḥ-ʿA*, 86; and al-Shīrāfī, 132–33.

5 *LMJT*, 88, 107, 118, 215, 247–48, 281, 284, and 286.

6 Schafer 1963, 246–47. Cf. *MREAS*, I, 151, and Rockhill 1915, pt. V, 624–25. 关于地中海的珊瑚产业，见 Arbel 2004, 58–60。

7 Rapin 1996, 40; and Tolstov and Vainshtein 1967, 151–52, and 331, pl. 18.9–12.

8 Bailey 1982, 14; Bailey 1985, 73; Marco Polo, 140 and 272; Terent'ev-Katanskii 1993, 79–80 and 176; and Pinks 1968, 25, 26, 28, and 97.

业扩张的时间顺序来看，很明显海路和陆路的传播大致是同时期的。这支持了一种观点：从公元前欧亚交换网络首次出现的几个世纪开始，两大体系就具有互动性和互补性。

蒙古人也很早就对珊瑚产生了兴趣。1222 年，阿富汗北部的蒙古军官在“从西方回来的人们”那里购买了 50 支珊瑚，肯定源于地中海。[1] 在哈剌和林发现的红色珊瑚珠，看来也具有相同的来源。[2] 后来，在元朝治下，珊瑚被用于封印宝物、圣旨和宗教文献。[3] 据约 1345 年的一份意大利文件记载，金帐汗国对地中海珊瑚的需求也很稳定；它在当地出售时使用威尼斯重量单位迈纳（*mena*），等于 8 磅，说明销量很大。[4]

后帝国时期，蒙古人的购买力急剧下降，男性、女性的个人装饰品都从海水珍珠变成了价格更便宜的珊瑚。[5] 在后来的几个世纪中，红色品种甚至仍保持着卓越的地位。[6]

珊瑚的吸引力是多种多样的：就像珍珠一样，它也来自一个陌生而遥远的环境，在欧亚大陆的主要文化地区具有美学、药用和魔法的

1　Li Zhichang, 344; and Li Zhichang/W, 103–4.

2　Levashova 1965, 306.

3　Yang Yu, 15a.

［译者按］杨瑀《山居新语》卷二原文：“皇元累朝即位之初，必降诏诞布天下。惟西番一诏用青纻丝，粉书诏文，绣以白绒，穿珍珠网于其上，宝用珊瑚珠盖之。如此齎至其国，张于帝师所居殿中。”

4　*MTMW*, 153.

5　关于蒙古人缺乏珍珠，见 *PRDK*, 45 and 56。

6　Timkowsky 1827, II, 294 and 309; Przhevalskii 1876, I, 49; Rockhill 1891, 59, 184, and 282; Rockhill 1894, 69, 103, 234, 253, 273 and 284; Khabtagaeva 2003–4, 141–43 and 145; and Boyer 1952, 22 ff.

功能。[1] 还必须加上它与佛教的密切联系。珊瑚是"七宝"之一。在中国文献中，珊瑚经常与摩尼珠一起，作为献给佛塔、庙宇和寺院的适
128 当礼物和饰物。[2] 凡是佛教传播到的地方，珊瑚随之而来，其神圣性提高了需求量。

可以说珍珠也是如此。它们也是通过陆路和海路而来；与宗教的密切联系，增加了它们的光芒和价值。游牧民族最初大量获得珍珠，地点实际上正是靠近佛教诞生地的北印度，时间可以追溯到新信仰发展和扩张的最初几百年。

佛教提高了珍珠在其信徒中的宗教和商业价值，是可以理解的。更重要的是认识到，佛教在非佛教徒中同样做到了这一点。[3]

其他世界性宗教进一步促进和加强了珍珠的神圣化。对于东方基督徒来说，珍珠象征着信仰，装饰着他们最神圣的物品。聂斯脱里派传统中以圣经"重价的珍珠"为基础的故事，类似于西方的圣杯传说。[4] 在摩尼教最东的聚居区，前蒙古时代的一件回鹘文文献提到"*yenchüglüg monchuglar*"，既可以翻译为"珍珠项链"或"珍珠护符"，也可以在两种意义上被当时人理解为一种佩戴在脖子上的引人注目且具有宗教保护能力的物件。[5]

珍珠进入草原地区，与游牧民族对珠宝的强烈依恋紧密相关。这

---

1 Laufer 1967, 223–25; Wheatley 1961, 77–80; al-Bīrūnī/B, 177; and Samarqandī, 119, 140, 144, and 150.

2 *BS*, ch. 97, 3230; Rong 2004, 27 and 34; and Ennin, 233 and 255.

3 见 Liu 1988, 54–58, 92–94, 160–62, and 166。

4 Theophylact, IV. 16.22 and V. 1.8; Matthew 13.45–46; Donkin 1998, 92–93; and Colless 1969–70, 27– 29.

5 *TTT*, II, 423, lines 11–12.

一问题需要进一步考察。游牧民族受到这种装饰形式的吸引，很容易解释。四个相互联系的原因，支撑起他们的偏爱。首先，它易于运输；其次，在定居社会和宫廷中陈列的各种各样彰显地位的商品中，珠宝最容易适应游牧民族移动的生活方式；再次，珠宝和宝石由于具有普遍的吸引力，因而成了一种跨文化语言，可以快速而准确地传达有关个人和集体的地位、财富和权力的信息；最后，而且经常被忽视的是，珠宝可以回收利用：宝石本身可以被移除，贵金属可以被熔化，作为原材料可以被制成新的饰物。很少有其他经过文化性加工的产品能够如此经得起逆向设计。

这并不是说所有人都有相同的品位。作为讨论的起点，重要的是认识到，高档商品的区域偏好和超区域偏好的区分边界，是令人惊讶地古老且极其稳定，在某些情况下可以持续上千年。[1]欧亚大陆东部的历史、地理和贴身装饰类型显然可以证明这一点，也表明中国人与其游牧民邻居之间存在根本差异。[2]商代和周代（约公元前1500—前 129
221）[3]的中国人认为玉和铜是个人饰物的重中之重，而内亚边疆地区的人们非常青睐黄金或白银作为等级和地位的象征。最受欢迎的是金耳环，见于甘肃和鄂尔多斯的考古发现。它们与中亚西部和西伯利亚的珠宝很相似，可追溯到公元前二千纪中叶。尽管黄金开始输入帝制时期的中国，但玉始终是美、价值、财富和地位的最高体现。

现在我们从类似的视角看欧亚大陆西部的文化史，可以清晰地见

---

1 Sherratt 2006, 38–40 and 44–45.

2 我对其特点的总结，利用了 Bunker 1998, 604–18。

3 ［译者按］公认的观点是，商朝建立于约公元前1600年，周朝亡于公元前256年。

到黄金在装饰性和象征性功能上代替了玉。黄金与众不同，能与太阳相提并论，体现光、坚不可摧、不朽、长寿、价值和纯度等重要宇宙论原理。毫不奇怪，黄金还与帝国统治和合法性相关联。这一观念有久远的历史，为草原民族及其定居邻居共享。

珍珠也是如此。最有提示性的是，在苏萨（Susa）和帕萨尔加德（Pasargadae）发现的数百颗穿孔珍珠，大概是用来做项链的，来自公元前 4 世纪左右，与第一个普世帝国阿契美尼德有关。[1] 更加可以肯定的是，珍珠项链是萨珊王朝皇室的象征，在那一时期的陶瓷和金属器皿上有所描绘。[2] 这些做法很可能在以后的几个世纪中影响了大众的品位。无论如何，中古时期的穆斯林都钟爱项链和念珠，珍珠和红宝石（他们的首选）主导着金属工艺。[3] 后来，这种西方偏好逐渐传播到中国。到唐代，珠宝首饰中所用的宝石种类也还很有限；不足为奇的是，在中国，珍珠与玉平分秋色，而其他的种类实际上被排除在外。[4]

因此，尽管地理位置遥远，蒙古人对名贵商品的口味与西域而不是与中原一致。[5] 这种共鸣，是印度、伊朗与近东的物质和精神文化的某些成分穿越草原传播的结果。上古时期，游牧民族就已参与这种交流，成效显著。

最初，游牧民族的黄金首饰没有镶嵌宝石，只是偶尔镶嵌进口的

---

1 Stronach 1978, 172, 177 and pls. 156c, 159c and 161.

2 Rose 2001, 38, 40, and 42; and Baer 1989, 83–97.

3 Al-Bīrūnī/B, 42, 143–44 and 146–48; *BGR*, §§ 37, 93, and 198; Goitein 1967–93, IV, 203–4, 216–17, and 220; and Ibn Baṭṭuṭah, II, 403.

4 Benn 2002, 104.

5 Allsen 1997, 60–70.

青金石和绿松石。[1]在斯基泰和萨尔马提亚时期的西部草原，首饰主要是项链和耳环，大部分装饰着玻璃珠、彩色石和半宝石。[2]选择这些 130
原材料是可以理解的，因为乌拉尔山脉（尤其是其东麓）的矿石和矿物质含量很高，含有黄金以及各种半宝石，当地人可用之制造工具和饰物。[3]

那个时期的东部草原上，也有相似的首饰风格，主要是男女都佩戴的金耳环，上面悬挂着球状珠子，有些是由珠母贝制成。[4]随后的匈奴时代，从公元前3世纪至公元后的最初几个世纪，有许多考古证据表明，珠子是由各种材料制成的：琥珀、玛瑙、彩陶、玻璃和金琉璃。草原上各处发现玻璃是特别令人感兴趣的，因为玻璃是从叙利亚进口的，这又表明，当时的贸易范围很大，西亚风格的产品经常来到东部草原。从它们作为随葬品的背景来看，其影响的社会范围在扩大，消费者数量也在增加，因为在匈奴社会的中上阶层中流行。[5]

尽管考古清楚地表明了早期草原上有色宝石和人造珠的流行，但也有一些显著的例外被记录下来。值得注目的是，这些例外往往是珍珠。在斯基泰人中，公元前4世纪第聂伯河下游的一位女性的墓葬中发现了一条珍珠手链。最奇特的是，在萨马尔提亚人（Sarmatians）中，公元初期顿河河口的一座墓葬里发现了一顶金王冠，装饰着紫水晶、

---

1 Koryakova and Epimakhov 2007, 249, 307, 310 and pl. 8.2.

2 Treister 2004, 297–321; and Leskov 2008, 47 (fig. 55), 88–89 (figs. 113–14), and 121–22 (figs. 154– 55).

3 Koryakova and Epimakhov 2007, 4, 104, and 281.

4 Rudenko 1960, 211; Rudenko 1962, 42 and pls. II.6 and XX.17; and Aseev 1985, 35.

5 Honeychurch 2015, 65–71; Koryakova and Epimakhov 2007, 247–48; and Kessler 1993, 55 and fig. 35.

石榴石和珍珠。[1] 在东方，彼得大帝时代在阿尔泰收集的斯基泰人古代遗物中，有一枚镶有单颗珍珠的印章指环。[2]

欧亚内陆缓慢而渐进地向珍贵宝石过渡，在贵霜人身上越来越明显。他们最初是游牧民族，在公元后的头几个世纪统治着中亚河中地区和印度西北部。阿富汗北部的皇家陵墓黄金之丘（Tillya Tepe）中发现的许多衣服和一些首饰都装饰着珍珠。有人提出，贵霜人入侵时掠夺了希腊化巴克特里亚诸王国的国库，这种口味的转变就开始了。[3]

随后的几个世纪中，珍珠和宝石稳定地扩散到内亚和草原。这一时期正与跨欧亚交流（现在通常称为“丝绸之路”）的扩展和强化相
131 吻合。文献记载了它们的传播步伐以及功能的扩展。公元 90 年，月氏指挥官在塔里木盆地与汉朝军队作战时，拥有大量散装珍珠供其使用，这是吸引盟友的重要政治货币。[4] 有证据表明 5 世纪和 6 世纪珍珠与宝石成为王室地位的标志。公元 450 年代，欧洲匈人的权势达到顶峰，贵族们佩戴着许多宝石；而阿提拉（Attila）本人，据普里斯库斯（Priscus）记载，随葬的各种宝石和各种类型的装饰品，都是皇家荣耀的标志。其中大多数是掠夺物和外交礼物，出现了一次的“印度宝石”可能是指珍珠。[5]

---

1 Rolle 1989, 88–89; and Rostovtzeff 1922, 135 and pl. XXVI.1.

2 Rudenko 1962, 48 and pl. XXI.28.

3 De La Vaissière 2002, 22–26; Rapin 2007, 55, 57–58, and 60; Sarianidi 1980, 31–41; and Sarianidi 1987, 268–70.

4 *HHS*, ch. 47, 1580.
[译者按] 此即《后汉书·班超传》所载永元二年（公元 90 年）月氏遣其副王谢率军攻班超，以金银珠玉赂龟兹。英文原文作公元 60 年，当为笔误。

5 *FCH*, 249, 285, and 319; and Thompson 1947, 62.

在东方，青藏高原北部青海地区的吐谷浑统治者头发上装饰着珍珠（椎髻毦珠），而中亚河中地区的嚈哒（Hephthalites）王妃佩戴饰有五色珠的罟罟冠。[1]同一时期，吐鲁番高昌的统治者和东部草原的柔然统治者们将珠像（珍珠装饰的像）作为贡品、外交礼物献给拓跋北魏（381—535）。[2]鉴于后者崇奉佛教，这是最合适的礼物。同时，珍珠也具有世俗用途，因为拓跋统治精英通过拥有和炫耀“珠玑”来宣扬自己的地位。[3]

最有帮助的是，长安附近一个埋葬于608年的隋朝小公主的石棺中，发现了一条项链，上有28颗镶嵌珍珠的金质球形链珠；还发现一条装饰类似的手镯。从风格和技术而言，这两件首饰都是拜占庭或者很可能是波斯制造的。[4]这两个例子中的珍珠，都有很大可能性源于西域，即在海湾地区收获，传到了东北亚。

突厥汗国（552—744）是第一个统治整个草原的游牧帝国，这一时期可以找到西域珠宝和珍珠在陆上移动的更多确证。突厥语中的珍珠一词*yenchü*或*yünchü*源于汉语，表明他们最初接触的是东方品种。而汗国在跨欧亚交流中的主导作用，导致西方珍珠的流入日益增长。当然，一种来源是外交礼物。根据一份叙利亚文献，拜占庭人在569年前后开始与突厥人谈判，向他们的可汗送出许多礼物，包括金、银、

1　*BS*, ch. 96, 3186; *XTS*, ch. 221a, 6224; Yang Xuanzhi, 226; and *TYH*, 17 and 47.

2　*BS*, ch.97, 3212 and ch. 98, 3257.
　［译者按］北魏起讫年代一般认为是386—534年。

3　Yang Xuanzhi, 157.

4　Kiss 1984, 33–40; Xiong and Laing 1991, 163–73; and Dien 2007, 268 and 282–83.

珍珠和绚丽的王者服装。[1]新旧《唐书》报道，西突厥统治者曷萨那可汗（603—611 年在位）流亡到唐朝期间，于 618 年向唐高祖献大珠。[2]这再次指向了同一方向。

突厥统治者将其广泛的商业贸易的管理委托给粟特商人。粟特商人从他们的家乡撒马尔罕地区出发，建立了一系列贸易殖民地，从蒙
132 古高原和华北地区延伸到克里米亚。而且由于控制跨洲际贸易是突厥外交政策的优先事项，因此，粟特人也被要求负责处理国际关系。这一立场使他们有充分的机会追求自己的经济利益，并帮助其赞助人塑造宫廷文化。[3]

有关他们对珍珠的兴趣和贩运的记载，散见于史料。正如在艺术与考古学中有据可查的那样，粟特人非常迷恋珍珠，将其称为 *mrγ'rt*。这个词与波斯语、亚美尼亚语和希腊语紧密相关。[4]突厥时代粟特的雕像和壁画描绘了神和人所饰的珍珠，镶嵌在项链和耳环上，缝制在衣服上。[5]此外，唐代中国非常流行的粟特舞者，也戴着珍珠冠。西安附近一个著名的粟特贵族（很可能是一位成功的商人）墓中，守护者的形象佩戴着珍珠项链和耳环。[6]后者可以追溯到公元 580 年，比长安的隋朝公主墓早 30 年，两处墓葬中的首饰非常相似。

---

1 Dickens 2016, 20 and 24. Cf. Menander, 119.

2 *JTS*, ch. 194b, 5180; and *XTS*, ch. 215b, 6056.

3 Cf. Kliashtornyi 1964, 78–80 and 92–103 and de La Vaissière 2002, 222–44.

4 Henning 1943–46, 468; Frye 1951, 142–45; Yoshida 2004, 129–30; and Hex., 164 (195A10).

5 Yang 2005, 31, 45, and 43; Belenitskii 1959, 15, pl. IV, 21–22, pls. XXI–XXII, and 67, pl. XXXIX; and Haussig 1992, fig. 367.

6 Zhang 2005, 94–95; and Grenet 2005, 127, fig.3, and 138.

也许最重要的是，考古证明了商人及其游牧赞助者在这些问题上有着共同的品位：这一时期阿尔泰的突厥贵族石像，有的戴着圈形耳环，其上悬挂着珍珠形球体，与撒马尔罕附近的粟特文化中心片治肯特（Penjikent）和阿夫拉西亚卜（Afrasiab）的壁画所描绘的贵族耳环相同。[1] 显然，商人的个人品位为新兴游牧精英提供了榜样，他们为游牧民族传统装饰提供了规模更大、价格更高的版本，从而刺激了大陆中心地带对彰显身份地位的新商品的需求。

粟特人之所以能够发挥如此深远的影响力，创造并满足了新的市
场需求，其中的原因多种多样。此时，他们在为王室和皇室提供贵重
商品方面具有丰富的经验，能够适当地宣扬有关这些事物的权威知
识。其次，他们虽然是内陆人，但经常出海寻求商品和利润。泰伯里
（Ṭabarī）在 751/752 年报告说，有一名粟特人在阿曼旅行。他出现在
那里的唯一原因大概是为了获取该国专有的出口商品——珍珠。[2] 粟特
人还活跃在中国南方、东南亚和锡兰，在这些地方，他们可以获取海
路运输的所有货物。[3] 10 世纪中叶，史学家纳尔沙希（Narshakhī）巧
妙地总结了他们之间的联系与商业成就。据他记载，粟特（Sogdia）西
部边境小城毕国（Baykand）的商人们“与中国以及海洋地区开展贸 133
易，变得非常富有”。[4]

可以理解的是，7 世纪的中国人错误地认为西域有一些地方“盛

1 Kubarev 1984, 29–31 and fig. 5.1–8.

2 Ṭabarī, XXVII, 202. Cf. De La Vaissière 2002, 278.

3 Grenet 1996, 65–84.

4 Narshakhī, 18 and 49. Cf. al-Bīrūnī/B, 148.

产珍珠”。[1]这有助于解释为什么突厥语中对珍珠的称呼最早出现在8世纪初的鄂尔浑铭文中：Yenchü Ögöz，这是一个地名，意为“珍珠河”，指锡尔河中游，恰恰对应唐代文献中的“真珠河”。[2]因此，突厥汗国时代，珍珠作为海洋的杰出产物已被完全吸收到粟特的绿洲文化和游牧民族的草原文化之中。

突厥汗国之后，贸易交通继续。7至10世纪，在可萨时代的西部草原及其腹地，考古现场发现了多种首饰，尤其是耳环。它们主要由贵重金属制成，饰有半宝石、珍珠形状的铅玻璃、玛瑙、黄金，偶尔也有真珍珠。[3]

有证据表明，珍珠在整个内陆欧亚的存在和流行程度不断提高，呈现出几种不同的形式。它们在奖章、盘子、高雅的木质容器和乐器上经常出现。这些告诉我们：海洋宝藏经常与皇室、地方精英和流行的外来娱乐活动联系在一起。[4]这些物品广泛传播，加强了珍珠与远方、皇室和时尚的联系，进一步巩固了其吸引力。

传世文献坚持这一观点，提供了其流行度扩大的更多示例。在遥远的西北，922年，阿拔斯王朝的一位使臣送给不里阿耳统治者和他的妻子长袍及大量珍珠。[5]9至11世纪，来自西域的佚名赞助人捐赠了

---

1 *BS*, ch. 97, 3228.

2 *GOT*, 231 and 258 (KTS3) and 260 and 294 (KČE4); *XTS*, ch. 43b, 1149; and Kliashtornyi 1961, 24– 26.

3 Bálint 1989, 23–24 (pl. 1.1–3), 25–26 (pl. 3.1–4), 29–31 (pl. 9.6 and 10.30) and 41 (pl. 16.1) 及其他多处 . Cf. Rudenko 1960, 211, and Kessler 1993, 55, fig. 43.

4 Haussig 1992, 98 (fig. 156), 118 (fig. 191), and 258–59 (fig. 445); Kliashtornyi et al. 1989, 8–15; and Hayachi 1975, 38 (fig. 25), 100, 142–43 (figs. 165, 166, and 169).

5 Ibn Faḍlān, 217–18.

21 串珍珠给敦煌的一座佛寺，将 117 串珍珠送给了回鹘地区的某个人，而另一些则被喀喇汗王朝统治者购得。[1] 同一时期，甘州回鹘向宋朝进贡珍珠，1004 年乞求汉人之“善藏珠者往传授其术”。这一事实强烈表明他们有大量珍珠供应。[2] 12 世纪，于阗、甘州回鹘和高昌回鹘每三年就向契丹进献珍珠和其他贡品。[3] 因为于阗和高昌很可能从印度和海湾地区获得供给，所以很明显，西方的珍珠现已进入中国东北和伏尔加卡马地区的森林。

因此，有充分的证据表明珍珠流入内亚的速度在加快。若干一般 134
性的考虑支持这一观点，它们预示了即将发生的事件。珍珠在这一地区政治文化中的重要性得到不断扩大和巩固。举一个例子，吐鲁番高昌回鹘的统治阶层渴望并争夺着珍珠耳环，而他们不久就会成为成吉思汗家族的主要定居顾问。[4] 珍珠在佛教社会中仍被广泛用于装饰和展示。[5] 珍珠在内亚的影响日益增加，与佛教世界的重塑息息相关。由于印度的衰落和穆斯林持续的军事压力，僧侣和信徒外迁，使回鹘、党项、契丹和女真所建立的各个国家的佛教势力得到加强。因此，在蒙古人崛起之前的一个世纪中，来自南部海洋的珍珠，经由发达的传递系统，贯穿内亚和中国，在东部草原边缘数量很充裕。[6]

让我总结一下到目前为止的发现，为讨论成吉思汗家族如何发展

1 Rong 2004, 19 and 34; Moriyasu 2012, 32 and 57; and Yūsuf, 184.

2 Pinks 1968, 96 and 98; and *TMC*, 43.

3 Ye Longli, ch. 21, 205, and ch. 26, 246.

4 *YS*, ch. 124, 3050.

5 Eberhard 1941, 220; Marco Polo, 139–40; *TMC*, 106; Dunnell 1996, 102 and 128; Darmasvāmin, 55; and *TLT*, II, 381 (A1); *GLR*, 286.

6 关于中国的海外交通，见 Shiba 1983, 94–95。

其对海上贸易的浓厚兴趣做准备。

游牧民族在几个世纪中拥有的许多珍珠形饰物，是他们梦寐以求的真珍珠的替代品。令人惊讶的是，其中许多产自本地，而工匠是当地人或招募的外来人。这证明了珍珠对这些社会的重要意义。[1]

专注替代品，生产替代品，其结果自然是显而易见的。只要能获得真正的珍珠，就会产生迅速而无缝的过渡。游牧民族立即将首饰上的人造珠替换为天然珍珠。于是珍珠便成了黄金的正当伴侣。后来蒙古人的喜好显然是继承而来的传统，深深植根于草原文化史。

由于数百年来的稳定积累，到蒙古帝国成立之初，大量珍珠在欧亚大陆内部流通。这就解释了为什么 1220 年出使成吉思汗的金朝使节乌古孙仲端在其旅行报告中说，西域珠玉“极广”。[2] 蒙古早期征伐之地距海洋极为遥远，但还是收获颇丰，也就不足为奇。而且，正如前文已经指出的，蒙古征服的第二阶段剑指伊斯兰腹地和南宋，获得了更大的回报。蒙古人收获丰厚，但仍然渴望更多。他们事先精心地准备，直接探入海水珍珠的主要来源地。

136 考虑到人们惯于将草原与海洋分离，这一问题有待深入研究。接下来是一次初步的考察，试图建立蒙古人“南进”（*Drang nach Süden*）的基本年表、方法和动机。尽管伊利汗国较早地遇到了海上边界，但我们要想最好地实现这一考察，还是要集中精力研究帝国东半部的这一事业的发展。因为在那里，其发起者和实施者、明确的意图、后续的行动，皆有据可查。

---

[1] Bóna 1990, 113–17; Fülöp 1990, 140 and 142; *XTS*, ch. 217b, 6147; and Sunchugashev 1979, 137–38 and fig. 43.

[2] *MREAS*, I, 30.

图 3　约公元前 4 世纪西部草原的金珠项链
（Courtesy of the Penn Museum, object no. 30-33-27）

我们可以从蒙古人早期接触热带产品开始。此类物品早已在东亚流通，因此蒙古人在 1205—1234 年攻伐金朝和西夏时一定已经获得了不少样品。这肯定使他们初步了解到遥远的南方拥有丰富多样的珍宝。

1251 年蒙哥登基后，对宗室诸王传达了直接获得这些土地的计划。这是这一方面最早的明确证据。这位新的大汗将一些地域分封给皇弟忽必烈。这个列表，是关于蒙古人的海上野心范围的一个清晰概念。拉施特的记载最完整：“乞台（Khitāi，华北）、摩秦（Machīn，中

图 4　约公元 8 世纪北高加索有珍珠形饰件的金耳环
（Courtesy of the Penn Museum, object no. 30-33-32, 30-33-33）

国南方）、哈剌章（Qarājāng，云南大理王国）、唐兀（Tangut，西夏）、吐蕃、女真（Jūrchah，中国东北）、肃良合（Sulangqah/Solonqa，朝鲜半岛最北部）、高丽（Gūlī）、忻都斯坦毗邻乞台和摩秦的那部分地区（东南亚）。”[1]

这段话表现出几个有趣的要点。最引人注目的是，这份清单罗列

[1] Rashīd/K, II, 685.

了成吉思汗家族治下的土地（唐兀和华北）和尚未征服的土地（云南和南宋），不加区分。这种分配方式已有先例：成吉思汗将乌拉尔山以西未征服的土地“赐予”其子朮赤。这样的分配，赋予了宗室诸王征服帝国边界以外地域的权利和义务。此外，同样重要的是，忽必烈在南方的任务只有部分得以实现：云南和南宋最终落入蒙古的怀抱；而东南亚尽管屡遭侵袭，却成功避免了被永久占领。这一问题在第十四章中将再次讨论。

拉施特所述蒙哥的分配，可以得到汉文史料的支持。后者详细记载了蒙古人将这些地域纳入帝国的努力。为了追求这一在草原历史上尚无先例的宏大设计，蒙古人分秒必争。到 1252 年秋天，大举进攻南宋的计划得以确定。出于战略和后勤原因，第一阶段集中在大理王国所在的云南。忽必烈 1253 年初付诸行动，到年底已占领大理国都，此后他返回北方。其部将兀良哈台（Uriyangqadai）接手指挥征伐，名义上在 1257 年完成。但宋朝支持和煽动当地抵抗，阻止了以其为跳板进攻南宋的战略意图。[1]

蒙古人也使用了某种“外交”策略，作为向南进军的辅助手段。这些努力的大致特点，被拉施特准确而简洁地描述出来。他说忽必烈“派遣使节乘船到印度的大多数国家要求他们臣服”。[2] 这些命令语气强硬，尤其针对蒙古势力之外的国家，但也可以理解为邀请他们进行商业交流。这显示出中国长期以来的做法，通常披着朝贡关系的外衣。138
这种制度的各种可能性，被邻国和远方的商业利益方充分理解，惯常

---

1 *YS*, ch. 3, 46 and 47; Rashīd/K, I, 600 and 616; Rashīd/B, 223 and 246–47; Pelliot, 1959–73, II, 746– 48; and Herman 2002, 297 and 301 ff.

2 Rashīd/K, I, 638; and Rashīd/B, 272.

利用。

然而，对于那些近在咫尺的国家来说，蒙古外交总是伴随着很大的入侵可能性。蒙古从1257年开始对安南（今越南北部）施加的压力，就很好地说明了这一点。此后，蒙古的一系列陆上和海上军事行动，向南扩展到占城，以惨败告终。所有这些尝试，因为不屈的抵抗、后勤问题、艰苦的地形和热带疾疫不断而受阻，最终因忽必烈的死亡而终止。[1]在一些时间节点，蒙古人经常恢复使用其特有的外交。幸运的是，中国和越南的史料记录了基本的细节，让我们能看到蒙古人的商业目标及其为实现这些目标所采用的策略。[2]这些内容可以方便地按时间顺序罗列。

1262年　根据越南史料，纳速剌丁被送往安南，以监督和指导宫廷事务的第一位帝国代理人（达鲁花赤）的身份受到善待，但被视为普通特使，而不是全权的总督。这是安南试图免于被蒙古吞并的一种手段。[3]蒙古帝国为何选派一位穆斯林？几年后中国史料记载了蒙古人对这个不情愿的臣属国提出了要求，个中缘由方得索解。

1263年　安南统治者面对持续的压力，顺从了蒙古的诸多要求中最轻的一项，向忽必烈交付了第一批贡品：树脂、香料、异域木材、象牙、犀角和珍珠。[4]其中一些是越南原产的，一些是从邻近地区进口

---

1 详见 Buell 2009, 21–29。

2 *YS*, ch. 209, 4633–34; and Vu 2017, 13–19.

3 Vu 2017, 21–23 and 37. 关于纳速剌丁（又作讷剌丁）的任命，见 *YS*, ch. 209, 4635。

4 *YS*, ch. 4, 87, and ch. 209, 4635.

［译者按］《元史》所记的完整贡品清单："苏合油、光香、金、银、朱砂、沉香、檀香、犀角、玳瑁、珍珠、象牙、绵、白磁盏等物。"

的。[1]蒙古人被这些热带和亚热带产品所吸引，体现在制度上：1263—1275年在华北设立了专门利用这些材料制造物品的机构（局）。[2]

1267年　忽必烈对安南统治者的命令，除了编民、入贡、出军役
和子弟入质的一贯要求外，最后“以其国有回鹘商贾，欲访以西域事，
令发遣以来”。[3]这种特殊需求的目的不言而喻，也解释了为何之前选任 139
一名穆斯林为达鲁花赤。

1269年　两年后，忽必烈再次下诏，向这个不情愿的臣属国征回鹘商贾，充分展现了他们之间关系的基本动态特征，即越南逃避，而蒙古人执着。[4]这条材料对所征之人没有太具体的描述，只知道他们是商人。

关于元朝商业计划的地理范围、所寻求的商品类型以及背后的动机，我们从1270年代帝国发起的一系列行动中可以得到一幅更全面的图景。

1272年　忽必烈命畏兀儿人亦黑迷失（Yigmish）使海外八罗孛国（Palembang，今印度尼西亚巨港）。两年后，亦黑迷失偕其国人以珍宝奉表来朝。[5]由于这项探索性任务发生在宋朝灭亡之前约六年，因此蒙古要前往南海，仅限于在中国东部沿海刚刚占领的港口，或者从东南亚绕道。无论哪种情况，这种迂回的路线都证明蒙古人渴望打入海上市场。

---

1 Wheatley, 1961, 65–67, 68–72, 77, 81–83, and 111–12.

2 Farquhar 1990, 85, 101, and 102.

3 *YS*, ch. 209, 4635.

4 *YS*, ch. 209, 4636.

5 *YS*, ch. 131, 3198.

1273 年　元朝派遣使节“持金十万两”，并“命诸王阿不合（伊利汗国阿八哈汗）市药狮子国（锡兰）”。[1] 无疑，这项巨大的投资是由基督徒和穆斯林的信仰促成的，包括拉施特在内。他们认为，该岛是圣经中的天堂和神圣土地，出产强效的药用植物和治病的水。[2] 这个案例中，忽必烈的使节大概是从陆上通行的，因为如果乘船出海，他们几乎不需要伊利汗国为中介。

1279 年　长期与宋朝海外贸易有联系的泉州穆斯林商人前往蒙古投靠，忽必烈发布诏令：“诸蕃国列居东南岛寨者，皆有慕义之心，可因蕃舶诸人宣布朕意。诚能来朝，朕将宠礼之。其往来互市，各从所欲。”[3]

总体而言，这些资料表明，蒙古领导层从 1251 年开始就一直在实施计划，积极参与南海贸易。尽管蒙古人为此付出了许多军事和外交努力，但其战略的长期成功取决于穆斯林商人群体的合作，这些商人
140 在这些网络中占主导地位，并深受成吉思汗系宫廷的吸引。由此可见，在追求海上目标时，元朝的购买力始终比其军力更为重要。伊利汗国和金帐汗国的情况也是如此，尽管没有海军，但他们的购买力能够影响远离海岸的海上商人的决策和行为。[4]

这就引出了最后一个明显的问题：像蒙古这样的内陆民族如何对海上事务如此了解？毫无疑问，他们最初的信息来自为他们服务的大量穆斯林商人。成吉思汗时代就开始积累商业代理人和谋士，而他的

---

[1] *YS*, ch. 8, 148; and Pelliot 1959–73, I, 5.

[2] *CWT*, III, 234–35; and Rashīd/J, 41 and 336v.

[3] *YS*, ch. 10, 204.

[4] Cf. Ciocîltan 2012, 32.

直接继任者们又不断扩大这一队伍。穆斯林随后被委以四川、云南以及中国主要港口的高级职务，是对他们所提供的服务的一种奖励，也是对他们向蒙古提供的海上情报的准确性和实用性的肯定。[1]

但这还不是全部。在向南推进的过程中，蒙古人遭遇、吸引并吸纳了许多民族和国家，在管理陆上与海上圈子之间的联系方面具有丰富的经验。最重要的是与从中国西南部到上缅甸延伸到印度东北部的一圈领土的接触，这是连接丝绸之路和海上路线的主要过渡区。[2]

对于蒙古人来说，首要的联结点是云南。那里长期以来一直是这样的中转站。[3]这一地区由与藏缅民族或泰族有关的两个王国南诏（748—937）及其后继国大理（938—1257）先后控制。它们在这个中转地带长达数百年的统治地位，以及它们与海洋世界的紧密联系，清楚地体现在其货币体系中：以广泛使用贝币为基础。[4]其中最常用的是出自马尔代夫群岛的宝螺科货贝（*Cypraea Moneta*）。从史前时期开始，它们经陆路穿过印度南部，到达孟加拉国，然后到达中国西南；与此同时，它们经海路到达非洲、东南亚大陆和边远的岛屿。[5]

在云南，人们以贝币作为主要交换媒介始于9世纪的南诏时期，其主要进口供应地是马尔代夫。大理继续实行这一做法。1250年代中期蒙古占领该地区之后，贝币出乎意料地保留了它们的效用和价值，

[1] Rashīd/K, I, 645; and Rashīd/B, 282–83. 关于他们提供情报的一个例证，见 *YS*, ch. 210, 4669, and Pelliot 195–73, I, 5。

[2] 关于作为转运点的缅甸，参见 Stargardt 1971, 38–62, esp. 40 and 45。

[3] Yang 2004, 281–322.

[4] Pelliot 1959–73, I, 543–47.

[5] Yang 2011, 1–25.

141 直到清初才最终被中国货币取代。[1]元朝对贝币的接受本身就是认可了该地区的商贸关系，而货币偏好促进了他们在南海的雄心壮志。

尽管成吉思汗系的意图、方法、模型和商业智慧的来源已经很清楚了，但他们的政策对这些圈子之间的相互作用所施加的影响仍需要进一步讨论。

[1] 见 Vogel 1993, pt. I, 211–52, and pt. II, 309–53; and Franke 1949, 117–19。

第十三章　贸易平衡

142

总结历史学家以海上贸易为中心观察两个圈子间相互作用之长期趋势的观点，然后与蒙古时代所见的模式比较，是解决贸易平衡问题的一种有益方法。这样的步骤很适合我们对于珍珠的研究，因为这些学者更倾向于概括和寻求关于这两个圈子的起源和后续结构的共性观点。

在他们的发现中，最重要的是，陆上和海上贸易的发展是同步且协作的，它们的共同演化是一个持续不断的过程，其起源可追溯到古代。早在公元前第二千纪结束时，就有证据表明骆驼商队将香料从南阿拉伯运送到地中海沿岸的港口。[1]这可以看作是泛欧亚交流网络形成之前的几个区域先驱之一。菲利普·博亚尔认为，它导致陆路和海路在公元早期出现。[2]

乔杜里（K. N. Chaudhuri）归纳了18世纪的情况，认为大型远洋

1　Artzy 1994, 131–40.

2　Beaujard 2010, 32–34.

轮船、小型河运船、牛车和骆驼商队，同时服务于贵族商人和贩夫走卒，共同将洲际、区域和地方的商业网络联系在一起。尽管陆上和海上航线运载的货物数量随时间而变化，但两者始终保持联系，并以令人惊讶的程度彼此协调。[1] 1750 年东印度公司代理人的报告中有这种表达，指出从巴士拉（Basra）到阿勒颇（Aleppo）的商队旅行的时机"主要取决于印度船只的到来"。[2] 尽管天气和政治的变幻莫测经常扰乱这些时间表，但毫无疑问，协调工作长期存在。

143 这两个系统所携带的货物数量的变化当然是中心问题，但它经常被可疑的假设所掩盖。其中最主要的是有一种明显的趋势，将陆上贸易的任何一次"衰落"皆归因于战争，尤其是由扩张的游牧民族发起的战争。而且，这种情况发生时，人们会进一步并几乎自动地认为海运贸易是直接受益者。然而，这种观点需要从草原历史和已经主导那里数千年的资源开采体系的角度重新考虑。

这是很有必要的，因为游牧经济被定义的特征之一是"非专制"（non-autarchic）。许多因素导致了这一点。牧区经济以生存为导向，动物作为其主要资源分散在辽阔的土地上，并容易受到自然力量的影响，例如掠食者、疫病、干旱和暴风雪。结果，草原民族无法支持庞大而持久的政治结构。这种结构的建设和维护，需要来自外部非游牧社会的必需品和奢侈品不断大量输入。[3]

如前所述，这些物品可以通过劫掠、朝贡和贸易来获得。贸易是一种特别有吸引力的选择，因为领导人可以合理地对其进行很好的控

---

1 Chaudhuri 1985, 161–81. Cf. Beaujard 2005, 447.

2 *DRI*, 63.

3 关于这一观点的经典阐述，见 Khazanov 1994, 202–12。

制，以确保稳定地供应政治动员所必需的身份地位性商品。而且，一个额外的好处是，一旦形成一个可维系的政权，游牧统治者便可以从转运贸易中征税，并投资商人伙伴关系而获利。总之，作为一个普遍的观点，草原政体对商业交流有着广泛的兴趣，一般都会寻求促进这种交流。

因此，游牧民族和定居民族之间的关系，比传统史书和故事中刻板描绘的“英雄”和“史诗”斗争图景更为复杂多变。这些斗争有时被现代的民族国家（以及民族主义）史学流派不加批判地接受。蒙古时代之前，东斯拉夫人与他们的游牧邻居可萨人、佩切尼格人和钦察人之间的关系，就是这种误解的一个很好的例子。这在传统上被描述为敌对种族群体之间的一系列军事对抗，其中一个群体完全与草原相对应，另一个则与农耕相对应。但这种战争通常涉及游牧者和定居者组成的联盟，它们为各种政治和经济利益，与另外的类似的混合联盟交战。更令人震惊的是，即使在敌对时期，他们之间的关系也经常以不断的商业交流为特征。之所以如此，是因为游牧战争的主要目标并 144
不是减少与外界的交流。相反，其目的是迫使定居社会与之建立这种关系。[1]

贸易需求的连续性和强度，在随后的蒙古时代非常明显。而且到后帝国时代（约 1400—1800），草原上的游牧形式规模较小，政治发展水平存在很大差异，却仍然具备这一特征。尽管存在这些差异，所有人都对与定居经济体建立日常贸易关系表现出浓厚的兴趣。为此目的，

[1] Golden 1987–91, 49, 57–58, 65–66, and 68–73; Golden 1991, 97–100; and Noonan 2000–2001, 216.

他们都设置了必要的机构和人员——这些人员主要是从穆斯林商队中抽调出来的，以寻求这种交流，有时跨越很远的距离。例如，17 世纪中叶，蒙古西北部的一个很小的政体阿勒坦汗政权（Altan Qans，蒙古和托辉特部）积极寻求莫斯科的援助，以便与数千公里外的奥斯曼帝国和萨法维王朝建立商业联系。[1]

这并不是说游牧民族没有屈服于短期的贪婪，袭击商业中心和商队。但是，在这种情况发生时，我们还应该牢记，与之抗衡的长期政治利益总是促使游牧民族更愿意恢复与商人的关系及外界的交流。因此，这种掠夺并不是某种先天的破坏欲望的结果，而是游牧民族与非牧民社会多方面关系的一个方面。

蒙古人对商人个体和群体的态度，准确地反映了草原民族眼中的基本优先项。如前所述，征伐阿富汗过程中，蒙古军官本来能够抢夺自己想要的东西，却向商人购买了珊瑚。当然，他们的克制行为，向世界各地的商业利益方发出了欢迎的信息。与之形成鲜明对比的是，1218 年花剌子模人在讹答剌（Uṭrār）杀死了成吉思汗派遣的商人使团（主要是穆斯林），并掠夺了他的商队。[2] 随后的几十年中，蒙古统治者继续奉行这种宽松的政策，竭尽全力使自己成为商人群体的可靠伙伴，向他们提供资本并偿还前任所产生的全部商业债务。[3]

鉴于草原政体在和平与战争时期都正常贸易，内外冲突在多大程度上影响了蒙古帝国时期经济交流的频率和路线，仍然悬而未决。这

---

[1] Allsen 2013, 177–83.

[2] Barthold 1968, 397–400.

[3] 关于后者的一个例子，见 Juvaynī/Q, III, 83–85; Juvaynī/B, II, 602–4; Rashīd/K, I, 609–10; and Rashīd/B, 237。

样的追问是有必要的，即使在草原地区被某个游牧民族统治时期，仍 145
然有动乱和停滞，因为这样的帝国不可避免地伴随着叛乱、继承争端和内战。与其他所有时期一样，“蒙古和平”从未完成。

关于两个圈子交通的相对数量和价值，当时并没有记录。最好的选择，是采集成吉思汗后裔诸宫廷之间联系的时间和地理模式的资料，以之为代表，绘制陆路与海路之间关系的概括图。即便任何形式的联系都可以告诉我们有关旅行和通讯的一些情况，但使节的到来，尽管名义上出于外交或政治目的，却是一种特别有用的诊断工具，因为他们通常伴随着由宫廷商人和私家商人组成的“贸易代表团”。至于所涉使团的总数，正史中的记录远远超过下文所述；其限制因素是，大多数情况下，他们的路线无法确定。

我们先考察1250年代。这通常被认为是帝国的鼎盛时期。

1254至1255年之间，小亚美尼亚（奇里乞亚）国王海屯（Het'um）经伊利汗国、金帐汗国和察合台汗国前往哈剌和林，觐见蒙哥之后返回家园，平安无事。[1]

1259年常德奉蒙哥之命出使旭烈兀，通过突厥斯坦到达伊朗，也未见任何困难。[2]

1260年代初期，波罗兄弟第一次东行之时，就在伏尔加盆地各处进行了有利可图的贸易；由于伊利汗国和金帐汗国之间爆发战争，他们无法返回家园，到不花剌住了三年，然后偶然搭上从旭烈兀宫廷返回的忽必烈使臣的顺风车，踏上了前往华北的旅程。经过数年的停留，

1　Het'um/B, 177–88.

2　*MREAS*, I, 122–55.

波罗兄弟1269年作为皇帝派往教皇的私人使节，从陆路返回欧洲。[1]

同一年代，一位聂斯脱里派基督教僧侣列班·扫马离开华北，打算到圣地朝圣。他1266年到达伊朗，曾在于阗和喀什噶尔附近有所耽搁，因为忽必烈的军队与海都（卒于1301年）的军队之间发生冲突。海都是窝阔台的后裔，13世纪后半叶内亚地区“叛王”（在元朝看来）的领袖。[2]

146 忽必烈的使臣铁哥术（Tekechüq）从海都盟友察合台汗八剌（Boraq）的监禁中逃出后，于1270年到达阿塞拜疆。作为回应，伊利汗国迅速发起了针对海都的军事运动，引发了新的战争。[3]

次年即1271年，波罗兄弟在年轻的马可的陪同下，开始了第二次中国之行，大约于1275年到达忽必烈的宫廷。虽然他们对陆上旅行的粗略叙述没有提及任何重大困难，但其旅行长度却暗示他们遇到了与持续的诸王争斗有关的某种形式的阻碍。[4]

1276年，伊利汗国派往元朝的一位富有的东方基督教商人，在畏兀儿使节的陪同下返回伊朗。[5]由于他们是通过呼罗珊返回伊利汗国的，所以他们是从陆路旅行的。

1285年底，两名元朝使节，爱薛怯里马赤和蒙古高官孛罗·阿合（Bolad Aqa）经过危险的中亚之旅，到达了伊朗。次年年初，他们沿着相同的路线返回；遭遇“叛乱”时，孛罗被迫返回伊朗，而爱薛则

1 Olschki 1972, 77–94.

2 *MKK*, 134–40.

3 Rashīd/K, II, 755.

4 Olschki 1960, 12–28.

5 Bar Hebraeus, 456.

“冒矢石，出死地”，经过一年的艰难险阻，成功抵达中国。[1]

接下来的十年中，随着成吉思汗后裔内战加剧并常态化，交通显而易见地转向海上。由于危险越来越大，忽必烈将应许的新娘送给伊利汗阿鲁浑时选择了这一选项。陪同她的是一个大型使团，波罗一家也在其中；他们于1290—1291年离开中国，1293—1294年到达伊朗。[2]

伊利汗国对日益蔓延的战争的应对方式也与此相似。合赞向元朝派遣了一个带有多重目标的大型使团，1298年出发，九年后返回，往返皆取海路。由于遭遇了许多不幸，包括一次灾难性的沉船事故，导致耗时很长。[3]

陆路状况到1304年得到了极大的改善。忽必烈的继任者铁穆耳的使节、海都之子察八儿（Chabar）的使节，都在这一年抵达伊朗，最终在成吉思汗后裔之中大体达成和解。[4]察八儿代表的参加，确保他们能走陆路。察八儿的领地在伊犁河谷。

和平恢复之后，1305年伊利汗完者都（Öljeitü）迅速向“国际社会”宣布这一好消息。他在致法国国王美男子腓力（Philip the Fair）的信函中，特别声明所有的驿站（*jamud*）都已重新连通，因此贯穿整个帝国的安全的陆上交通已经恢复。[5]

1306年，元朝宫廷的另一位重要使臣从陆路来到伊朗。这次遣使 147

---

1 Cheng Jufu, ch. 5, 3b–4a.

2 Cleaves 1976, 181–203.

3 Vaṣṣāf, 505–6; and *HI*, 45–47.

4 Qāshānī/H, 31–32 and 41.

5 *LAÖPB*, 55–56.

与上次一样，是大规模互赠礼物的场合，因此交换了很多财富。[1] 推测这两次遣使都伴随着宫廷商人，也是很吸引人的观点。

和平在 1316 年结束，内亚爆发全面战争。这种变化大概在数年间阻碍了陆路通行。

1326 年之前的某个时候，和平全面恢复，因为这一年伊利汗不赛因曾四次将西方的马和单峰驼送到元朝。[2] 考虑到这些礼物的性质，猜想它们走陆路大概是很合理的。

可以肯定的是，此前陆路已经开放。1326 年 10 月，元朝派出使臣前往察合台汗国、金帐汗国和伊利汗国，宣布授予伊利汗不赛因的宰相出班（Chuban）以荣誉头衔，使臣于 1327 年 11 月抵达阿塞拜疆。[3] 合起来看，出使的距离至少 6800 公里，完成时间 13 个月，都表明整个帝国普遍存在高效的运输和安全的旅行条件。[4]

这支使团的宏伟外交之旅，是具有重大象征意义的事件，是统一体的声明。随后，又有一群地位显赫的使臣在 1330 年被派出。这次，元朝皇帝派遣高级别的诸王分头出使各汗国。[5] 前往察合台系和术赤系宫廷的那些人毫无疑问走的是陆路，前往伊利汗国的诸王可能也是如此。

1336 年，金帐汗国统治者月即别派遣特使前往元朝，讨要术赤系

---

1 Qāshānī/H, 49.

2 *YS*, ch.30, 667, 671, 672, and 675.

3 *YS*, ch. 30, 673; al-Ahrī, 153（波斯文）, and 54–55（英译文）; and Ḥāfiẓ-i Abrū/B, 167.

4 我按四个都城之间的直线距离估算。

5 *YS*, ch. 34, 754.

在华北分地的岁赐，以赈给军站。使臣在某种程度上说得很清楚，“京师元无所领府治”，即元朝中央政府不承担使该系统正常运转的责任。[1]

1353 年，又一位金帐汗国统治者札尼别向元朝送来一个拜占庭布制作的“大帐”。[2] 这显然是另一个成吉思汗系宫廷最后一次遣使大都。

术赤系的这两次遣使引入了另一个重要变量——替代性路线的可行性，以衡量战争对陆上交通及海路反应的影响。实际上，欧亚大陆内部纵横交错着许多“丝绸之路”和“毛皮之路”。其中最重要且最不被欣赏的一条，最早被阿拉伯百科全书作者、地理学家乌马里（al- 148
ʿUmarī）在 1340 年左右详细描述。其资料来源于穆斯林商人。这条路从大都延伸到哈剌和林，然后延伸到叶尼塞中部，即元朝与金帐汗国的边界，然后穿过西伯利亚南部，通过巴什基尔地区到达伏尔加不里阿耳地区的卡马河（Kama，又名 Jūlmān）。[3] 当然，那里有长期存在的商队和河流，联结伏尔加河下游和克里米亚，再到里海、黑海和地中海。

西伯利亚路线何时开通的问题，尚无确切答案。不过，最有可能的是，由于蒙古人 1208 年开始征服西伯利亚南部，以及 1219 年筹备入侵中亚，结果在累积的过程中出现了这一路线。一条交通路线，将先前已存在的一些地方和区域路线与蒙古本土相连，是这些行动的重要副产品。由于对乌拉尔山两侧的森林地区的征服是在术赤系的控制下，所以西伯利亚路线逐渐向西扩展，可以看作是金帐汗国形成的自然附属产物。

---

1 *YS*, ch. 117, 2906; and *MREAS*, II, 13–14.

2 *YS*, ch. 43, 911; and Pelliot 1959–73, II, 640.

3 Al-ʿUmarī/L, 75, 77, and 142–43.

第一个积极使用它的证据可以追溯到1221年，当时道教长春真人到西域觐见成吉思汗。据李志常报道，外出的行程中，他们在叶尼塞以西的乌伦古河（Öröngö）畔遇到一条新修的道路、驿骑和补给。这条路显然相当坚实，因为他们乘用了一队牛车。[1]

接下来的参考文献来自1270和1280年代。马可·波罗指出，术赤系诸王火你赤（Conci/Qonichi）统治的领土包括西伯利亚中部。在其森林地区有一系列的驿站，根据季节由马或狗拉雪橇提供服务。这些驿站以北，是亚北极的“黑暗之地”（Land of Darkness），建有“小村庄”（hamlets）作为毛皮收集点，这是左手诸王的主要收入来源。[2]尽管这位威尼斯人本人从未去过该地区，但他与拉施特以及汉文史料的记载一致。1280年从叶尼塞的吉利吉思（Yenisei Qirghiz）延伸到贝加尔湖以东的巴尔忽（Barghu）平原，有大量的商业活动，穆斯林商人们把北方的产品带到元朝。乌马儿·吉利吉思（ʿUmar Qirqīzī）是在元大都很有人脉的一位商人，他的名字暗示他与叶尼塞有着长期的联系，甚至有可能以叶尼塞为商业基地。[3]这样的基地确实存在，因为有考古证据表明，蒙古时代这一地区有几个穆斯林定居点和墓园。[4]

149 评估森林路线的历史地位时，考察俄国后来在西伯利亚的经验是很有用的。17世纪早期，俄国渗透到乌拉尔山脉之外，便立即开始

---

1 Li Zhichang, 288; and Li Zhichang/W, 76–77.
［译者按］乌伦古河在新疆准噶尔盆地。

2 Marco Polo, 470–73. 关于这一区域的早期商路，见 Lubo-Lesnichenko 1989, 4–9 及本书地图。

3 Rashīd/K, 654; Rashīd/B, 293–94; and Pelliot 1959–73, I, 5 and 77–78.

4 Kyzlasov 1962, 203–10.

设计自己的驿站。他们使用马和雪橇混合运输的方式，总体上与马可·波罗提供的信息相符。[1]这提出了另一个问题：金帐汗国的继任者失必儿汗国是否传递了其他连续性？我们知道，莫斯科人肯定系统地吸收了乌拉尔以西的蒙古驿站系统，而且很有可能在西伯利亚延续这种做法。至少可以肯定，俄国驿站紧密地沿袭了成吉思汗系使用的路线；进一步说，与草原地区路线相交的东西方贸易路线，是西伯利亚历史上一个反复出现的特征。

这种深入北部森林的游览，似乎使我们远离了海洋事务和南海。但是，正如下面的讨论所记录的那样，西伯利亚驿站的确直接关系到本章的主题——海上交通网络与大陆深处的交通网络之间的相互关系。关键资料来自方济会修道士约翰·孟高维诺（John of Monte Corvino）从大都写给西方教会的两封信。

第一封信，1305年写给罗马教皇。其中谈到迫切需要更多传教士的问题，然后对他们到华北的最佳路线作了如下议论：

> 我报告，北方鞑靼人（金帐汗国）的皇帝脱脱（Cothay/Toqta，1291—1312年在位）的土地上的路更加安全，因此，与使节一起旅行，他们（传教士）可能会在五六个月内抵达。但是另一条路线是最长且最危险的，因为它涉及两次海上航行，第一条路线大约是阿迦（Acre）到普罗旺斯省的距离，而第二条就像阿迦到英格兰的距离，而且这段旅程有可能两年也走不完。但是由于战争，第一条路线很长一段时间都不安全，而且十二年来我还

[1] Kerner 1946, 165–72; and Bell, 33–105.

没有收到有关罗马教廷、我们的修会和西方国家的消息。[1]

第二封信，1306年写给居住在伊朗的方济各会的教长们。修士约翰提到他自己曾使用西伯利亚驿站：

> 150 因此，我现在通知您，去年1月初，我通过我们的一位朋友发了信，他是脱脱汗的随从之一，来乞台（中国）觐见大可汗。信件送给了可萨地区（克里米亚）的教区牧师和弟兄，向他们简要介绍了我的现状。在这封信中，我请教区牧师将它的副本发送给您。现在，与上述脱脱汗的使臣一同来觐见乞台君主的可靠的人们告诉我，我的信已送达您处，而且同一位使者随后携带它从撒莱城前往桃里寺（大不里士）。[2]

其中的一些语句需要注解。首先，修士很清楚"与使节一起旅行"的重要性，因为蒙古人的惯例是向有权使用其驿站系统的所有人免费提供运输、住宿和食物。结果，商人和其他旅行者总是试图使自己与官方使团联系在一起，并且通常能够成功地做到这一点。其次，这些互连的驿站延伸的地理范围——从大都穿过西伯利亚到萨莱、克里米亚和伊朗，可以绘图表示，并被约翰的经验所证实。这封信入藏梵蒂冈档案馆，为西伯利亚邮驿提供了无可辩驳的证据。

然而，最有趣的是，这位修士断言，西伯利亚路线的速度和安全

---

1 *MM*, 226; and Moule 1930, 175.

2 *MM*, 228; and Moule 1930, 178.

性要比沿海路线高。在这个问题上，他的观点很可能有所“调整”，与他作为元大都居民的个人利益相吻合，因为大都是最北陆路的东端。约翰这样的主张并不是独有的。像之前和之后的许多其他传教士一样，他向教廷提交报告，经过精心算计，以激起对他紧迫需求的积极回应。这个案例，就是他从最有利的角度描绘了他最偏爱的通往欧洲的路线。尽管我们不能从表面上接受他对旅行时间和安全性的评估，但更重要的一点是，在14世纪最初的十年中，有一条交通繁忙的驿、商路线横贯西伯利亚南部，为穆斯林商人所周知。

值得特别关注的是其他替代性选项的存在。常常有学者认为，一条陆路中断意味着**所有**贸易停止，而不是转向另一条路线。当然，从平稳、地点固定的现代运输系统的角度考虑这些路线是很自然的，然 151
而它们实际上由商队穿行，有时只是一个“行进方向”（direction of march）——拉铁摩尔（Owen Lattimore）的归纳恰如其分。[1]实际上，商路通常有许多备选项，从通常在帝国中心附近修建的重度使用的道路，到频繁行用的分支路线，再到不太宜人的仅供不时之需的备用道路。备用道路较为难走，耗时较长，但仍然是可以替代主要路线的方案，通常在政治动荡时期恢复使用。而且，当动乱变得漫长，国家和私人有时会开辟新的道路，以吸引陷入困境的邻国的贸易。这种动乱甚至可能是人为制造出来的，以“引导”其他地方的交易，实现更大的控制权和更大的利润份额。制造这种动乱确实是一种非常普遍的策略，曾被上古帝国、中世纪游牧民族和现代早期欧洲航海者采用。[2]

1　关于商队路线，见 Lattimore 1962, 37–72，引自第56页。

2　Steensgaard 1991, 5–6.

鉴于这个时代的经济与外交交流之间存在着不可否认的密切联系，同样重要的是认识到，帝国邮驿的组织、运作和路线安排具有惊人的灵活性，与商路的特点极为相似。例如，最近沈昊成（Hosung Shim）撰文指出，当海都及其同盟在1280年代初对元朝西北边境施加更大的压力，忽必烈的回应是在塔里木南缘建立一条替代性驿路，尽管作用较为有限，但足以维持与伊利汗国的交通。沈昊成的深入研究，很大程度上推翻了以往学者（包括我本人在内）长期抱持的假设。蒙古帝国的驿站系统至少不是完全由固定路线和配备永久性人员的驿站组成的。这些基础设施见于主要的政治中心、某些人口稠密地区和受威胁的边境地区，但在大陆和草原的心脏地带却没有。在这些没有边界的路上，定居民和游牧民按需提供换乘马匹和补给。[1]

1389年的一次事件很好地说明了在临时基础上成功运作的能力。当时一个蒙古小王奉明朝之命临时设了一个驿站（*jam*），为新归附者运输给养。[2]这是匆忙组织起一个系统以满足临时需要的例子，充分证明尽管这一制度被认为是帝国时期的事物，但在政治不统一的时期也是游牧民族标准后勤体系的一部分。蒙古驿路具有极强的适应能力，经受了很多考验，最终得以确立。

因此，有充分的理由相信，虽然陆上的商业和外交交流有时会减
152 少，但这些系统的特点是具有很大的弹性和灵活性。所以，中断是零星的，历时有限；而且最重要的是，中断不会导致贸易从陆路永久性、决定性地转移为海路。在这方面，修士约翰·孟高维诺的明确警告，

---

[1] Shim 2014, 419–27, 432–40, and 461.

[2] *HYYY*, I, 12, 30, 65, 72, and 101, and II, 98 and 103.

合赞的使臣出使中国（1298—1307）经历的苦难，以及基什和霍尔木兹之间的海军对抗，都令人欣慰地提醒：危险和延误不是陆路独有的。这也意味着从事长途交换的商人，无论是在陆上还是海上，都必须处理延误和改道问题，这在市场业务中是常见的，也是可以接受的。

这并不是说，13 世纪末到 15 世纪初海上贸易没有增长和繁荣。由于独立的汗国之间有冲突，海道获得了新的重要战略功能；这些联系的商业可能性，或海上边疆的经济重要性，得到蒙古人的认识，肯定不是由此才产生的，但也许由此得到了强化。[1] 这一时期海上贸易的蓬勃发展，最好理解为两个关键因素相结合的结果。最重要的是，它的成功取决于它自身的牢固基础——在蒙古之前的几个世纪中积累的商业交易量和价值；因此，它的繁荣，并不是因为商业交通从瘫痪的内陆路线突然涌向安全的海上通道就实现了。[2] 当然，这还必须加上蒙古人整体上对贸易特别是对海洋产品的浓厚兴趣。在中亚的动乱将海上航线转变为中国和其盟友伊朗的战略资产之前的几十年，这些兴趣已经被明确地表达出来。

关于这种贸易的一般特征、蓬勃的状态和吸引力，可以通过观察 14 世纪初期伊利汗国的海上利益和承诺来描绘。我们可以先仔细考察合赞 1298 年派往元朝的经济使团。首先要注意的是，交换的类型多种多样，并且与陆上的交换非常相似——结合了贵重礼物、华北封地的收入、私家商人的投资以及皇家府库投资的官方贸易。在官方贸易方面，宫廷的投资规模最令人印象深刻，这个例子中是“十土绵金第纳

---

1 Cf. Martinez 2008–9, 136–39.

2 关于东部地带的建立，见 Wade 2009, 221–65。

尔”。[1] 土绵（*tūmān*），意思是万，钱币计量单位。伊利汗国宫廷显然密切参与了这项贸易。关于其参与程度，更深入更惊人的估量，来自
153 1311 年的一份报告。该报告称，巴格达的一场大火烧毁了大量来自埃及和中国南北方的商品，合计价值一百万第纳尔。[2]

这一事件除了提供有关此时商业交通量的一般信息外，还肯定了伊利汗国惯常在从中国东海到地中海东部的贸易网络中从事商业活动。这些交流的规模和多样性，并没有被当时人所忽视。宫廷史学家哈沙尼详细描述了 1320 年代伊朗可见的财富、路线、运输方式和贸易商品来源。他写道，最遥远的秦（Chīn）和摩秦（Māchīn）的稀有物，印度的商品，波斯湾的财富，以及伊拉克、呼罗珊、拜占庭（Rūm）和欧洲（Farang）的饰物、香水还有染料一起，汇聚于马八儿。他还小心地指出，所有这些奇妙的商品“都是在大船也就是艅（*jung*）上”到达马八儿和伊朗的。[3] 他的观察强力地支持了一个观点：印度洋贸易的巅峰是在元代和明初，或者将其置于伊斯兰历史背景下，是伊利汗国时期和帖木儿帝国早期。

为了结束对这两个系统中贸易波动的讨论，还有几个变量值得考虑。某些产品由于其固有的特性，在特定路线中的移动性更好。在元代，瓷器因其重量和易碎性，主要从中国港口经海路运往印度和阿拉伯。[4] 另一方面，后蒙古时期，大量的大黄通过西伯利亚和中亚进入穆

1　Vaṣṣāf, 303 and 505–6; and *HI*, 35 and 45–47.

2　Qāshānī/H, 109.

3　Qāshānī/H, 182.

4　Ibn Baṭṭuṭah, IV, 895–96.

斯林商人（Bukhartsy）手中。[1]在这个例子中，这些路线是首选，因为人们认为大黄在海上空气中会腐坏，这无疑鼓励了陆路商旅。[2]

最重要的是，我们一定不要忽视商人自身的行动和反应。路线变更中的某些变化，可能与长期的经济周期、政府的财政政策以及商人的集体决策有关。就如苏基朗（Keelong So）所阐明的，正是这些力量共同作用，才最能解释宋代最后几十年海上贸易的下滑。[3]当然，蒙古的入侵，作为游牧民族最大的扩张，最好地解释了它在 13 世纪最后几十年的迅速复苏，伴随着从南海大量涌入的进口珍珠作为象征。整个大陆各地的史料都记载了这种涌入。[4]

---

1 Ziiaev 1983, 42–43, 51, 53, 61, 63–64, 69, 82–83, and 93.

2 Cf. Linschoten, II, 102.

3 So 1991, 117–37.

4 Marco Polo, 328, 348 and 351; Rashīd/K, 645; Rashīd/B, 283; Schafer, 1957, 83–84; and Schafer 1967, 36, and 77.

第十四章　海洋边疆

在游牧帝国中，蒙古人的帝国是第一个也是唯一一个拥有广阔海洋疆界的国家。的确，成吉思汗系的领土面对三个海域并产生互动。为了更好地理解蒙古人为开发和利用他们的海洋产品和商业运输所做的努力，简要地描述和比较他们的自然、人口和历史特征将是有益的。

在东亚，元朝的海岸线长约 18 000 公里，是历史上最长的海疆之一。[1] 至少在南部沿海地区，气候从亚热带过渡到热带。人口极为稠密和多样化，由众多原住民族、汉人和外来商人群体组成。以中世纪的标准衡量，农业生产率很高。其证据是广泛的农作物专业化和早熟水稻的普及，在某些地区每年收获三季。

相比之下，蒙古人在波斯湾的海疆要短得多，其海岸线主要由沙漠、半沙漠和盐沼组成。气候因高温和潮湿而闻名，有着极为不受欢迎的区域性名声。在其所有海岸地区，人口密度都很低。北部沿海地区，混居着阿拉伯人、波斯人和讲伊朗语的游牧民。当地农业生产有

[1] Deng 1997, 1–8.

限，常常不得不进口粮食。基什对水的迫切需求，突显了必需资源的短缺，当地尽管采取了广泛的收集和保护措施，但必须花费巨额从大陆获得供给。

黑海面积约为波斯湾的两倍，气候温和多变。克里米亚半岛朝南的山谷享有地中海般的条件，能够维持繁荣的葡萄栽培。自公元前起， 155
克里米亚及其北部地区拥有富饶的黑土地，一直是谷物向南输出的主要出口国。人口构成与其他两个海疆一样，由许多寻求庇护和商业机会的移民群体（希腊人、犹太人、哥特人、亚美尼亚人等）组成。[1]

但是，除了明确的差异之外，这三个疆界有一个共同特征：都包含多个长途海上贸易中心，具有高度发达的商业文化和制度。

在东亚，广州和其他港口的主要社会动力，是外来商人群体与原住人口之间的互动加剧，以及日益增加的汉人移民。他们之间的关系有时会引起紧张和冲突，但也导致了互惠互利的政治联盟与经济协作。[2]唐宋时期，这些商人的数量变得如此之大，以至于中国人在南方的主要港口为外国人建立了官方认可的半自治居住区“蕃坊”。[3]

与此同时，蒙古时代之前的几个世纪中，汉人侨民群体在东南亚大陆和岛屿上的发展，进一步巩固和扩展了这些网络。[4]这些相互联系的网络对入侵者的反应最为明显。宋朝末代皇帝于1276年逃离泉州时，当地的商业精英们已经在准备和平归附蒙古了，并于次年完成了谈判。这一过渡的主要参与者是蒲寿庚。他和他的家族是来自西域的

---

1 Pritsak 1979, 3–21.

2 Fong 2014, 475–92.

3 Clark 2009, 20–33.

4 Yokkaichi 2008, 83–84.

穆斯林移民，久已扎根福建，在地方汉人政治和军事领导层中得到了广泛的支持。蒲寿庚作为海上贸易专员（市舶使），与外来商人有着密切的联系；他们主要是阿拉伯人、波斯人和印度人，人数众多且富有，同样倾向于接受新政权。[1]

他们的算计是相当正确的。1279 年蒙古灭宋并占领沿海省份后，元朝立即开始鼓励外来商人尤其是穆斯林在南方诸省迅速聚集。其中许多人从西亚和南亚渡海而来，但一些主要的行政官员例如赛典赤（Sayyid Ajall）和八哈丁·浑都即（Bahā al-Dīn Qunduzī）来自内陆地区突厥斯坦和呼罗珊。所有情况下，朝廷都允许这些群体享有一定程
156 度的内部自治和广泛的旅行权利，包括经常性地与其家乡联系。他们在南方的特权地位被制度化，被元朝纳入“色目人”（各色诸目人，即西亚和中亚人），担任官职时得到优待。结果，蒲寿庚和他的许多同伴像在宋朝一样，继续代表新主人，对商业政策的制定和实施产生重大影响。[2]

这些政策达到了预期效果，成功接管了宋朝在南海的网络，以及与其他散居商人的合作。[3]同时，他们做好了准备，从商人和商品的涌入中牟利。1277 年，泉州成立了元朝的第一个海外贸易管理机构市舶司，到 1294 年，这个数字已经上升到七个。随后市舶司管辖权与港口管理的频繁变化，反映了商人集团及他们在朝中的支持者之间的竞争。这些持续不断的竞争，表现为中央政府出台新的贸易法规，以及他们

1 So 2000, 108–17, 207, and 301–5.

2 Chaffee 2006, 397, 409, 412, and 414; Liu 2008, 135–38; and Yokkaichi 2008, 101.

3 Cf. Sen 2006, 426–35; and Yokkaichi 2008, 87–90.

徒劳地企图由国家垄断海上贸易。[1]

在西亚，蒙古人对波斯湾财富的认知和着迷，可追溯到1230年，即旭烈兀抵达前约25年。最初，他们是以伊朗南部的一些地方统治者和商人王为中介获得海洋资源的。首先是忽都鲁沙王朝（Qutlughshāhs），在起儿漫（Kirmān）新成立，源于哈剌契丹（Qara Qitan），1221—1222年蒙古人抵达后不久归附蒙古。接下来是撒勒古儿王朝（Salghurids），这是法尔斯地区的一支突厥阿塔毕（*atabegs*），1220年代中期被花剌子模短暂支配之后，自愿投向正在进军的蒙古人。他们的统治者阿布·别克尔·忽都鲁（Abū Bakr Qutlugh，1231—1260年在位）1231年归附，派他的兄弟觐见窝阔台，后者接受了他们每年固定进贡的承诺。毫不奇怪，由于阿布·别克尔刚刚重申了自己在巴林、基什和霍尔木兹的影响力，珍珠就成了纳贡的一部分。[2]

因为蒙古大汗与其在海湾地区代理人的关系非常疏远，所以很难说清。但是，基本特征是可复原的。本土的统治家族留在当地，其上级是驻于呼罗珊的成吉思汗系的总督，据我们所知，他从未访问过这两个地区。而他们作为藩属国，尽职尽责，接受了蒙古人在朝中设置达鲁花赤的要求，并得到窝阔台及其直接继承人授予职权的许可。[3]尽管他们承认成吉思汗系的权威并履行了对他们的义务，但是，统治者 157

[1] Schurmann 1956, 223–28; Pelliot 1959–73, II, 587–93; and Farquhar 1990, 374–75 and 380.

[2] Jūzjānī/L, 388; Jūzjānī/R, I, 179–80, and II, 1118–19. 关于来自海湾的珍珠，见 Juvaynī/Q, I, 164; and Juvaynī/B, I, 207。

[3] Juvaynī/Q, I, 205 and 212, II, 243, and III, 74; Juvaynī/B, I, 250, 257, 507, and 597; Jūzjānī/L, 382–83 and 423; and Jūzjānī/R, II, 1109–10 and 1228.

在与波斯湾及邻近海域的其他贸易中心和采珠站打交道时，仍保留了相当大的内部自治权和行动自由。

随着蒙古帝国的分裂和以阿塞拜疆为中心的伊利汗国政权的形成，他们的独立程度变得更加明显。1250年代，南方的这两个藩属依靠自己在基什和霍尔木兹的代理权，争夺整个海湾地区的商业优势。这些代理人依次使用硬币和珍珠形式的流动财富，来维持强大的海军力量，并在很大程度上脱离了名义上的主人。为了规避第二手和第三手的控制方法，旭烈兀及其继任者阿八哈派遣了私人代理人（主要是蒙古人）到法尔斯和起儿漫，以确保规定的贡品全额按时交付。当这并未能产生预期的结果，伊利汗便在1270年代改变了策略，将这些地区的税收和一般行政管理权交给了与宫廷有关系的穆斯林商人。但是，这也产生了令人失望的回报。因为此时罗耳人（Lurs）和捏古迭儿人（Nīgadurīs）的袭击严重阻碍了与南方的交流。捏古迭儿人是由蒙古人、印度人和其他人组成的强盗联盟。结果，法尔斯和起儿漫的统治者获得了更大的自治权，以自己的名字铸造硬币，重量和纯度皆用自己的标准。[1]

政策的下一个决定性变化发生在1292年，伊利汗乞合都再次改变策略，将法尔斯和波斯湾四年的税收包给了该地区的一位真正局内人——基什的统治者札马剌丁·易卜拉欣（Shaikh al-Islam Jūmal al-Dīn Ibrahīm）。伊利汗国的国库几乎枯竭，使得这一特许成为必要。作为回报，札马剌丁立即向宫廷送来现金，总计达100万土绵（*tūmān*）。这

1 Rashīd/K, I, 664–65; Rashīd/K, II, 734, 743–44, 785, 811, 815, 821, 921, and 1053–54; Rashīd/B, 307; and Rashīd/M, pt. II, 101–4.

样，一个荒凉小岛上的商人王就成了伊利汗政权的主要收税者和主要债权人。

札马剌丁已经在中国贸易中积累了巨大的财富，其家族企业在印度西海岸设有“分支机构”。他利用自己的资源和人脉讨好了乞合都的继任者合赞。1296 年，札马剌丁觐见了这位新的伊利汗。合赞赏赐给他珍贵的礼物，并力排众议，任命他为整个海湾和伊拉克南部地区的主要包税者。他一直任职至 1302 年，此后不再受人青睐，活动仅限于基什和其他一些岛屿。他和他的后代继续为合赞的继任人完者都（约 1304—1316）服务，但能力有限，基什的宿敌霍尔木兹王子成为伊利汗在海湾地区的首席代表。[1]

后来的一些史料给人留下了像阿曼和基什这样的主要珍珠开采中 158
心都在伊利汗直接管理之下的印象，但事实并非如此。[2] 蒙古人能够较为直接地获取波斯湾的贸易和财富，是因为他们与当地商人王的连续协议，将此前复杂的中介链条减少为单一代理人。但即使是这种程度的控制，也只是在伊利汗政权形成后大约 30 年才实现的。当然，这与东亚的情况形成鲜明对比。元朝在 1277 年，即实现直接军事占领前两年，就开始对他们的海上边界实行有效的行政控制了。不仅如此，伊利汗国在海湾沿岸地区没有同等的军事力量，就目前所知，伊利汗国军队从未在这种极端敌对的环境中采取大规模行动。

游牧民族与黑海边境的商业往来，可以追溯到斯基泰时期的文献

---

1 Vaṣṣāf, 302–3; *HI*, III, 35; and Rashīd/K, II, 926. 详见 Aubin 1953, 80–102; Spuler 1985, 122–27; Williamson 1973, 56–61; Kervan 1983, 2–24; Benjamin of Tudela, 118–19; Marco Polo, 101, 117。

2 Al-ʿUmarī/L, 96 and 156.

和考古记录。纵观历史，从北高加索穿越黑海海岸线到巴尔干半岛，政权通常都是分散的。博斯普鲁斯王国（Bosporan kingdom，约公元前438—公元370）是明显的例外，克里米亚也是如此。这段相对稳定的长期发展之后，政权通常分散在各个城邦国家、商业和民族宗教群体之间。从某种程度上说，这是半岛独特的地缘政治地位的结果。黑海在三个海疆中的独特之处在于其南岸有陆上力量，其北岸有时断断续续存在一两个政权，南北政权经常争夺整个地区的影响力。然而，最常见的是，这些争夺的目的不是对于整个半岛或其腹地的军事控制，而是占有前哨和飞地从事贸易及收集情报。结果，这些斗争常常使分裂永久化或扩大化，因为它们的对抗导致了松散、不安定，而联合统治必须培养和安抚各种当地商业利益、藩属和代理人；在10世纪拜占庭与可萨人争夺半岛影响力的斗争中，这种模式显而易见。[1]

蒙古之前的几个世纪中，拜占庭势力范围内的海上贸易的特征，是授予外国商人群体特许权。其中包括一般贸易权，有一定自治权的飞地，合理而稳定的关税税率，以及专门的法庭来裁定不同种族和宗教背景的人之间的个人和商业纠纷。类似的安排，也见于中世纪后期
159 西部草原的游牧国家中心伏尔加河下游以及黑海北岸各城市。对民族和宗教多样性的制度化宽容，普遍存在于此。这是出于资本、国际商人、投资者和顾客的需求，以便从这种商业交易中受益。这种观念与游牧精英的态度完全一致。天然商品和文化商品的持续流入，对游牧精英的政治经济至关重要。早在10世纪中叶，伏尔加河三角洲的可萨首都亦的勒（Itil）就建立了一个裁决社群之间冲突的法庭，由七名

1 Wozniak 1979, 115–26.

仲裁员组成——其中犹太人、穆斯林和基督教徒各有两名代表，一名“偶像教”异教徒代表。[1]

因此，金帐汗国在其海洋边疆遇到的组织格局，具有悠久的历史和公认的合法性，植根于其在陆海路线之间贸易的有效性。蒙古人的到来对这一点丝毫没有影响；1223 年和 1236—1241 年活跃的军事行动造成短暂中断之后，黑海贸易迅速恢复。唯一可见的变化是，正式支付给钦察首领的收益份额现在归术赤系了。[2]

随后的几十年中，成吉思汗系在西部草原稳固的统治，见证了意大利人对这种商业活动的参与显著增多，进一步证明了蒙古市场的吸引力。[3] 意大利人在金帐汗国授予的特许之下，获得了通常授予外国商人的一揽子权利，包括半自治的商行（*comptoir*），即“工坊”或“交易站”。在当时的地缘政治组织之下，意大利人必须与两个政权——最近复国的拜占庭帝国和最近建立的金帐汗国签订单独的协议，以获许进入黑海市场。他们获得这些交易特权，经历了日积月累的过程。1261 年，拜占庭人允许热那亚人通过海峡进入黑海。数年后，金帐汗国别儿哥汗（Berke，1257—1266 年在位）和他的继任者蒙哥帖木儿（Möngke Temür，1266—1280 年在位）在克里米亚的卡法为热那亚人提供了特许权。同时，拜占庭人还授予威尼斯人自由通过海峡的特权。威尼斯人在顿河下游的塔纳的地位，最早于 1322 年得到金帐汗国的正式认可，并于 1332 年得到重申。这些协定尽管反复出现危机、冲突和裁决，但一直延续到 1390 年代帖木儿袭击金帐汗国之前。此后，局势

1　Dunlop 1954, 94 and 206–7.

2　Ciocîltan 2012, 145–47.

3　Jacoby 2003, 131–40.

慢慢恶化，因为鞑靼精英皈依了伊斯兰教，不太愿意与欧洲人建立商业伙伴关系。[1]

160 除了制度上的连续性，贸易的方向性和交易产品也有明显的一致性。就像过去的几个世纪一样，在蒙古人的统治下，北方商品——主要是源于动物的天然产品（毛皮、蜡、蜂蜜、鱼胶）和奴隶——来到南方，换取成品（织物、钱币、宝石、珍珠和其他香料）送往北方。与此形成鲜明对比的，当然是中国沿海和波斯湾的贸易格局，北部腹地也将许多加工产品运往南部港口。

接下来，我们需要在更广泛的比较框架中研究这三个边疆的演变。最好从“边疆”一词开始。这个词被附加了各种看似矛盾的含义。有时它被定义为国家与政权之间固定的精确的边界线；有时则是不断变化的过渡地带，以开放性、通透性和文化多样性为特征。正是边疆的后一种概念使历史学家兴趣盎然，而且对当前的研究极其有用。

然后我们要尝试比较大陆草原边疆与沿海边疆的政治经济。尽管不可避免地伴随着扭曲和以偏概全，但仍然可以产出成果，提出新问题，并推出试探性的答案。为我的目的而选择的比较框架，重点关注国家形成、边疆人口的地域流动性及其军事潜力，旨在阐明草原与海洋之间的相互联系。

作为出发点，我们可以在中国历史的背景下研究这个问题。休·克拉克（Hugh Clark）在一项开创性研究中认为，海疆与内陆边疆相比有几个显著的不同点：它是非扩张性的，而且在这一地区，中国

[1] Di Cosmo 2013, 174–99; and Ciocîltan 2012, 152ff. Cf. Meyendorff 1981, 48–53; Nicol 1992, 40–42, 59–64, and 88–89; Di Cosmo 2005, 406–12; and Martinez 2008–9, 139–44, 168–74, and 188–93.

政权对汉人与他们中的外来社群之间的社会经济关系实行了更大的控制。[1]这些观点是正确的。但从更广的角度看，它们之间也有明显的相似之处。

从制图学的角度，这两个边疆乍一看似乎非常不同。内陆边疆环境变化多端：草原如手指一般插入农业区，沙漠和半沙漠延伸到草原，以及高海拔森林和草原地区之中补丁状的苔原。另一方面，海洋似乎显然与大陆有别。但这是具有误导性的，因为这里也有坡度、过渡地 161
带以及将海洋环境和资源带入内陆的河口，还有近海岛屿，是大陆与海洋紧密互动而形成的延伸。

环境的多样性为定居和开发提供了多种选择，需要并激励人类的灵活性。在内陆边疆，畜牧、农业和狩猎采集活动通常被合并在一起，使社群和政体可以季节性地利用不同的环境，并较长时间从事国内经济的一个分支。不仅如此，他们的灵活性还在于：即使已经做出转变，也可以在生态或政治环境不断变化的压力下被扭转。许多沿海地区也是如此。这些地区可以季节性地开展农业生产和海上采掘业，而且随着时间的流逝，其中一个可能会变得比另一个更受青睐。

因其运输能力和后勤能力，这两种边疆地区的族群都极为机动灵活，可以在有利时从事贸易、劫掠、走私或出售军事服务，这些活动也很容易彼此融合。对于游牧民族而言，军事成本很低。他们在马匹和武器上的大量投资非常有助于牧业生产，同时也提高了他们通过武力或武力威胁榨取农耕民族商品的能力。[2]对于许多沿海民族来说，他

1 Clark 2009, 1–33, esp. 30–33.

2 Chase 2003, 21–22.

们在船只和武器上的投资也产生了相同的结果，使他们以各种不同的组合从事海盗、劫掠并保护他人运输商品。关于上述这些，很好的例证是马来人。他们不断变换职业，是典型的“海洋游牧民族”（nomads of the sea）。[1]因此，这两种边疆的流动人口，与固定从事集约化农业的社会不同，不存在平衡民用和军事支出的问题，罕有铸剑为犁的情况。

这两种边疆的政治经济虽然多有相似，但一个最基本的差异，体现在国家形成的模式上。在东亚，其主要发生地是华北平原；内亚人和汉人在这种反复出现的进程中竞争与合作，造就了规模不一的政权，从小型的临时边疆政权，到大型的区域国家，再到跨洲际的帝国。[2]就后一种类型而言，南海没有出现对等的政权。

海上民族当然形成了国家，但规模不同。巨港所控制的领土，即室利佛逝（Srīvijaya，又名三佛齐），是蒙古之前几个世纪的主要商业
162 中心，仅包含苏门答腊南部穆西河（Musi）下游地区。蒙古之后，该岛北端的亚齐（Aceh）也以同样小的本土获得了商业上的成功，其近邻和竞争对手苏木都剌（Sumudra）和八昔（Pasai）也是如此。[3]具有如此规模和商业影响力的贸易国家，有时被称为“贸易帝国”，是很常见的——腓尼基和威尼斯是地中海世界的主要代表。

与此更为相关的是海防市（Haiphong）外海的云屯岛（Vân-dôn）。12和15世纪之间，它作为珍珠、贸易和走私中心繁盛一时。这座港

---

[1] Hall 1985, 41–43, 93–94, and 211–12. Cf. Lach 1965, 352.

[2] 关于其他政体，见 Mair 2005, 54–84。

[3] Hall 1985, 100–102, 212–13, 229–31, and 255–56.
［译者按］苏木都剌－八昔苏丹国（Sumudra Pasai Sultanate，1267–1521），位于苏门答腊岛北部。Sumudra，爱尔森原文作 Sumadra，径改。

口的兴起，与几个类似的商业中心相串联，可以看作一个更大进程的一部分。中国和东南亚沿海贸易的强化，使得原住民族彼此互动，也与大陆上的主要国家宋朝尤其是1126年以后的南宋、越南黎朝和陈朝互动。此后不久，云屯成为一个繁荣的区域中心，与爪哇和中国建立了商业联系。这座岛即使被越南和蒙古在海军对抗中先后占领，也始终能够恢复行动自由，可见其弹性。[1]因此，基什和霍尔木兹的规模和势力的维持，可以被视为典型的历史产物，与同时代其他海上国家很相似。

南海区域网络中的主导地位，主要是通过经济和组织手段实现的，只有小部分是通过海军实现的。简要回顾蒙古人的各种海上征伐和失败经历，将显示出海军影响力的局限性。从现有的大量文献中可以明显看出，作为对南宋的军事行动的一部分，元军被迫投资“大海军”。为此，他们制定了重要的造船计划，系统地征发中国和高丽水手，然后积极地使用这支部队。[2]一个值得称道的例子是，蒙古屡次发动陆海军攻安南和占城的大目标是对海路东部施加直接政治控制，从而在某种程度上复制陆上路线的统治，或更准确地说，是他们在中国南方沿海实施的部署。[3]他们要求东南亚大陆设立中国式的市舶司，并坚持让安南统治者与穆斯林商人组成“联合政府”。这两方面虽然都没能实现，但有力地支持了前述观点。

直接控制海上路线的想法究竟是如何以及何时出现的，难以确知。 163

[1] Yamamoto 1981, 1–28; Whitmore 2006, 107 and 110–12; and Wade 2009, 239, 241, 243, and 259.

[2] Xiao 1990, 177–200; and Wright 2007, 207–16.

[3] Vu 2016, 23 ff.

可以推测，这可能不是蒙古人最初的南方规划的一部分，而只是忽必烈掌握的日益强大的海军力量展现出这样的进取心。无论如何，其前进政策的彻底失败，令人信服地证明，以海军统治海路的一个大区块是根本无法成功的，遑论整个海路。交互影响的领域构成的海路圈子，一直是区域性的、多变的、有争端的，而且像陆路一样，容易出现骚动、延误和改道。海上航道在某种程度上更加和平与安全的观点，是我们所用的史料附带产生的效果。尤其是叙事史和政治制度史，往往侧重于内陆边疆。这种成见是完全可以理解的，因为对定居大国的统一或生存造成严重威胁的，唯有草原民族，而非海洋民族。在这一方面，海洋边疆确实是非扩张性的。

解释这些规模较小的海洋政体的成功和持久力时，我们需要考虑其自身的优势。在极端的压力下，海洋民族就像游牧民族一样，可能会拔营迁徙，带走大部分财产。由于他们的财富大部分是昂贵而便携的商品（*spezierie*），而且他们拥有航运或可以使用航运，因此陆上大国很难夺取他们高度流动性的资产。最后通常更有利的做法是达成协议，维护他们的基本经济利益，并承认他们的自主权。

海上商业中心所享有的行动自由，因其结构特点而得到进一步保障。印度洋贸易网络的特点是长距离商人在水平方向上相互依存。这种相互依存关系，跨越了语言、种族和宗教鸿沟。[1]因此，在许多情况下，交易需要错综复杂的交流网络，帝国、城邦、分散的民族—宗教聚居区和私人都可以在其中发挥作用。这种整合只能由个人、家庭和集团在很多年或几代人的基础上缓慢建立。对于收获珍珠等海洋产品

---

1 Tampoe 1989, 127.

所需的垂直组织，同样如此。正如已经讨论过的，此处必须调动从潜水员到牙侩的各级专家，聚集在偏远且长期贫瘠的地方。这项工作需要广泛的本地知识和本地人脉，久而久之才能形成。

在这种情况下，即使是拥有海军的大国，也不能仅仅介入并规定 164
一套全新的条款。关于这一点的有力证据是，海湾地区的商人王们享有充分的独立性。基什和霍尔木兹之间的争霸始于 11 世纪，到蒙古时期也一直没有减弱。有些出人意料的是，伊利汗国与此前的王朝一样，只是这些商业和海军竞赛的旁观者，仅仅接受其结果，然后与获胜者达成协议。

这三个边疆的另一个关键的共同特征是民族多样性。这既是海洋贸易历史发展的产物，又反过来对海洋贸易产生了深远影响。这种多样性对于解释两个圈子的成功整合至关重要。

最根本的是，具有共同经济利益和商业技术的长途商人社群活跃于内陆和海洋边疆，其中许多人对二者都有经验。处理在一种边疆遇到的多样性所需的技能，同样可以应用于另一边疆。必须认识到，在与不同背景的商人乃至各色各样的生产者、中间人、承运人和消费者打交道时，这些技能得到了磨练。

多样性也是商业公约和商业制度发展中的关键要素。在中世纪，商业公约和商业制度越来越趋于同质化或“国际化”。陆上和海上商业贸易中所用的实际上是一致的。这进一步证实了这两种系统是一起演变的。迄今所知，从地中海到中国，有各种类型的合伙方式。投资人提供货币或商品，商人则提供商业技能，二者以商定的比例分享利润。[1]

1 Allsen 1989, 117–20.

这种协议有时仅被视为避免借贷的一种手段，因此避免了高利贷。这种协议为代理商提供了灵活性和自主权，这是实现长距离商业投资所必需的，可能要多年才能完成的。毫无疑问，商人本身是这种跨洲际传播的主要推动力。

在东道国，这种多样性促使人们通过各种制度手段努力减少冲突。如我们所见，在西方，这种做法在可萨人统治下稳定存在；而在中国，它首先出现于唐朝。[1]这两种情况下，都是大型外来商人社群的存在，
165 有力地促进了法律机制的精细化。尽管这些法庭及其程序形式多样，但基本目的和功能是类似的。

与独立司法管辖的出现密切相关的问题是，商人在外国土地上旅行或居留时如何适应。在中国，非汉人商人的涌入导致蕃坊的建立，并获得了一定程度的内部自治权。意大利人在黑海也遇到了类似的制度。那里的做法植根于地中海，而其最成熟和最广泛的形式是伊斯兰世界的商旅客栈（*funduq*）。当然，每种情况下，蕃坊、商旅客栈和商行是在功能上对等的制度，都是为了让政府促进贸易、减少冲突，以及监督和控制境内的外国人。这可能是融合或扩散的结果，但在任何一种情况下，所有这些应对，显然都是由宗派和民族差异引发的。由此产生的制度，当然值得详细的比较研究。[2]

从时间顺序上看，我认为这些机构在9—10世纪的出现以及在13—14世纪的增加，为民族交汇和长距离交流的密集化提供了准确的指标。这是这两个时代的特征。不仅如此，这些机构在海港和内陆城

---

[1] 关于中国的情况，见 Ch’en 1979, 69 and 80–88。

[2] 开启这项研究的是 Constable 2003。

市兴起并繁荣发展，再次证明这两个圈子有着共同的历史。

我们将边疆动力概念化，就可以更好地评估成吉思汗系在多大程度上适应了海上贸易的传统，以及他们产生的影响有多大。这一问题中，最突出的是蒙古人对海洋世界的态度的一个主要共性：蒙古人对陆上商业及其惯例有广泛的经验，因此他们在三个海上边疆遇到相似的商业利益和习俗时，很容易适应。[1]在中国沿海，过渡几乎是无缝的；蒙古人迅速接管了宋朝的部署，未做显著改变。其他成吉思汗后裔也这样做，只是步伐较慢，而在波斯湾和黑海遇到的争端较多。

考察蒙古人如何适应其海疆，使我们回来思考军事力量和购买力对其成功所贡献的比例。这种情况下，他们获取海洋资源的能力，绝大部分归功于其商业实力，更确切地说，是对外国商人的吸引力。外 166
国商人对蒙古人的正面印象，是由其统治者的商业友好政策和不受限制的消费主义所决定的。这一观点的令人信服的证据，来自以下事实：商人不能像募兵或工匠一样被强行调发迁徙。商人因其职业性质，必须自由地开展业务，正如忽必烈公开宣称的“往来互市，各从所欲”。结果，聚集在成吉思汗系营帐、宫廷和港口的无数商人都是自愿来的，被销售旺盛、价格上涨和资本投资的前景吸引而来。

1 Martinez 1995–97, 132 and 134; and Di Cosmo 2010, 90–91, 95, and 104–5.

结 语

考虑到蒙古人拥有巨额财产，他们如何从地理遥远、气候多样的地域提取和传输珍珠这样的期许商品?

在遥远的北方，成吉思汗系统治者唤醒并扩展了与森林及苔原族群之间古老的贸易和朝贡关系。这种情况下，被征服的有丰富的森林—苔原边界经验的人口，充当了他们寻求皮毛、白海青、河珠和其他北方商品的中介。

在草原地区，蒙古人不需要中介或顾问。他们成功地重新支配了游牧居民，从而调动了草原的军事资源——人力和马力，这对他们的帝国事业的成功至关重要。

在草原以南的农业地带，他们吸引、吸收并强迫本地和外来官员、地方统治家族及国际商人来帮助他们从这些复杂的社会中识别和提取人力、物力。此事之所以可能，是因为在蒙古之前的几个世纪中，华北、突厥斯坦和呼罗珊的中间人队伍已经逐步发展，他们惯于也愿意协助这个来自内亚的政体管理定居人口。

蒙古人的影响力扩展到海洋领域，这对于游牧民族来说是一个新起点和新挑战。蒙古人试图对东南亚实行直接行政控制，并主张用海军主宰周围海域，但不断遭遇失败。这些失败当然最难忘怀，却往往遮蔽了他们在海上取得的很多和平性的成功。蒙古人之所以成功，是因为他们占据了设施雄厚的中国海岸线，为他们积极参与南海商业生活提供了必要的海洋资源。正如邓钢有力论证的那样，从活动范围、
168 造船技术、航海设备和旅行文献的角度来判断，中国的海上成就的顶峰是南宋和元时代，而不是像通常所认为的明初郑和下西洋时期。[1]

蒙古人可以选拔数种专业人员，使这些人服务于与游牧民族完全不同的环境中。中国人可以提供一些人员，但是成吉思汗系统治者更加青睐穆斯林，这是有充分理由的：他们不仅在中国、东南亚和印度拥有众多且不断增长的飞地，而且与波斯湾、红海和地中海东部也有重要联系。蒙古人将中国航海技术与穆斯林商业网络嫁接起来，带来了南海商业的黄金时代。

在帝国的北方森林和农业地区，中间人负责管理领土和控制臣属人口。不同的是，在南海，中间人负责寻找加入、渗透和获得现有贸易网络的方法。蒙古人以建立和运行一个广阔的基于陆上的交流系统即帝国邮驿系统而闻名，但在随后的几十年中，他们成功地支持了一个同样广阔的海上通讯系统，其创建和运营者并非自己，而主要是精通跨文化贸易的印度佛教徒和穆斯林商人。[2]

由于这些多方面的联系，成吉思汗系宫廷起着巨大的磁铁作用，吸引着来自旧世界每一个地域的商人和商品。对此成就最普遍的解释

---

1 Deng 1997, 54–58. Cf. Ptak 1995, 47–75.

2 Clark 1995, 50–65; and Sen 2003, 165–68 and 236.

是，帝国创造了“和平”，促进了商业产品和文化产品的远距离流通。可以肯定的是，这确实是答案的一部分。但在更根本的层面上，形成如此庞大的游牧帝国，需要大量积累和重新分配能凸显身份地位的商品，这一过程促进了新的政权在真正的大陆范围内消费。这种情况下，陆上贸易和海上贸易同时蓬勃发展，形成了一个动态的交换系统，使商品在东西、南北方向移动——其中包括大量珍珠，也就不足为奇。成吉思汗系统治者利用这些精心的展示，在凸显其影响力和财富的同时，将自身包裹在皇家高贵的光环之中，当然，也能制造出福荫。

一手史料与缩写

Abū'l Faẓl, *AA* — Abū'l Faẓl. *The A'īn-i Akbārī*. Trans. H. Blochmann. Reprint Delhi: Low Price Publications, 2006, 3 vols.

Abū'l Faẓl, *AN* — Abū'l Faẓl. *Akbar Nama*. Trans. Henry Beveridge. Reprint Delhi: Atlantic, 1989. Vol. I.

Abū'l Fidā — Abū'l Fidā. *The Memoirs of a Syrian Prince*. Trans. P. M. Holt. Wiesbaden: Franz Steiner, 1983.

'A-D — Smirnova, L. P., trans. *'Ajā'ib al-dunyā*. Moscow: Nauka, 1993.

Al-Ahrī — Al-Ahrī, Abū Bakr. *Ta'rīkh-i Shaikh Uwais: An Important Source for the History of Adharbaījan*. Trans. H. B. Van Loon. The Hague: Mouton, 1954.

AM — Baladouni, Vahe, and Margaret Makepeace, eds. *Armenian Merchants of the Seventeenth and Early Eighteenth Century: English East India Company Sources*. Philadelphia: American Philosophical Society, 1998.

Ammianus — *Ammianus Marcellinus*. Trans. John C. Rolf. Loeb Classical Library. Cambridge, Mass.: Harvard University Press, 1958.

Ananias — Hewson, Robert, trans. *The Geography of Ananias of Širak: The Long and Short Recensions*. Wiesbaden: Reichert, 1992.

Arrian, *Ind.*	Arrian. *The History of Alexander and Indica.* Trans. P. A. Brunt. Loeb Classical Library. Cambridge, Mass.: Harvard University Press, 1989.
Al-Bākuwī	Al-Bākuwī, ʿAbd al-Rashīd. *Kitāb takhlis al-athir va ʿajā'ib al-malik al-qahār.* Trans. Z. M. Buniatov. Moscow: Nauka, 1971.
Bar Hebraeus	Bar Hebraeus. *The Chronography of Gregory Abū'l Faraj.* Trans. Ernest A. Wallis Budge. London: Oxford University Press, 1932. Vol. I.
Barbosa	Dames, Mansel Longworth, trans. *The Book of Duarte Barbosa.* 1918. Reprint Millwood, N.Y.: Kraus Reprint, 1967. 2 vols.
Bayhaqī/B	Bosworth, C. E., trans. *The History of Beyhaqi.* Cambridge, Mass.: Distributed by Harvard University Press, 2011. Vol. II.
Bayhaqī/F	Bayhaqī, Abū'l Faẓl. *Tarīkh-i Bayhaqī.* Ed. ʿAlī Akbar Fayyaẓ. Tehran: Ferdowsi University Press, 1996.
Bell	Bell, John. *A Journey from St. Petersburg to Pekin, 1719–22.* Edinburgh: At the University Press, 1965.
Benjamin of Tudela	Adler, Marcus Nathan, trans. *The Itinerary of Benjamin of Tudela.* 1907. Reprint Malibu, Calif.: Pangloss Press, 1987.
Bernier	Bernier, François. *Travels in the Mogul Empire, A.D. 1656–1668.* 2nd ed. Oxford: Oxford University Press, 1934.
BF/D	Danīsh-pazhūh, Muḥammad Tāqī, ed. *Baḥr al-favāʿid.* Tehran: BNTK, 1966.
BF/M	Meisami, Julie Scott, trans. *The Sea of Precious Virtues (Baḥr al-favāʿid): A Medieval Islamic Mirror for Princes.* Salt Lake City: University of Utah Press, 1991.
BGR	al-Qaddūmī, Ghāda al-Ḥijjāwī, trans. *Book of Gifts and Rarities.* Cambridge, Mass.: Harvard University Press, 1996.
Al-Bīrūnī/B	Al-Biruni, Abu-r-Rakhan ibn Akhmed. *Sobranie svedenii dlia poznaiia dragotsennosti (Mineralogiia).* Trans. A. M. Beletnitskii. Moscow: Izdatel'stvo akademii nauk SSSR, 1963.

Al-Bīrūnī/K — Krenkow, Fritz, trans. "The Chapter on Pearls in the Book on Precious Stones by al-Bērūnī," pt. I. *Islamic Culture* (1941) 15: 399–421; pt. II (1942) 16: 21–36.

Al-Bīrūnī/S — Sachau, Edward C., trans. *Alberuni's India.* Reprint Delhi: Low Price Publications, 1989. 2 vols.

BS — *Beishi.* Beijing: Zhonghua shuju, 1983.

Carpini — Carpini, Friar Giovanni Di Plano. *The Story of the Mongols Whom We Call the Tartars.* Trans. Erik Hildinger. Boston: Branden, 1996.

Chardin — Chardin, John. *Travels in Persia, 1673–77.* 1927. Reprint New York: Dover, 1988.

Chaucer — Canterbury Tales. In Walter W. Skeat, ed., *The Complete Works of Geoffrey Chaucer.* Oxford: Clarendon Press, 1894. Vol. IV.

Cheng Jufu — Cheng Jufu. *Cheng xuelou wenji.* Taipei: Yuandai zhenben wenji, 1970.

Clavijo — Clavijo, Ruy Gonzales de. *Embassy to Tamerlane, 1403–6.* Trans. Guy Le Strange. London: Routledge, 1928.

CMS — Birell, Anne, trans. *The Classic of Mountains and Seas.* London: Penguin, 1999.

CP — Thackston, W. M., trans. *A Century of Princes: Sources on Timurid History and Art.* Cambridge, Mass.: Agha Khan Program for Islamic Architecture, 1989.

ČT — Sagaster, Klaus, ed. and trans. *Die Weisse Geschichte (Čaγan Teüke).* Wiesbaden: Otto Harrassowitz, 1976.

CWT — Yule, Sir Henry, trans. *Cathay and the Way Thither, Being a Collection of Medieval Notices of China.* 1866. Reprint Taipei: Ch'eng-wen, 1966. 4 vols. in 2.

Darmasvāmin — Roerich, George, trans. *Biography of Darmasvāmin, a Tibetan Monk Pilgrim.* Patna: K. P. Jayaswal Research Institute, 1959.

Dasxuranc'i — Dasxuranc'i, Movsēs, *The History of the Caucasian Albanians.* Trans. C. J. F. Dowsett. London: Oxford University Press,

	1961.
Al-Dawādārī	Ibn al-Dawādarī. *Kranz al-durar wa jāmi' al-ghurar.* Ed. Ulrich Haarmann. Cairo: Mafba'at 'Isā al-bābī al-Halabī wa shirkahū, 1971. Vol. VIII.
Dom.	Pouncy, Carolyn Johnston, trans. *The Domostroi: Rules for Russian Households in the Time of Ivan the Terrible.* Ithaca, N.Y.: Cornell University Press, 1994.
Drasxanakertc'i	Draskhanakerttsi, Iovannes. *Istoriia Armenii.* Trans. M. O. Dardinian-Melikian. Yerevan: Izdatel'stvo Sovetakan Grokh, 1986.
DRI	Carruthers, Douglas, ed. *The Desert Route to India, Being the Journals of Four Travellers.* London: Printed for the Hakluyt Society, 1929.
Dunaysarī	Dunaysarī, Shams al-Dīn Muḥammad. *Navādir al-tabādur li-tuḥfat al-bahādur.* Ed. Iraj Afshār and Muḥammad Tāqī Danīsh-pazhūh. Tehran: Pizhūhishgāh-i 'ulum-i insānī va mutāla'āt-i farhangī, 2008.
Ełishē	Ełishē. *History of Vardan and the Armenian War.* Trans. Robert W. Thomson. Cambridge, Mass.: Harvard University Press, 1982.
Ennin	Reischauer, Edwin O., trans. *Ennin's Diary: The Record of a Pilgimage to China in Search of the Law.* New York: Ronald, 1955.
ESMH	Schuh, Dieter, trans. *Erlasse und Sendschreiben mongolischer Herrscher für tibetische Geistliche.* St. Augustin: VGH, 1977.
EVTRP	Morgan, E. Delmar, and C. H. Coote, eds. *Early Voyages and Travels to Russia and Persia by Anthony Jenkinson and Other Englishmen.* 1886. Reprint New York: Burt Franklin, 1963. 2 vols.
Fan Chengda	Hargett, James M., trans. *On the Road in Twelfth Century China: The Travel Diaries of Fan Chengda (1126–1193).* Stuttgart:

	Franz Steiner, 1989.
Faxian	*Faxian zhuan jiaozhu.* Beijing: Zhonghua shuju, 2008.
Faxian/L	Legge, James, trans. *A Record of Buddhist Kingdoms: Being an Account by the Chinese Monk Fa-Hein of Travels in India and Ceylon.* 1886. Reprint New Delhi: Munshiran Manoharlal, 1991.
FCH	Blockley, R. C., trans. *The Fragmentary Classicising Historians of the Later Roman Empire.* Vol. II, *Text, Translation and Historiographical Notes.* Liverpool: Francis Cairns, 1983.
Fletcher	Fletcher, Giles. *Of the Russe Commonwealth.* Ed. Richard Pipes and John V. Fine, Jr. Cambridge Mass.: Harvard University Press, 1966.
Fryer	Fryer, John. *A New Account of East India and Persia, Being Nine Years' Travels, 1672–1681.* Ed. William Crooke. 1909. Reprint Millwood, N.Y.: Kraus Reprint, 1967. 3 vols.
GC	Vivian, Katherine, trans. *The Georgian Chronicle: The Period of Giorgi Lasha.* Amsterdam: Adolf M. Hakkert, 1991.
GLR	Sørensen, Per K., trans. *A Fourteenth Century Tibetan Historical Work: rGyal-rabs gsal-bai me-loṅ.* Copenhagen: Akademisk, 1986.
GOT	Tekin, Talât, trans. *A Grammar of Orkhon Turkic.* Uralic and Altaic Series 69. Bloomington: Indiana Aniversity Publications, 1968.
Grigor of Akancʿ	Blake, Robert P., and Richard N. Frye, trans. "History of the Nation of Archers (The Mongols) by Grigor of Akancʿ." *Harvard Journal of Asiatic Studies* (1949) 12: 269–399.
Ḥ-ʿA	Minorsky, V., trans. *Ḥudūd al-ʿAlum.* 2nd ed. London: Luzac, 1970.
Ḥafiẓ-i Abrū/B	Ḥāfiẓ-i Abrū. *Ẓayl jāmiʿ al-tavārīkh-i Rashīdī.* Ed. K. Bayānī. Salsatat-i instishārāt-i aṣar millī, no. 88. Tehran: Anjuman-i Athar, 1971.

Ḥāfiẓ-i Abrū/M	Maitra, K. M., trans. *A Persian Embassy to China, Being an Extract from Zubatu't Tawarikh of Hafiz Abru.* Reprint New York: Paragon, 1970.
HCGVC	Perfecky, George A., trans. *The Hypatian Codex,* vol. II, *The Galician-Volynian Chronicle.* Munich: Wilhelm Fink, 1973.
Het'um	Hayton. *La flor des istoires de la terre d'Orient. Recueil des historiens des croisades, documents arméniens.* Paris: Imprimerie nationale, 1906. Vol II.
Het'um/B	Boyle, John A., trans. "The Journey of Het'um I, King of Lesser Armenia to the Court of the Great Khan Möngke." *Central Asiatic Journal* (1964) 9: 175–89.
Hex.	Golden, Peter B., ed. *The King's Dictionary: The Rasūlid Hexaglot, Fourteenth Century Vocabularies in Arabic, Persian, Turkic, Greek, Armenian and Mongol.* Leiden: Brill, 2000.
HG	Brosset, M., trans. *Histoire de la Géorgie*, pt. 1, *Histoire ancienne jusqu'en 1469 de JC.* St. Petersburg: Académie des sciences, 1850.
HHS	Fan Ye. *Hou Hanshu.* Beijing: Zhonghua shuju, 1973.
HI	Elliot, H. M., and John Dawson, trans. *The History of India as Told by Its Own Historians: The Muhammadan Period.* 1867. Reprint New York: AMS Press, 1966. Vol. III.
Huan Kuan	Huan Kuan. *Yantie lun jiaozhu.* Beijing: Zhonghua shuju, 1992. 2 vols.
HYYY	Mostaert, Antoine, trans., and Igor de Rachewiltz, ed. *Le matérial du Houa i i iu de Houng-ou (1389).* Brussels: Institut belge des hautes études chinois, 1977–95. 2 vols.
Ibn 'Arabshāh	Ibn Arabshah, Ahmed. *Tamerlane or Timur the Great Amir.* Trans. J. H. Sanders. Reprint Lahore: Progressive Books, n.d.
Ibn Baṭṭuṭah	Gibb, H. A. R., trans. *The Travels of Ibn Baṭṭuṭa.* Cambridge: Cambridge University Press for the Hakluyt Society, 1958–94. 4 vols.

Ibn Faḍlān — Ibn Faḍlān. *Mission to the Volga.* Trans. James E. Mongomery. In TATB.

Ibn Jubayr — Ibn Jobair. *Voyages.* Trans. Maurice Gaudefroy-Demombynes. Paris: Librairie orientaliste Paul Guenther, 1949–65. 4 vols.

Ibn Khaldūn — Ibn Khaldūn. *The Muqaddimah: An Introduction to History.* Trans. Franz Rosenthal. New York: Pantheon, 1958. 3 vols.

Ibn Riḍwān/D — Dols, Michael W., trans. *Medieval Islamic Medicine: Ibn Riḍwān's "On the Prevention of Bodily Ills in Egypt."* Berkeley: University of California Press, 1984.

Ibn Riḍwān/G — Grand'Henry, Jacques, trans. *Le livre de la méthode du médecin de ʿAlī b Riḍwān (998–1067).* Louvain-la-Neuve: Université catholique de Louvain, Institut orientaliste, 1979–84. 2 vols.

Ibrāhīm — Ibrāhīm, Muḥammad ibn. *The Ship of Sulaiman.* Trans. John O'Kane. New York: Columbia University Press, 1972.

Isadore — Schoff, Wilfred H., trans. *Parthian Stations by Isadore of Charax.* Reprint Chicago: Ares, 1989.

Jāḥiẓ — Pellat, Charles, trans. "Ǧāḥiẓiana I: Le *Kitāb al-tabaṣṣur bi-l Tiǧara* attribué à Ǧāḥiẓ." *Arabica* (1955) 2: 153–65.

JS — Rogers, Michael C., trans. *The Chronicle of Fu Chien* [from the *Jinshu*]*: A Case Study in Exemplar History.* Berkeley: University of California Press, 1968.

JTS — *Jiu Tangshu.* Beijing: Zhonghua shuju, 1975.

Juvaynī/B — Juvaynī, ʿAtā-Malik. *The History of the World Conqueror.* Trans. John Andrew Boyle. Cambridge, Mass.: Harvard University Press, 1958. 2 vols.

Juvaynī/Q — Juvaynī, ʿAtā-Malik. *Ta'rīkh-i Jahāngushā.* Ed. Mirzā Muḥammad Qazvīnī. London: Luzac, 1912–37. 3 vols.

Jūzjānī/L — Jūzjānī. *Ṭabaqāt-i nāṣirī.* Ed. W. Nassau Lees. Bibliotheca Indica 44. Calcutta: College Press, 1864.

Jūzjānī/R — Jūzjānī, *Ṭabaqāt-i nāṣirī.* Trans. H. G. Raverty. Reprint New Delhi: Oriental Book Reprint, 1970. 2 vols.

KDA	Chunakova, O. M., trans. *Kniga Deianii Ardashir syna Papaka.* Moscow: Nauka, 1987.
Khiṭā'ī	Khiṭā'ī, ʿAlī Akbar. *Khiṭā'ī-nāmah.* Ed. Iraj Afshār. Tehran: Asian Cultural Documentation Center for UNESCO, 1979.
Khorezmi	Khorezmi. *Mukhäbbät-name.* Trans. E. N. Nadzhip. Moscow: Izdatel'stvo Vostochnoi literatury, 1961.
KI	*Kazanskaia istoriia.* In *Pamiatniki literatury drevnei Rus: Seredina XVI veka.* Moscow: Khudozhestvennaia literatura, 1985.
Kirakos/B	Boyle, John Andrew, trans. "Kirakos of Ganjak on the Mongols." *Central Asiatic Journal* (1963) 8: 199–214.
Kirakos/Kh	Kirakos Gandzaketsi. *Istoriia Armenii.* Trans. L. A. Khanlarian. Moscow: Nauka, 1976.
LAÖPB	Mostaert, Antoine, and Francis W. Cleaves, trans. and eds. *Les lettres de 1289 et 1305 des Ilkhan Aryun et Öljeitü à Philippe le Bel.* Cambridge, Mass.: Harvard University Press, 1962.
Li Zhichang	Li Zhichang. *Xiyou ji.* In *MGSL.*
Li Zhichang/W	Li Chih-ch'ang. *The Travels of an Alchemist.* Trans. Arthur Waley. London: Routledge and Kegan Paul, 1963.
Linschoten	Linschoten, John Huyghen van. *The Voyage to the East Indies.* Ed. Arthur Coke Burnell and P. A. Tiele. London: Hakluyt Society Publications, 1985, 2 vols.
LKA	Strong, John S., trans. *The Legend of King Aśoka.* Princeton: Princeton University Press, 1983.
LMJT	Goitein, S. D., trans. *Letters of Medieval Jewish Traders.* Princeton: Princeton University Press, 1973.
LS	*Liaoshi.* Beijing: Zhonghua shuju, 1974.
Ma Huan	Ma Huan. *Ying-yai sheng-lan: The Overall Survey of the Oceans' Shores.* Trans. J. V. G. Mills. Cambridge: For the Hakluyt Society, 1970.
Mandeville	Mosely, C. W. R. D., trans. *Travels of Sir John Mandeville.*

	New York: Penguin, 1983.
Al-Maqrīzī	Al-Maqrīzī, Aḥmad. *Kitāb al-sulūk li ma'rifat duwal almulūk.* Ed. M. M. Ziyādah. Cairo: Lajnal al-ta'ilif wa altarjamah wa al-nashr, 1956–73. 4 vols. in 12 pts.
Marco Polo	Marco Polo. *The Description of the World.* Trans. A. C. Moule and Paul Pelliot. London: Routledge, 1938. Vol. I.
Menander	Blockley, R. C., trans. *The History of Menander the Guardsman.* Liverpool: Francis Cairns, 1985.
MGSL	Wang Guowei, ed. *Menggu shiliao sizhong.* Taipei: Zhenzhong shuju, 1975.
Mīrzā Ḥaydar	Mirza Muhammad Haidar. *A History of the Mughals of Central Asia.* Trans. E. Denison Ross. Reprint New York: Praeger, 1970.
MKK	Budge, Ernest A. Wallis, trans. *The Monks of Kūblāi Khān.* London: Religious Tract Society, 1928.
MM	Dawson, Christopher, ed. *The Mongol Mission: Narratives and Letters of the Franciscan Missionaries in Mongolia and China in the Thirteenth and Fourteenth Centuries.* New York: Sheed and Ward, 1955.
MMR	Di Cosmo, Nicola, and Dalizhabu Bao, trans. *Manchu-Mongol Relations on the Eve of the Qing Conquest: A Documentary History.* Leiden: Brill, 2003.
MREAS	Bretschneider, Emil, trans. *Medieval Researches from East Asiatic Sources.* London: Routledge and Kegan Paul, 1967. 2 vols.
MS	*Mingshi.* Beijing: Zhonghua shuju, 1974.
MTMW	Lopez, Robert S., and Irving W. Raymond, trans. *Medieval Trade in the Mediterranean World.* New York: Columbia University Press, 1990.
Mufaḍḍal/B	Moufazzal, Ibn Abil-Faza'il. *Histroire des Sultans Mamelouks.* Trans. E. Blochet. Patrologia orientales, XII, fasc. 3, no. 59.

Reprint Turnout: Brepols, 1982.

Mufaḍḍal/K Kortantamer, Samira, trans. *Ägypten und Syria zwischen 1317 und 1341 in der Chronik des Mufaḍḍal b. Abī l-Faḍā'il.* Freiburg: Klaus Schwarz, 1973.

Al-Nadīm Dodge, Bayard, trans. *The Fihrist of al-Nadim: A Tenth Century Survey of Muslim Culture.* New York: Columbia University Press, 1970. 2 vols.

Narshakhī Narshakhī. *The History of Bukhara.* Trans. Richard N. Frye. Cambridge, Mass.: Medieval Academy of America, 1954.

Al-Nasawī Al-Nasawī, Muḥammad. *Sīrat al-Ṣulṭān Jalāl-Dīn Mankubirtī.* Ed. H. Hamdī. Cairo: Dār al-fikr al-ʿArabī, 1953.

NC Zenkovsky, Serge A., and Betty Jean Zenkovsky, trans. *The Nikonian Chronicle.* Princeton: Kingston and Darwin Press, 1984–89. 5 vols.

Nikitin Nikitin, Afanasii. *Khozhdenie za tri moria.* 2nd ed. Moscow: Izdatel'stvo akademii nauk SSSR, 1958.

NITP Grey, C., trans. *A Narrative of Italian Travels in Persia.* London: Hakluyt Society, 1875.

Niẓām al-Mulk Niẓām al-Mulk. *Siyāsat nāmah.* Ed. ʿAbbās Iqbāl. Tehran: Intishārāt-i asātīr, 1990.

Niẓāmī Nizami Ganjavi. *The Haft Paykar: A Medieval Persian Romance.* Trans. Julie Scott Meisami. Oxford: Oxford University Press, 1995.

Olearius Baron, Samuel H., trans. *The Travels of Olearius in Seventeenth-Century Russia.* Stanford: Stanford University Press, 1967.

Pegolotti Pegolotti, Francesco Balducci. *La Practica della Mercatura.* Ed. Allan Evans. Cambridge, Mass.: Medieval Academy of America, 1936.

Peng and Xu Peng Daya and Xu Ting. *Heida shilue.* In *MGSL.*

Pliny Pliny, *Natural History.* Trans. H. Rockham and W. H. S. Jones. Loeb Classical Library. Cambridge, Mass.: Harvard University

Press, 1960–67.

PME Casson, Lionel, trans. *The Periplus Maris Erythraei.* Princeton: Princeton University Press, 1989.

Possevino Graham, Hugh E., trans. *The Moscovia of Antonio Possevino.* University of Pittsburgh Series in Russian and East European Studies, no. 1. Pittsburgh: University Center for International Studies, 1977.

PR Elverskog, Johan, trans. *The Pearl Rosary: Mongol Historiography in Early Nineteenth Century Ordos.* Publications of the Mongolia Society Occasional Paper no. 26. Bloomington, 2007.

PRDK Demidova, N. F., and V. S. Miasnikov, eds. *Pervye russkie diplomaty v Kitae.* Moscow: Izdatel'stvo Nauka, 1966.

Procopius, *HW* Procopius. *History of the Wars.* Trans. H. B. Dewing. Loeb Classical Library. London: Heinemann, 2001.

PSRL *Polnoe sobranie russkikh letopisei.* Vol. II, *Ipat'evskaia letopis.* Moscow: Iazyki russkoi kul'tury, 1998.

Qāshānī/A Qāshānī, Abū al-Qasīm. *ʿArāʾis al-javāhir va nafāʾis alaṭāʾib.* Ed. Iraj Afshār. Tehran: al-Maʿī, 2007.

Qāshānī/H Qāshānī, Abū al-Qasīm. *Taʾrīkh-i Ūljaytū.* Ed. M. Hambly, Tehran: BTNK, 1969.

Qazvīnī, *NQ* Qazvīnī, Ḥamd-Allāh Mustawfī. *The Geographical Part of the Nuzhāt al- Qulūb.* Trans. Guy Le Strange. London: Luzac, 1919.

Qazvīnī, *ZSNQ* Qazvīnī, Ḥamd-Allāh Mustawfī. *The Zoological Section of the Nuzhāt al-Qulūb.* Trans. J. Stephenson. London: Royal Asiatic Society, 1928.

Quan Heng Quan Heng. *Gengshen waishi.* Taipei: Guangwen shuju, 1968.

Quintus Curtius Quintus Curtius. *History of Alexander.* Trans. John C. Rolfe. Loeb Classical Library. Cambridge, Mass.: Harvard University Press, 1946.

Rashīd/B Rashīd al-Dīn. *The Successors of Genghis Khan.* Trans. John

	Andrew Boyle. New York: Columbia University Press. 1971.
Rashīd/D	Rashīd al-Dīn. *Savāniḥ al-afkār-i Rashīdī.* Ed. M. T. Dānish-pazhūh. Tehran: Instishārāt-i kitābkhānah-i markazī va markaz-i asnad, 1979.
Rashīd/J	Jahn, Karl, trans. *Die Indiengeschichte der Rašīd ad-Dīn.* Vienna: Herman Böhlaus, 1980.
Rashīd/K	Rashīd al-Dīn. *Jāmiʿ al-tavārīkh.* Ed. B. Karīmī. Tehran: Eqbal, 1959. 2 vols.
Rashīd/M	Martinez, A. P., trans. "The Third Portion of the Story of Gāzān Xān in Rašīdu'd-Dīn's *Ta'rīx-e mobārak-e* Gāzānī," pt. I. *Archivum Eurasiae Medii Aevi* (1986–87) 6: 41–127; pt. II (1992–94) 8: 99–206.
Rashīd/S	Rashīd al-Dīn. *Athār va aḥyā.* Ed. M. Sutūdah and Iraj Afshār. Tehran: University Press, 1989.
Rashīd/Q	Raschid-Eldin. *Histoire des Mongols de la Perse.* Trans. Étienne Quartremère. Reprint Amsterdam: Oriental Press, 1968.
RBK	Berry, Loyd E., and Robert O. Crummy, eds. *Rude and Barbarous Kingdom: Russia in the Accounts of Sixteenth Century English Voyagers.* Madison: University of Wisconsin Press, 1968.
RCS	Dmytryshyn, Basil, et al., trans. *Russia's Conquest of Siberia,* vol. I, *A Documentary Record, 1558–1700.* Portland, Ore.: Western Imprints, 1985.
Remezov	Remezov, Semen Ul'ianovich. *Istoriia sibirskaia.* In *Pamiatniki literatury drevnei Rusi, XVII vek,* bk. II. Moscow: Khudozhestvennaia literatura, 1989.
RMO	Slesarchuk, G. I., ed. *Russko-mongolskie otnosheniia, 1654–1685: Sbornik dokumentov.* Moscow: Vostochnoi literatury RAN, 1996.
Roe	Foster, William, ed. *The Embassy of Sir Thomas Roe to the*

Court of the Great Mogul, 1615–1619. Reprint Nendeln: Kraus Reprint, 1967. 2 vols.

RTC Majeska, George P., trans. *Russian Travelers to Constantinople in the Fourteenth and Fifteenth Centuries*. Washington, D.C.: Dumbarton Oaks, 1984.

Rubruck Jackson, Peter, trans., and David Morgan, ed. *The Mission of Friar William of Rubruck*. London: Hakluyt Society, 1990.

Rust'haveli Rust'haveli, Shot'ha. *The Man in the Panther's Skin*. Trans. Marjory Scott Wardrop. London: Luzac, 1966.

Al-Sābi' Al-Sābi', Hilāl. *Rusūm dār al-khilāfah: The Rules and Regulations of the 'Abbāsid Court*. Trans. Elie A. Salem. Beirut: American University of Beirut, 1977.

Al-Samarqandī Levey, Martin, and Noury al-Khaledy, trans. *The Medical Formulary of al-Samarqandī*. Philadelphia: University of Pennsylvania Press, 1967.

Sayf Sayf ibn Muḥammad ibn Ya'qūb al-Havarī. *Ta'rīkh nāmah-i Harāt*. Ed. M. Ṣiddīqī. Calcutta: Baptist University Press, 1944.

SBM Budge, Ernest A. Wallis, trans. *The Syriac Book of Medicines: Syrian Anatomy, Pathology and Therapeutics in the Early Middle Ages*. Reprint Amsterdam: APA-Philo Press, 1976. Vol. II.

SCBM Xu Mengxin, comp. *Sanchao beimeng huibian*. Shanghai: Guji chubanshe, 2008.

Schiltberger Telfer, J. Buchan, trans. *The Bondage and Travels of Johann Schiltberger*. London: Hakluyt Society, 1878.

SH de Rachewiltz, Igor, trans. *The Secret History of the Mongols: A Mongolian Epic Chronicle of the Thirteenth Century*. Leiden: Brill, 2004. 2 vols.

Shao Yuanping Shao Yuanping. *Yuanshi leibian*. Taipei: Guangwen shuju, 1968.

Al-Sīrāfī Al-Shīrāfī, Abū Zayd. *Accounts of China and India*. Trans. Tim

Mackintosh-Smith. In *TATB*.

Sima Guang — de Crespigney, Rafe, trans. *To Establish Peace: Being the Chronicle of the Later Han for the Years 189–220 as Recorded in Chapters 59 to 69 of the Zizhi tongjian of Sima Guang*. Canberra: Faculty of Asian Studies, Australian National University, 1996. 2 vols.

SJV — Kane, Daniel, trans. *The Sino-Jurchen Vocabulary of the Bureau of Interpreters*. Indiana University Uralic and Altaic Series, 153. Bloomington: Research Institute for Inner Asian Studies, 1989.

SMOIZO — Tizengauzen, V. G., trans. *Sbornik materialy otnosiashchikhsia k istorii Zolotoi Ordy*, vol. II, *Izvlecheniia iz persidskikh sochinenii*. Moscow: Izdatel'stvo Akademii Nauk SSSR, 1941.

Song Yingxing — Sung Ying-sing. *Tien-kung-kai-wu: Exploitation of the Works of Nature*. Taipei: China Academy, 1980.

SPKB — Dmitriev, L. A., and O. P. Likhacheva, eds. *Skazaniia o kulikovskoi bitve*. Leningrad: Nauka, 1982.

SWQZL — *Shengwu qinzheng lu*. In *MGSL*.

Al-Ṭabarī — *The History of al-Ṭabarī*. Trans. various hands. Albany: State University of New York Press, 1985–99. 39 vols.

Tacitus, *Agr.* — Tacitus. *Agricola, Germania, Dialogus*. Trans. M. Hutton. Loeb Classical Library. Cambridge, Mass.: Harvard University Press, 1970.

Tao Zongyi — Tao Zongyi. *Nancun chuogeng lu*. Beijing: Zhonghua shuju, 2004.

TATB — Kennedy, Philip F., and Shawkat M. Toorawa, trans. *Two Arabic Travel Books*. New York: New York University Press, 2014.

Teixeira — Sinclair, William F., trans. *The Travels of Pedro Teixeira*. London: Hakluyt Society, 1902.

TGPM — Howes, Robert Craig, trans. *The Testaments of the Grand*

Princes of Moscow. Ithaca, N.Y.: Cornell University Press, 1967.

Tha'ālibī — Bosworth, C. E., trans. *The Book of Curious and Entertaining Information: The Latā'if al-ma'ārif of Tha'ālibī.* Edinburgh: University of Edinburgh Press, 1968.

Theophanes — Turtledove, Harry, trans. *The Chronicle of Theophanes.* Philadelphia: University of Pennsylvania Press, 1982.

Theophylact — Whitby, Michael, and Mary Whitby, trans. *The History of Theophylact Simocatta.* Oxford: Clarendon Press, 1988.

THPN — Mair, Victor H., trans. *Tun-huang Popular Narratives.* Cambridge: Cambridge University Press, 1983.

TLT — Thomas, F. W., trans. *Tibetan Literary Texts and Documents Concerning Turkistan.* London: Luzac, 1951–55. Vols. II–III.

TMC — Hartwell, Robert M., trans. *Tribute Missions to China, 960–1126.* Philadelphia: 1983.

TTK — Emmerick, R. E., trans. *Tibetan Texts Concerning Khotan.* London: Oxford University Press, 1967.

TTP — Alderly, Lord Stanley, ed. *Travels to Tana and Persia by Josafa Barbaro and Ambrogio Contarini.* London: Hakluyt Society Publications, 1873.

TTT — Bang, W., and A. von Gabain. "Türkische Turfan Texte," vol. II, "Manichaica." *Sitzungsberichte der Preussische Akademie der Wissenschaften, Phil.-Hist. Klasse* (1929) 22: 411–29.

Ṭūsī/B — Boyle, John Andrew, trans. "The Death of the Last *'Abbāsid Caliph*: A Contemporary Muslim Account." *Journal of Semitic Studies* (1961) 6: 145–61.

Ṭūsī/M — Minorsky, Vladimir, trans. "Naṣīr al-Dīn Ṭūsī on Finance." In his *Iranica: Twenty Articles.* Hertford: Stephen Austin, 1964.

TYH — Molé, Gabriella, trans. The *T'u-yü-hun from the Northern Wei to the Time of the Five Dynasties.* Rome: Istituto Italiano per il Medio ed Estremo Oriente, 1970.

TZTG — *Tongzhi tiaoge*. Hangzhou: Zhejiang guji chubanshe, 1986.

UE — Mackerras, Colin, trans. *The Uighur Empire According to the T'ang Dynastic Histories*. Canberra: Australian National University, 1972.

Al-ʿUmarī/L — Al-ʿUmarī, ibn Faẓl Allāh. *Das mongolische Weltreich: Al-ʿUmarī's Darstellung der mongolischen Reiche in seinem Werke Masālik al-abṣār fī Mamālik al-amṣār*. Trans. Klaus Lech. Wiesbaden: Otto Harrassowitz, 1968.

Al-ʿUmarī/S — Spies, Otto, trans. *Ibn Faḍlallāh al-ʿOmarī's Bericht über Indien in seinem Werke Masālik al-abṣār fī mamālik alamṣār*. Leipzig: Otto Harrassowitz, 1943.

Vaṣṣāf — Vaṣṣāf, ʿAbd Allāh ibn Faḍl Allāh. *Ta'rīkh-i Vaṣṣāf*. Reprint Tehran: Ibn-i Sina, 1959.

VSMY — Ligeti, Louis, trans. "Un vocabulaire sino-mongol des Yuan: *Le Tche-Yuan yi-yu*." Acta *Orientalia Academiae Scientiarum Hungarica* (1990) 44: 259–77.

Wang Shidian — Wang Shidian. *Mishu zhi*. Taipei: Weiwen dushu banshe, 1976.

XTS — *Xin Tangshu*. Beijing: Zhonghua shuju, 1975.

Xuanzang — Xuanzang. *Da Tang xiyu ji jiaozhu*. Beijing: Zhonghua shuju, 2008, 2 vols.

Xuanzang/B — Hiuen Tsiang. *Si-yu-ki: Buddhist Records of the Western World*. Trans. Samuel Beal. Reprint Delhi: Oriental Books Reprint, 1969. 2 vols.

Yang Xuanzhi — Yang Hsüan-chih. *A Record of Buddhist Monasteries in Lo-yang*. Trans. Yi-t'ung Wang. Princeton: Princeton University Press, 1984.

Yang Yu — Yang Yu. *Shanju Xinhua*. Zhi bu zu zhai congshu ed.

Yazdī — Yazdī, Sharaf al-Dīn ʿAlī. *Zafar-nāmah*. Ed. M. ʿAbbāsī. Tehran: Chāp-i rangin, 1957. 2 vols.

YCS — Armstrong, Terence, ed. *Yermak's Campaign in Siberia: A Selection of Documents*. Trans. Tatiana Minorsky and David

Wileman. London: Hakluyt Society, 1975.

YDBH Cai Meibiao, ed. *Yuandai baihua bei jilu.* Beijing: Kexue chubanshe, 1955.

Ye Longli Ye Longli. *Qidan guoji.* Shanghai: Guji chubanshe, 1985.

Yelu Chucai de Rachewiltz, Igor, trans. "The *Hsi-yu lu* by Yeh-lü Ch'u-ts'ai." *Monumenta Serica* (1962) 21: 1–128.

YS *Yuanshi.* Beijing: Zhonghua shuju, 1978.

Yūsuf Yūsuf Khaṣṣ Ḥājib. *Wisdom of Royal Glory (Kutadgu Bilig): A Turko Islamic Mirror for Princes.* Trans. Robert Dankoff. Chicago: University of Chicago Press, 1983.

YWL Su Tianjue, comp. *Yuan wenlei.* Taipei: Shijie shuju yingxing, 1967.

Al-ẓāhir Ibn ʿAbd al-ẓāhir, Muḥyī al-Dīn. *Tashrīf al-ayyām wa al-ʿuṣur fī sīrāt al-Malik al-Manṣūr.* Ed. Murād Kāmil. Cairo: al-Sharikah al-ʿArabiyāh lil-tibāʼah wa al-nashr, 1961.

Zhao Hong Zhao Hong. *Mengda beilu.* In *MGSL.*

Zhao Rugua Zhao Rugua. *Zhufan zhi jiaoshi.* Beijing: Zhonghua shuju, 1996.

Zhao Rugua/H Chau Ju-kua. *His Work on the Chinese and Arab Trade in the Twelfth and Thirteenth Centuries, Entitled Chu-fanchi.* Trans. Friedrich Hirth and W. W. Rockhill. Reprint Taipei: Literature House, 1965.

Zhou Mi Zhou Mi. *Guixin zazhi.* Beijing: Zhonghua shuju, 1988.

ZS Miller, Roy Andrew, trans. *Accounts of Western Nations in the History of the Northern Chou [Zhoushu].* Berkeley: University of California Press, 1959.

参考文献

Abalahin, Andrew J. 2011. “Sino-Pacifica: Conceptualizing Greater Southeast Asia as a Sub-Arena of World History.” *Journal of World History* 22: 659–91.

Akimushkin, O. F. 1967. “Novye postupleniia persidskikh rukopisei v rukopisnyi otdel Instituta narodov Azii AN SSSR.” In V. V. Struve, ed., *Ellinisticheskii Blizhnii Vostok, Vizantiia, Iran.* Moscow: Nauka, pp. 140–56.

Allsen, Thomas T. 1989. “Mongolian Princes and Their Merchant Partners, 1200–1260.” *Asia Major,* 3rd ser., 2/2: 83–126.

———. 1997. *Commodity and Exchange in the Mongol Empire: A Cultural History of Islamic Textiles.* Cambridge: Cambridge University Press.

———. 2009. “Mongols as Vectors of Cultural Transmission.” In Nicola Di Cosmo et al., eds., *The Cambridge History of Inner Asia: The Chinggisid Age.* Cambridge: Cambridge University Press, pp. 135–54.

———. 2013. “Remarks on Steppe Nomads and Merchants.” In Robert Hillenbrand et al., eds., *Ferdowsi, the Mongols and the History of Iran: Studies in Honour of Charles Melville.* London: I. B. Tauris, pp. 177–83.

Amitai, Reuven, and Michal Biran, eds. 2015. *Nomads as Agents of Cultural Change: The Mongols and Their Eurasian Predecessors.* Honolulu: University of Hawai’i Press.

Anawati, G. C. 1979. “The Kitāb al-Jamāshir fī Maʿrifah al-Jawāhir of al-Bīrūnī.” In

Said 1979, pp. 437–53.

Andrews, Peter Alford. 1999. *Felt Tents and Pavilions: The Nomadic Tradition and Its Interaction with Princely Tentage.* London: Melisende. 2 vols.

Anonymous. 1914. "Notes and Queries." *T'oung-pao* 15: 184–86.

Arbel, Benjamin. 2004. "The Last Decades of Venice's Trade with the Mamluks: Importations into Egypt and Syria." *Mamluk Studies Review* 8/2: 37–82.

Arberry, A. J. 1947–48. "Miracle of the Pearls." *Bulletin of the School of Oriental and African Studies* 12: 36–38.

Artzy, Michal. 1994. "Incense, Camels, and Collared Rim Jars: Desert Trade Routes and Maritime Outlets in the Second Millennum." *Oxford Journal of Archaeology* 13/2: 121–47.

Ascher, Abraham et al., eds. 1979. *The Mutual Effects of the Islamic and Judeo-Christian Worlds: The East European Pattern.* New York: Brooklyn University Press, distributed by Columbia University Press.

Aseev, I. V. 1985. "K voprosu o datirovka mogil typa chetyrkhugol'nykh ogradok." In K. S. Vasil'evskii ed., *Drevnie kul'tury Mongolii.* Novosibirsk: Izdatel'stvo Nauka, sibirskoe otdelenie, pp. 34–40.

Ashtor, Eliyahu. 1983. *Levant Trade in the Later Middle Ages.* Princeton: Princeton University Press.

Aubin, Jean. 1953. "Les princes d'Ormuz du XIIIe au XIVe siècle." *Journal asiatique* 241: 77–138.

———. 1969. "La survie de Shilau et la route du Khundj-o-Fal." *Iran* 7: 21–37.

Austin, David, and Leslie Alcock, eds. 1990. *From the Baltic to the Black Sea: Studies in Medieval Archaeology.* London: Routledge.

Babaian, L. O. 1969. *Sotsial'no-ekonomicheskaia i politicheskaia istoriia Armeniia v XIII–XIV vekakh.* Moscow: Izdatel'stvo Nauka.

Baer, Eva. 1984. "Jeweled Ceramics from Medieval Islam: A Note on Ambiguity of Islamic Ornament." *Muqarnas* 6: 83–97.

Bailey, Harold W. 1962. "The Preface to the Siddhasāra-Sāstra." In H. B. Henning and E. Yarshater, eds., *A Locust's Leg: Studies in Honour of S. H. Taqizadeh.* London: Percy Lund, pp. 31–38.

———. 1982. *The Culture of the Sakas in Ancient Iranian Khotan*. Delmar, N.Y.: Caravan Books.

———. 1985 *Indo-Scythian Studies*. Vol. VII, *Khotanese Texts*. Cambridge: Cambridge University Press.

Balard, Michel. 1978. *La Romanie Génoise, XIIe–debut du XVe*. Rome: École française de Rome. 2 vols.

Bálint, Csanád. 1989. *Die Archäologie der Steppe: Steppenvölker zwischen Volga und Donau vom 6. bis 10. Jahrhundert*. Vienna: Böhlau.

Barendse, R. J. 2000. "Trade and State in the Arabian Seas: A Survey from the Fifteenth to the Eighteenth Century." *Journal of World History* 11: 173–225.

Barker, John W. 1969. *Manuel II Palaeologus (1391–1425): A Study in Late Byzantine Statesmanship*. New Brunswick, N.J.: Rutgers University Press.

Barthold, W. 1968. *Turkestan Down to the Mongol Invasion*. 3rd ed. London: Luzac.

Bautier, R. H. 1970. "Points de vue sur les relations économiques des occidentaux avec les pays d'Orient, au Moyen Âge." In Mollat 1970, pp. 263–331.

Beaujard, Philippe. 2005. "The Indian Ocean in Eurasian and African World Systems Before the Sixteenth Century." *Journal of World History* 16: 411–65.

———. 2010. "From Three Possible Iron-Age World Systems to a Single Afro-Eurasian World System." *Journal of World History* 21: 1–43.

Behrens-Abouseif, Doris. 2014. *Diplomacy in the Mamluk Sultanate: Gifts and Material Culture in the Medieval Islamic World*. London: I. B. Tauris.

Belenitskii, A. M. 1959. "Novye pamiatniki istkusstva drevnego Piandzhikenta: Opyt ikonogra-ficheskogo istolkovaniia." In A. M. Belenitskii and B. B. Piotrovskii, eds., *Skulptura i zhivopis drevnego Piandzhikenta*. Moscow: Izdatel'stvo Akademii Nauk SSSR, pp. 11–86.

Belenitskii, A. M., et al., eds. 1973. *Srednevekovyi gorod Srednei Azii*. Leningrad: Izdatel'stvo Nauka leningradskoe otdelenie.

Bemmann, Jan, et al., eds. 2010. *Mongolian-German Karakorum Expedition*. Vol. I, *Excavations in the Craftsmen Quarter at the Main Road*. Wiesbaden: Reichert.

Benn, Charles. 2002. *China's Golden Age: Everyday Life in the Tang Dynasty*. Oxford: Oxford University Press.

Berendei, Mihnea, and Gilles Veinstein. 1976. "La Tana-Azaq de la présence italienne à l'empire Ottomans." *Turcica* 8/2: 110–201.

Bokshchanin, A. A. 1968. *Kitai i strany Iuzhnykh morei v XIV–XVI vv.* Moscow: Nauka.

Bóna, István. 1990. "Byzantium and the Avars: The Archaeology of the First 70 Years of the Avar Era." In Austin and Alcock 1990, pp. 113–17.

Bosson, James E. 1961. "A Rediscovered Xylograph Fragment from the Mongolian 'Phags-pa Version of the *Subhāṣitaratnanidhi.* " *Central Asiatic Journal* 6: 85–102.

Bosworth, Clifford E. 1963. *The Ghaznavids, Their Empire in Afghanistan and Eastern Iran, 994–1040.* Edinburgh: Edinburgh University Press.

Bowen, Richard. 1951a. "Pearl Fisheries of the Persian Gulf." *Middle East Journal* 5: 161–80.

———. 1951b. "Maritime Industries of Arabia." *Geographical Review* 41/3: 384–400.

Boyer, Martha. 1952. *Mongol Jewellery.* Copenhagen: Gyldendalske Boghandel, Nordisk.

Bratianu, G. I. 1929. *Recherches sur le commerce génois dans la Mer noire au XIIIe siècle.* Paris: Librairie orientaliste Paul Guethner.

Briant, Pierre. 1982. "Forces productive, dépendence rurale et idéologies religieuses dans l'empire Achéménides." In his *Rois, tributes et paysans.* Paris: Belles Lettres.

Broase, T. S. R. 1978. "Gazetteer." In T. S. R. Broase, ed., *The Cilician Kingdom of Armenia.* Edinburgh: Scottish Academic Press, pp. 145–85.

Brunhes, Jean. 1920. *Human Geography.* Chicago: Rand McNally.

Buell, Paul D. 2009. "Indochina, Vietnamese Nationalism and the Mongols." In Volker Rybatzki et al., eds., *The Early Mongols, Language, Culture and History: Studies in Honor of Igor de Rachewiltz on the Occasion of His 80th Birthday.* Indiana University Uralic and Altaic Series, vol. 173. Bloomington, Ind: Denis Sinor Institute for Inner Asian Studies, 21–29.

Bunker, Emma C. 1998. "Cultural Diversity in the Tarim Basin Vicinity and Its Impact on Ancient Chinese Culture." In Victor Mair, ed., *The Bronze and Early Iron Age Peoples of Eastern Central Asia.* Washington, D.C.: Institute for the

Study of Man, vol. II, pp. 604–18.

Bushkevich, Paul. 1980. *The Merchants of Moscovy, 1580–1650.* Cambridge: Cambridge University Press.

Cammann, Schuyler. 1950. *Trade Through the Himalayas.* Princeton: Princeton University Press.

Chaffee, John. 2006. "Diaspora Communities in the Historical Development of Maritime Muslim Communities of Song-Yuan China." *Journal of the Economic and Social History of the Orient* 49: 395–420.

Chase, Kenneth. 2003. *Firearms, a Global History to 1700.* Cambridge: Cambridge University Press.

Chauduri, K. N. 1985. *Trade and Civilization in the Indian Ocean: An Economic History from the Rise of Islam to 1750.* Cambridge: Cambridge University Press.

Chen Da-sheng. 1992. "Sources from Fujian on Trade Between China and Hurmuz in the Fifteenth Century." In Lisa Golombek and Maria Subtelny, eds., *Timurid Art and Culture: Iran and Cental Asia in the Fifteenth Century.* Leiden: E. J. Brill, pp. 191–94.

Ch'en, Paul Heng-chao. 1979. *The Chinese Legal System Under the Mongols: The Code of 1291 as Reconstructed.* Princeton: Princeton University Press.

Christensen, Peter. 1993. *The Decline of Iranshahr: Irrigation and Environments in the History of the Middle East, 500 B.C. to A.D. 1500.* Copenhagen: Museum Tusculanum Press.

Christian, David. 2000. "Silk Roads or Steppe Roads? The Silk Roads in World History." *Journal of World History* 11: 1–26.

Ciocîltan, Virgil. 2012. *The Mongols and the Black Sea Trade in the Thirteenth and Fourteenth Centuries.* Leiden: Brill.

Clark, Grahame. 1986. *Symbols of Excellence.* Cambridge: Cambridge University Press.

Clark, Hugh. 1991. *Community, Trade and Networks: Southern Fujian Province from the Third to the Thirteenth Century.* Cambridge: Cambridge University Press.

———. 1995. "Muslims and Hindus in the Cultural Morphology of Quanzhou from the Tenth to the Thirteenth Centuries." *Journal of World History* 6: 49–74.

———. 2009. "Frontier Discourse and China's Maritime Frontier: China's Frontiers and the Encounter with the Sea Through Early Imperial History." *Journal of World History* 20: 1–34.

Clauson, Sir Gerard. 1966. "Three Mongolian Notes." In Walther Heissig, ed., *Collectanea Mongolica: Festschrift für Professor Rintchin zum 60. Geburtstag.* Wiesbaden: Otto Harrassowitz, pp. 29–34.

———. 1971. "A Late Uyğur Family Archive." In Clifford E. Bosworth, ed., *Iran and Islam in Memory of the Late Vladimir Minorsky.* Edinburgh: At the University Press, pp. 167–96.

Cleaves, Francis W. 1949. "The Sino-Mongolian Inscription of 1362 in Memory of Prince Hindu." *Harvard Journal of Asiatic Studies* 12: 1–133.

———. 1951. "The Sino-Mongolian Inscription of 1338 in Memory of Prince Jigüntei." *Harvard Journal of Asiatic Studies* 14: 1–104.

———. 1953 *"Daruγa and Gerege." Harvard Journal of Asiatic Studies* 16: 237–59.

———. 1959 "An Early Mongolian Version of the Alexander Romance." *Harvard Journal of Asiatic Studies* 22: 1–98.

———. 1976 "A Chinese Source on Marco Polo's Departure from China and a Persian Source on His Arrival in Persia." *Harvard Journal of Asiatic Studies* 36: 181–203.

Clunas, Craig. 1991. *Superfluous Things: Material Culture and Social Status in Early Modern China.* Urbana: University of Illinois Press.

———. 1992. "Connoisseurs and Aficionados: The Real and the Fake in Ming China (1368–1644)." In Jones 1992, pp. 151–56.

Colless, B. C. 1969–70. "Traders of the Pearl: The Mercantile and Missionary Activities of Persian and Armenian Christians in Southeast Asia." *Abr Nahrain* 9: 17–38.

Constable, Olivia Remie. 2003. *Housing the Stranger in the Mediterranean World: Lodging, Trade, and Travel in the Middle Ages.* Cambridge: Cambridge University Press.

Cutler, Anthony. 2001. "Gifts and Gift Exchange of the Byzantine, Arab and Related

Economies." *Dumbarton Oaks Papers* 55: 245–78.

Dale, Stephen F. 2015. *The Orange Trees of Marrakesh: Ibn Khaldun and the Science of Man*. Cambridge, Mass.: Harvard University Press.

Dardess, John. 1978. "Ming T'ai-tsu on the Yüan: An Autocrat's Assessment of the Mongol Dynasty." *Bulletin of Sung and Yüan Studies* 14: 6–11.

Dars, Jacques. 1992. *La Marine chinoise du Xe siècle au XIVe*. Paris: Economica.

Deng, Gang. 1997. *Chinese Maritime Activities and Socio-Economic Development, c. 2100 B.C.– 1900 A.D.* Westport, Conn.: Greenwood Press.

Dickens, Mark. 2016. "John of Ephesus on the Embassy of Zemarchus to the Türks." In Zimonyi and Karatay 2016, pp. 103–31.

Di Cosmo, Nicola. 2005. "Mongols and Merchants on the Black Sea Frontier in the Thirteenth and Fourteenth Centuries: Convergences and Conflicts." In Reuven Amitai and Michal Biran, eds., *Mongols, Turks and Others: Eurasian Nomads and the Sedentary World*. Leiden: Brill, pp. 391–419.

———. 2010. "Black Sea Emporia and the Mongol Empire: A Reassessment of Pax Mongolica." *Journal of the Economic and Social History of the Orient* 53: 83–108.

———. 2013 "Connecting Maritime and Continental History: The Black Sea Region at the Time of the Mongol Empire." In Peter N. Miller, ed., *The Sea: Thalassography and Historiography*. Ann Arbor: University of Michigan Press, pp. 174–97.

Dien, Albert E. 2007. *Six Dynasties Civilization*. New Haven: Yale University Press.

Doerfer, Gerhard. 1963. *Türkische und mongolische Elemente in Neupersischen*. Vol. I, Mongolische Elemente. Wiesbaden: Franz Steiner.

Donkin, R. A. 1998. *Beyond Price: Pearls and Pearl Fishing*. Philadelphia: American Philosophical Society.

Dunlop, D. M. 1954. *The History of the Jewish Khazars*. Princeton: Princeton University Press.

Dunnell, Ruth W. 1996. *Great State of White and High: Buddhism and State Formation in Eleventh Century Xia*. Honolulu: University of Hawai'i Press.

Eberhard, Wolfram. 1941. "Die Kultur der alten zentral- und westasiatischen Völker nach chinischen Quellen." *Zeitschrift für Ethnologie* 71: 215–75.

———. 1968. *The Local Cultures of South and East China.* Leiden: E. J. Brill.

Eitel, Ernest J. 1976. *Handbook of Chinese Buddhism, Being a Sanskrit-Chinese Dictionary.* Reprint San Francisco: Chinese Materials Center.

Elikhina, Iulia. 2010. "The Most Interesting Artifacts from Karakorum in the Collection of the State Hermitage Museum, St. Petersburg." In Bemmann et al., 2010: 34–47.

Elverskog, Johan. 2010. *Buddhism and Islam on the Silk Road.* Philadelphia: University of Pennsylvania Press.

Endicott-West, Elizabeth. 1989a. *Mongolian Rule in China: Local Administration Under the Yüan.* Cambridge, Mass.: Harvard University Press.

———. 1989b. "Merchant Associations in Yüan: The *Ortoγ*. " *Asia Major,* 3rd ser. 11: 127–54.

Enoki, K. 1957. "Marco Polo and Japan." In *Oriente Poliano*, pp. 23–44.

Erdenebat, U., et al. 2010. "Two Ceramic Deposits from the Territory of Kara Korum." In Bemmann et al. 2010: 49–62.

Farquhar, David M. 1990. *The Government of China Under the Mongols: A Reference Guide.* Stuttgart: Franz Steiner.

Fasmer (Vasmer), Maks. 1967. *Etimologicheskii slovar russkogo iazyka.* Moscow: Izdatel'stvo "Progress." 4 vols.

Al-Feel, Muhammad Rashid. 1965. *The Historical Geography of Iraq Between the Mongolian and Ottoman Conquests, 1258–1534.* Nejef: al-Adab Press.

Finlay, Robert. 1998. "The Pilgrim Art: The Culture of Porcelain in World History." *Journal of World History* 9: 141–87.

Fishel, W. J., ed. 1951. *Semitic and Oriental Studies: A Volume of Studies Presented to William Popper.* University of California Studies in Semitic Philology, vol. XI. Berkeley: University of California Press.

Fletcher, Joseph. 1968. "China and Central Asia, 1368–1884." In John King Fairbank, ed., *The Chinese World Order: Traditional China's Foreign Relations.* Cambridge, Mass.: Harvard University Press, pp. 206–24.

Fong, Adam C. 2014. "'Together They Might Make Trouble': Cross-Cultural Interactions in Tang Dynasty Guang Zhou, 618–907 C.E." *Journal of World*

History 25: 475–92.

Franke, Herbert. 1949. *Gelt und Wirtschaft in China unter der Mongolen-Herrschaft.* Leipzig: Otto Harrassowitz.

———. 1967. "Eine mittelalterliche chinesische Satire auf die Muhammedaner." In Wilhelm Hoernerbach, ed., *Der Orient in der Forschung: Festschrift für Otto Spies zum 5. April 1966.* Weisbaden: Otto Harrassowitz, pp. 202–8.

———. 1975. "Chinese Texts on the Jürchen: A Translation of the Jürchen Monograph in the *San-ch'ao pei-meng hui-pien.* " *Zentralasiatische Studien* 9: 119–86.

Freedman, Paul. 2008. *Out of the East: Spices and the Medieval Imagination.* New Haven: Yale University Press.

Frye, Richard N. 1951. "*Jamūk*, Sogdian Pearl?" *Journal of the American Oriental Society* 71: 142–45.

Fülöp, Gyula. 1990. "New Research on Finds of Avar Chieftain-Burials at Agar, Hungary." In Austin and Alcock 1990, pp. 138–46.

Fyodotov-Davydov, G. A. 1984. *The Culture of the Golden Horde Cities.* BAR International Series, no. 198. Oxford: British Archaeological Reports.

Gasparini, Mariachiara. 2012. "A Mathematical Expression of Art: Sino-Iranian and Uighur Textile Interrelations and the Turfan Textile Collection in Berlin." *Transcultural Studies*, no 1. Downloaded on 26 August 2016.

Gernet, Jaques. 1962. *Daily Life in China on the Eve of the Mongol Invasion, 1250–1276.* Stanford: Stanford University Press.

Gerritsen, Anne. 2012. "Porcelain and the Material Culture of the Mongol-Yuan Court." *Journal of Early Modern History* 16/3: 241–73.

Gode, P. K. 1957. "Some References to Persian Pearls in Sanskrit Literature." *Rocznik orientalistyczny* 21: 129–34.

Goitein, S. D. 1964. "The Commercial Mail Service in Medieval Islam." *Journal of the American Oriental Society* 84: 118–23.

———. 1967–93. *A Mediterranean Society.* Berkeley: University of California Press. 6 vols.

Golden, Peter B. 1987–91. "Nomads and their Sedentary Neighbors in Pre-Činggisid

Eurasia." *Archivum Eurasiae Medii Aevi* 7: 41–81.

———. 1991. "Aspects of the Nomadic Factor in the Economic Development of Kievan Rus." In Koropeckyj 1991, pp. 58–101.

———. 1992. *An Introduction to the History of the Turkic Peoples: Ethnogenesis and State-Formation in Medieval and Early Modern Eurasia and the Middle East.* Wiesbaden: Otto Harrassowitz.

Gonda, J. 1991. *The Functions and Significance of Gold in the Veda.* Leiden: E. J. Brill.

Good, Irene. 2006. "Textiles as a Medium of Exchange in Third Millennium BCE Western Asia." In Mair 2006, pp. 191–214.

Gordon, Steward, ed. 2001a. *Robes and Honor: The Medieval World of Investiture.* New York: Palgrave.

———. 2001b. "A World of Investiture." In Gordon 2001a, pp. 1–19.

Grenet, Frantz. 1996. "Les marchants sogdiens dans les mers du Sud à l'époque préislamique." *Cahiers d'Asie centrale* 1–2: 65–84.

———. 2005. "The Self-Image of the Sogdians." In La Vaissiere and Trombert 2005, pp. 123–40.

Grierson, Philip. 1959. "Commerce of the Dark Ages: A Critique of the Evidence." *Transactions of the Royal Historical Society*, ser. VI, 6: 123–40.

Hall, Kenneth R. 1985. *Maritime Trade and State Development in Early Southeast Asia.* Honolulu: University of Hawai'i Press.

Hambly, Gavin. 1966. "Introduction." In Gavin Hambly, ed., *Central Asia.* London: Weidenfeld and Nicolson, pp. 1–18.

Hara, Minoru. 1999. "The Pearl in Sanskrit Literature." *Memoires of the Research Department of the Toyo Bunko* 57: 155–74.

Harada, Yoshito. 1971. "East and West (II)." *Memoirs of the Research Department of the Toyo Bunko* 29: 57–80.

Hartwell, Robert. 1988. "The Imperial Treasuries: Finance and Power in Song China." *Bulletin of Sung and Yüan Studies* 20: 18–89.

Haussig, Hans-Wilhelm. 1992. *Archäologie und Kunst der Seidenstrasse.* Darmstadt: Wissenschaftliche Buchgesellschaft.

Hayachi, Ryōchi. 1975. *The Silk Road and the Shoso-in*. New York: Weatherhill.

Helms, Mary W. 1988. *Ulysses Sail: An Ethnographic Odyssey of Power, Knowledge and Geographical Distance*. Princeton: Princeton University Press.

———. 1993. *Craft and the Kingly Ideal: Art, Trade and Power*. Austin: University of Texas Press.

Henning, W. B. 1943–46. "Sogdian Tales." *Bulletin of the School of Oriental and African Studies* 11: 465–87.

Herman, John E. 2002. "The Mongolian Conquest of Dali: The Failed Second Front." In Nicola Di Cosmo, ed., *Warfare in Inner Asian History (500–1800)*. Leiden: Brill, pp. 295–334.

Herskowitz, Melville J. 1951. *Man and His Works: The Science of Cultural Anthropology*. New York: Alfred A. Knopf.

Holmes, Urban T. 1934. "Medieval Gem Stones." *Speculum* 9/2: 195–204.

Honeychurch, William. 2015. "From Steppe Roads to Silk Roads: Inner Asian Nomads and Early Interregional Exchange." In Amitai and Biran 2015, pp. 50–87.

Horst, Heribert. 1964. *Die Staatverwaltung der Grosselğūqen und Ḫōrazmšāhs (1038–1231)*. Wiesbaden: Franz Steiner.

Hosie, Alexander. 1904. *Manchuria: Its People, Resources and Recent History*. New York: Charles Scribner's Sons.

Hsiao Ch'i-ch'ing (Xiao Qiqing). 1978. *The Military Establishment of the Yuan Dynasty*. Cambridge, Mass.: Harvard University Press.

———. 1990. "Meng-Yuan shuijun zhi xingchi yu Meng-Song zhanzheng." *Hanxue yenjiu* 8: 177–200.

Ioannisyan, Oleg M. 1990. "Archaeological Evidence for the Development and Urbanization of Kiev from the 8th to the 14th Century." In Austin and Alcock 1990, pp. 285–312.

Jacoby, David. 2003. "The Silk Trade of Late Byzantine Constantinople." In Sümer Atasoy, ed., *550th Anniversary of the Istanbul University International Byzantine and Ottoman Symposium (XVth Century)*. Istanbul: Istanbul Üniversitesi, pp. 129–44.

———. 2004 "Silk Economics and Cross-Cultural Artistic Interaction: Byzantium, the Muslim World, and the Christian West." *Dumbarton Oaks Papers* 58: 197–240.

———. 2006. "Marco Polo, His Close Relatives, and His Travel Account: Some New Insights." *Mediterranean Historical Review* 21/2: 193–218.

———. 2007. "Late Byzantium Between the Mediterranean and Asia: Trade and Material Culture." In Sarah T. Brooks, ed., *Byzantium: Faith and Power.* New Haven: Yale University Press, pp. 20–41.

———. 2010. "Oriental Silks Go West: A Declining Trade in the Later Middle Ages." In Catarina Schmidt Arcangeli and Gerhard Wolf, eds., *Islamic Artifacts in the Mediterranean World: Trade, Gift Exchange and Artistic Transfer.* Venice: Marsilio, pp. 71–88.

James, H. E. M. 1888. *The Long White Mountain or Journey in Manchuria.* London: Longmans, Green.

Jenkins, Marilyn. 1988. "Mamlūk Jewelry: Influence and Echoes." *Muqarnas* 5: 29–42.

Jones, Mark, ed. 1992. *Why Fakes Matter: Essays on the Problems of Authenticity.* London: British Museum Press.

Kara, G. 1965. "Le dictionnaire étymologique et la langue mongole." *Acta Orientalia Academiae Scientiarum Hungaricae* 18: 1–32.

Karimov, U. I. 1991. "Slovar meditsinskikh terminov Abu Mansurs al-Kumri." In P. G. Bulgakov and U. I. Karimov, eds., *Materialy po istorii i istorii nauki i kul'tury narodov Srednei Azii.* Tashkent: Fan, pp. 112–55.

Kauz, Ralph, ed. 2010a. *Aspects of the Maritime Silk Road: From the Persian Gulf to the East China Sea.* Wiesbaden: Harrassowitz.

———. 2010b. "Paliuwan: Trader or Traitor?" In Kauz 2010a, pp. 159–71.

Kerner, Robert J. 1946. *The Urge to the Sea: The Course of Russian History.* Berkeley: University of California Press.

Kervan, Monik. 1983. "Famous Merchants of the Arabian Gulf in the Middle Ages." *Dilmun* 11: 21–24.

Kessler, Adam T. 1993. *Empires Beyond the Great Wall: The Heritage of Genghis Khan.* Los Angeles: Natural History Museum of Los Angeles County.

Khabtagaeva, Baiarma. 2003–4. "The Etymology of Some Buriat Jewel Names."

Ural-Altaische Jahrbücher, n.s., 18: 141–48.

Khazanov, Anatoly M. 1994. *Nomads and the Outside World.* 2nd ed. Madison: University of Wisconsin Press.

———. 2015. "The Scythians and Their Neighbors." In Amitai and Biran 2015, pp. 32–49.

———. 2016. "Notes on the Scythian Political Culture." In Zimonyi and Karatay 2016: 171–88.

Khodarkovsky, Michael. 2002. *Russia's Steppe Frontier: The Making of a Colonial Frontier, 1500–1800.* Bloomington: University of Indiana Press.

Khoury, Eileen. 1990. "Servants of the Pearl." *Saudi Aramco World* (Sept.–Oct.): 24–31.

Kiss, Attila. 1984. "A Byzantine Jewel from the 6th–7th Century in China." *Acta Orientalia Academiae Scientiarum Hungaricae* 38: 33–40.

Kliashtornyi, S. G. 1961. "Iaxartes-Sïr-Darya." *Central Asiatic Journal* 6: 24–26.

———. 1964. *Drevnetiurkskie runicheskie pamiatniki kak istorichnik po istorii Srednei Azii.* Moscow: Izdatel'stvo Nauka.

Kliashtornyi, S. G., et al. 1989. "The Golden Bracteatus from Mongolia: A Byzantine Motif in Central Asiatic Toreutics." *Information Bulletin, International Association for the Study of Cultures of Central Asia* 10: 5–19.

Koropeckyj, I. S., ed. 1991. *Ukrainian Economic History: Interpretive Essays.* Cambridge, Mass.: Harvard University Press for the Harvard Ukrainian Research Institute.

Koryakova, Ludmila, and Andrei V. Epimakhov. 2007. *The Urals and Western Siberia in the Bronze and Iron Ages.* Cambridge: Cambridge University Press.

Kovalevskaia, V. B. 1979. *Poiasnye nabory Evrazii, IV–IX vv.: Prazhki.* Arkheologiia SSSR, EI-2. Moscow: Izdatel'stvo Akademii Nauk SSSR.

Kramarovsky, Mark G. 1992. "The New Style Filigree Work in the Mongol Era: A Problem of Provenance." In Gary Seaman, ed., *Foundations of Empire: Archaeology and Art of the Eurasian Steppes.* Los Angeles: Ethnographics Press, pp. 191–200.

Krippes, Karl A. 1992. "Mongol and Jurchen Words in a Middle Korean Text."

Mongolian Studies: 97–109.

Kubarev, V. D. 1984. *Drevnetiurkskie izvaianiia Altaia.* Novosibirsk: Izdatel'stvo Nauka sibirskoe otdelenie.

van der Kuijp, L. W. J. 1975. "An Index to a Tibeto-Mongolian Materia Medica." *Canada Mongolia Review/Revue Canada Mongolia* 1/2: 15–46.

Kunz, George F., and Charles Stevenson. 1908. *The Book of the Pearl.* New York: Century.

Kyzlasov, L. R. 1962. "Pamiatniki musul'manskogo srednevekova v Tuve." *Sovetskaia arkheologiia* 2: 203–10.

Labib, S. 1970. "Les marchants Karīmīs en Orient et sur l'océan Indien." In Mollat 1970, pp. 209–14.

Lach, Donald F. 1965. *Asia in the Making of Europe.* Vol. I, bk. 1, *The Century of Discovery.* Chicago: University of Chicago Press.

———. 1970. *Asia in the Making of Europe.* Vol. II, A Century of Wonder, bk. 1, *The Visual Arts.* Chicago: University of Chicago Press.

Lambourn, Elizabeth. 2003. "Of Jewels and Horses: The Career and Patronage of an Iranian Merchant under Shah Jahan." *Iranian Studies* 36: 213–40.

Lambton, A. K. S. 1999. "The *Athār wa aḥyā* of Rashīd al-Dīn Faḍl Allāh Hamadanī and His Contribution as an Agronomist, Arboriculturist and Horticulturalist." In Reuven Amitai-Preiss and David O. Morgan, eds., *The Mongol Empire and Its Legacy.* Leiden: Brill, pp. 126–54.

Landman, Neil H. et al. 2001. *Pearls: A Natural History.* New York: Harry N. Abrams.

Lang, David Marshall. 1966. *The Georgians.* New York: Frederick Praeger.

Lattimore, Owen. 1962. "Caravan Routes of Inner Asia." In his *Studies in Frontier History: Collected Papers.* London: Oxford University Press.

Laufer, Bertold. 1913. "Arabic and Chinese Trade in Walrus and Narwhal Ivory." *T'oung-pao* 14: 315–64.

———. 1915a. *The Diamond: A Study in Chinese and Hellenistic Folk-lore.* Field Museum of Natural History, Anthropological series 15, 1. Chicago: Field Museum of Natural History.

———. 1915b. "Optical Lenses, I, Burning Lenses in China and India." *T'oung-pao* 16: 169–228.

———. 1915c. "Asbestos and Salamander: An Essay in Chinese and Hellenistic Folk-lore." *Toung-pao* 16: 299–373.

———. 1916. "Supplementary Notes on Walrus and Narwhal Ivory." *T'oung-pao* 17: 348–89.

———. 1967. *Sino-Iranica: Chinese Contributions to the History of Civilizations in Ancient Iran.* Reprint Taipei: Ch'eng-wen.

La Vaissière, Étienne, de. 2002. *Histoire des Marchants sogdiens.* Paris: Collège de France.

La Vaissière, Étienne, de, and Éric Trombert, eds. 2005. *Les Sogdiens en Chine.* Paris: École française d'Extrême-Orient.

Ledyard, Gari. 1963. "Two Mongolian Documents from the Koryŏ Sa." *Journal of the American Oriental Society* 83: 225–38.

Leskov, A. M. 2008. *The Maikop Treasure.* Philadelphia: University of Pennsylvania Museum of Archaeology and Anthropology.

Lessing, Ferdinand D. 1973. *Mongolian-English Dictionary.* Bloomington, Ind.: Mongolia Society.

Levashova, V. P. 1965. "Busy iz Kara-Korum." In S. V. Kiselev, ed., *Drevnemongolskie goroda.* Moscow: Nauka, pp. 297–307.

Lieu, Samuel N. C. 1985. *Manichaeism in the Later Roman Empire and Medieval China: A Historical Survey.* Manchester: Manchester University Press.

Litvinskii, B. A., ed. 1995. *Vostochnyi Turkestan v drevnosti i rannem srednekov'e: Khozaistvo, material'naia kultura.* Moscow: Izdatel'staia firma "Vostochnaia literatura."

Liu, Xinru. 1988. *Ancient India and Ancient China: Trade and Religious Relations.* Delhi: Oxford University Press.

Liu, Yingsheng. 2008. "Muslim Merchants in Mongol-Yuan China." In Schottenhammer 2008, pp. 133–44.

Livshits, V. A., ed. 1962. *Sogdiiskie dokumenty s gora Mug.* Vol. II, *Iuridicheskii dokumenty i pisma.* Moscow: Izdatel'stvo Vostochnoi literatury.

Lopez, Robert S. 1943. "European Merchants in the Medieval Indies: The Evidence of Commercial Documents." *Journal of Economic History* 3: 164–84.

———. 1952. "China Silk in Europe in the Yuan Period." *Journal of the American Oriental Society* 72: 72–76.

Lowenthal, David. 1992. "Authenticity? The Dogma of Self-Delusion." In Jones 1992, pp. 184–92.

Lubo-Lesnichenko, E. I. 1989. "Uigurskii i kirgizskii puti v Tsental'noi Azii." *Trudy Gosudarstvennogo Ermitazha* 27: 4–9.

Lubsangjab, Choi. 1980. "Milk in Mongol Customs: Some Remarks on Its Symbolic Significance." *Entogafia Polska* 24: 41–43.

Lucas, A. 1934. *Ancient Egyptian Materials and Industries.* London: Edward Arnold.

MacCoull, Leslie S. B. 1988. "Coptic Alchemy and Craft Technology in Islamic Egypt: The Papyrological Evidence." In Marilyn J. Chiat and Kathryn Reyerson, eds., *The Medieval Mediterranean: Cross Cultural Contacts.* St. Cloud, Minn.: North Star Press, pp. 101–4.

MacKenzie, D. N. 1971. *A Concise Pahlavi Dictionary.* London: Oxford University Press.

Maenchen-Helfen, Otto. 1950. "Two Notes on the Diamond in China." *Journal of the American Oriental Society* 70: 187–88.

Mair, Victor H. 1990. "Old Sinitic *Myag, Old Persian Maguš and English Magician." *Early China* 15: 27–47.

———. 2005. "The North(west)ern Peoples and the Recurrent Origins of the Chinese State." In Joshua Vogel, ed., *Teleology of the Modern Nation State: Japan and China.* Philadelphia: University of Pennsylvania Press, pp. 46–84.

Mair, Victor H., ed. 2006. *Contact and Exchange in the Ancient World.* Philadelphia: University of Pennsylvania Press.

Makarov, N. 2006. "Traders of the Forest: The Northern Periphery of Rus in the Medieval Trade Network." In Kathryn L. Reyerson et al., eds., *Pre-Modern Russia and Its World: Essays in Honor of Thomas S. Noonan.* Wiesbaden: Harrassowitz, pp. 115–33.

Maquet, Jacques. 1993. "Objects as Instruments, Objects as Signs." In Steven Lubar and W. David Kingery, eds., *History from Things: Essays on Material Culture.* Washington, D.C.: Smithsonian Institution Press, pp. 30–40.

Martinez, A. P. 1995–97. "The Wealth of Ormus and of Ind." *Archivum Eurasiae Medii Aevi* 9: 123–251.

———. 1998–99. "Ducuts and Dinars, pt. I." *Archivum Eurasiae Medii Aevi* 10: 118–206.

———. 2008–9. "The Eurasian Overland and Pontic Trades in the Thirteenth and Fourteenth Centuries." *Archivum Eurasiae Medii Aevi* 16: 127–221.

———. 2010. "The Il-Khanid Coinage: An Essay in Monetary and General History Based Largely on Comparative Numismatic Metrology." *Archivum Eurasiae Medii Aevi* 17: 59–164.

Meyendorff, John. 1981. *Byzantium and the Rise of Russia: A Study of Byzantino-Russian Relations in the Fourteenth Century.* Cambridge: Cambridge University Press.

Mikhailevich, G. P. 1972. "Soobshchenie Nasir al-Dina Tusi o reznom izumrude khorezmshah Tekesha." In A. A. Ivanov and S. S. Sorokin, eds., *Srednaia Aziia i Iran.* Leningrad: Izdatel'stvo "Avrora," pp.107–13.

Mokri, M. 1960. "La Pêche des perles dans le Golfe persique." *Journal asiatique* 248: 381–97.

Mollat, Michel, ed. 1970. *Sociétés et compagnies de commerce en Orient et dans l'océan Indien.* Paris: SEVPEN.

Monnas, L. 2001. "Textiles at the Coronation of Edward III." *Textile History* 32: 2–35.

Moriyasu, Takao. 2012. "Epistolary Formulae of Old Uighur Letters from the Eastern Silk Road (pt. 2)." *Memoirs of the Graduate School of Letters, Osaka University* 52: 1–98.

Morony, Michael G. 1984. *Iraq After the Muslim Conquest.* Princeton: Princeton University Press.

Mostaert, Antoine. 1927. "À propos de quelques portaits d'empereurs mongols." *Asia Major* 4: 147–56.

Moule, A. C. 1930. *Christians in China Before the Year 1550.* London: Society for

Promoting Christian Knowledge.

Mukminova, R. G. 1976. *Ocherki po istorii remesla v Samarkande i Bukhare v XVI veke.* Tashkent: Izdatel'stvo "Fan" uzbekskoi SSR.

Nadeliaev, V. M. et al. 1969. *Drevnetiurkskii slovar.* Leningrad: Izdatel'stvo Nauka leningradskoe otdelenie.

Nadvi, Syed H. H. 1979. "Al-Bīrūnī and his Kitāb al-Jamāhir fī Ma'rifah al-Jawāhir." In Said 1979, pp. 530–44.

Nappi, Carla. 2009. *The Monkey and the Inkpot: Natural History and Its Transformation in Early Modern China.* Cambridge, Mass.: Harvard University Press.

Needham, Joseph. 1959. *Science and Civilization in China.* Vol. III, *Mathematics and the Sciences of the Heavens and the Earth.* Cambridge: Cambridge University Press.

———. 1962. *Science and Civilization in China.* Vol. IV, *Physics and Physical Technology,* pt. 1, Physics. Cambridge: Cambridge University Press.

———. 1970. "Abstract of Material Presented to the International Maritime History Commission at Beirut." In Mollat 1970, pp. 139–63.

———. 1971. *Science and Civilization in China.* Vol. IV, *Physic and Physical Technology,* pt. 3, *Civil Engineering and Nautics.* Cambridge: Cambridge University Press.

———. 1976. *Science and Civilization in China.* Vol. V, *Chemistry and Chemical Technology,* pt. 3, *Spagyrical Discovery and Invention.* Cambridge: Cambridge University Press.

Neverov, O. Ia. 1983. *Gemmy antichnogo mira.* Moscow: Nauka.

Nicols, Donald M. 1992. *Byzantium and Venice: A Study in Diplomatic and Cultural Relations.* Cambridge: Cambridge University Press.

Niẓām, Muḥammad. 1931. *The Life and Times of Ṣulṭan Maḥmūd of Ghazna.* Cambridge: Cambridge University Press.

Noonan, Thomas S. 1983. "Russia's Eastern Trade, 1150–1350: The Archaeological Evidence." *Archivum Eurasiae Medii Aevi* 3: 201–64.

———. 1991. "The Flourishing of Kiev's International and Domestic Trade, ca.

1100–ca. 1240." In Koropeckyj 1991, pp. 102–46.

———. 2000–2001. "Volga Bulgharia's Tenth-Century Trade with Samanid Central Asia." *Archivum Eurasiae Medii Aevi* 11: 140–218.

Olschki, Leonardo. 1946. *Guillaume Boucher, a French Artist at the Court of the Khans*. Baltimore: Johns Hopkins University Press.

———. 1960. *Marco Polo's Asia.* Berkeley: University of California Press.

———. 1972. *Marco Polo's Precursors.* Reprint New York: Octagon Books.

Oriente Poliano. 1957. *Oriente Poliano: Studi e Conferenze Tenute all' Is.M.E.O. in Occasione del VII Centenario della Nascita di Marco Polo (1254–1954).* Rome: Istituto Italiano per il Medio ed Estreme Oriente.

Pakhomov, E. A. 1970. *Monety Gruzii.* Tbilisi: Izdatel'stvo "Metsniereba."

Parry, James. 2013. "The Pearl Imporium of al-Zubārāh." *Saudi Aramco World* (Nov.–Dec.): 52–59.

Pearson, Michael N. 1996. *Pilgrimage to Mecca: The Indian Experience, 1500–1800.* Princeton: Marcus Wiener.

Pelenski, Jaroslaw. 1974. *Russia and Kazan: Conquest and Imperial Ideology.* The Hague: Mouton.

———. 1979. "State and Society in Moscovite Russia and the Mongol-Turkic System in the Sixteenth Century." In Ascher et al. 1979, pp. 93–109.

Pelliot, Paul. 1913. "Addenda [to Laufer 1913]." *T'oung-pao* 14: 365–70.

———. 1928. "Des artisans chinois à la capitale abbaside en 751–62." *T'oung-pao* 26: 110–12.

———. 1930. "Les mots mongols dans le Korye Să. " *Journal asiatique* 217: 253–66.

———. 1959–73. *Notes on Marco Polo.* Paris: Adrian Maisonneuve. 3 vols.

———. 1973. *Recherches sur les chrétiens d'Asie centrale et d'Extrême-Orient.* Paris: Imprimerie nationale.

———. 1984. *Recherches sur les chrétiens d'Asie centrale et d'Extrême-Orient.* Vol. II, 1, *La Stèle de Singan-fou.* Paris: Éditions de la foundation Singer-Polignac.

Pelliot, Paul and Louis Hambis. 1951. *Histoire des campagnes de Gengis Khan.* Leiden: E. J. Brill, vol. I.

Phillips, Carla Rahn. 1990. "The Growth and Composition of Trade in the Iberian

Empires, 1450–1750." In James D. Tracy, ed., *The Rise of Merchant Empires: Long Distance Trade in the Early Modern World.* Cambridge: Cambridge University Press, pp. 34–101.

Pierson, Stacy. 2012. "The Movement of Chinese Ceramics: Appropriation in World History." *Journal of World History* 23: 9–39.

Pigulevskaia, N. 1951. *Vizantiia na putiakh v Indiiu: Iz istorii torgovli Vizantii s Vostokom v IV–VI vv.* Moscow: Izdatel'stvo Akademii Nauk SSSR.

Pinks, Elisabeth. 1968. *Die Uiguren von Kanchou in der frühen Sung-Zeit.* Wiesbaden: Otto Harrassowitz.

Pollard, Elizabeth Ann. 2013. "Indian Spices and Roman 'Magic' in Imperial and Late Antique Indomediterranea." *Journal of World History* 24: 1–23.

Poluboiarinova, M. D. 1978. *Russkie liudi v Zolotoi Orde.* Moscow: Izdatel'stvo Nauka.

Ponder, Eric. 1925. "The Reputed Medicinal Properties of Precious Stones." *Pharmaceutical Journal* 61: 686–87.

Porada, Edith. 1969. *The Art of Ancient Iran.* New York: Greystone.

Pritsak, Omeljan. 1979. "The Role of the Bosporus Kingdom and Late Hellenism as the Basis for the Medieval Cultures of the Territories North of the Black Sea." In Ascher et al. 1979, pp. 3–21.

Przhevalskii (Prejevalsky), N. 1876. *Mongolia and the Tangut Country, and the Solitudes of Northern Tibet.* London: Samson Low. 2 vols.

Ptak, Roderich. 1995. "Images of Maritime Asia in Two Yuan Texts: Daoyi zhilue and Yiyu zhi. " *Journal of Sung-Yuan Studies* 25: 47–75.

Qadri, M. A. H. 1979. "Kitāb al-Jamāhir fī Mā'rifah al-Jawāhir: Al-Bīrūnī's Contribution to Biological Studies and Concepts." In Said 1979, pp. 587–93.

Raman, K. V. 1991. "Further Evidence of Roman Trade from Coastal Sites in Tamil Nadu." In Vimala Begley and Richard De Puma, eds., *Rome and India: The Ancient Sea Trade.* Madison: University of Wisconsin Press, pp. 125–33.

Rapin, Claude. 1996. "Relations entre l'Asie centrale et l'Indie à l'époque hellénistique." *Cahiers d'Asie centrale* 1–2: 35–47.

———. 2007. "Nomad Migrations in Central Asia." In Joe Cribb and Georgina

Herrmann, eds., *After Alexander: Central Asia Before Islam*. Oxford: Published for the British Academy by Oxford University Press, pp. 29–72.

Rawson, Jessica. 1984. *Chinese Ornament: The Lotus and the Dragon*. London: British Museum Publications.

Ray, Himanshu P. 1998. *The Winds of Change: Buddhism and Maritime Links of Early South Asia*. New Delhi: Oxford University Press.

Renfrew, Colin. 1988. "Varna and the Emergence of Wealth in Prehistoric Europe." In Arjun Appadurai, ed., *The Social Life of Things: Commodities in Cultural Perspective*. Cambridge: Cambridge University Press, pp. 141–68.

Rentz, E. 1951. "Pearling in the Persian Gulf." In Fishel 1951, pp. 392–402.

Rockhill, William W. 1891. *The Land of the Lamas*. London: Longmans, Green.

———. 1894. *Diary of a Journey Through Mongolia and Tibet in 1891 and 1892*. Washington, D.C.: Smithsonian Institution.

———. 1916. "Notes on the Relations and Trade of China with the Eastern Archipelago and the Coast of the Indian Ocean During the Fourteenth Century, Part II." *T'oung-pao* 16/2: 236–71; Part III, 16/3: 374–92; Part IV, 16/4: 435–67; Part V, 16/5: 604–26.

Rockstein, Edward. 1972. "The Mongol Invasion of Korea: 1231." *Mongolia Society Bulletin* 12/2: 41–54.

Rolle, Renate. 1989. *The World of the Scythians*. Berkeley: University of California Press.

Róna-Tas, András. 1982. "The Periodization and Sources of Chuvash Linguistic History." In András Róna-Tas, ed., *Chuvash Studies*. Wiesbaden: Otto Harrassowitz, pp. 113–69.

Rong Xinjiang. 2004. "Khotanese Felt and Sogdian Silver: Foreign Gifts to Buddhist Monasteries in Ninth- and Tenth-Century Dunhuang." *Asia Major* 17: 15–34.

———. 2005. "*Sabao or Sabo*: Sogdian Caravan Leaders in the Wall Paintings in Buddhist Caves." In La Vaissière and Trombert 2005, pp. 207–30.

Rose, Jenny. 2001. "Sasanian Splendor: The Appurtenances of Royalty." In Gordon 2001a, pp. 35–56.

Rostovtzeff, M. 1922. *Iranians and Greeks in South Russia*. Oxford: Clarendon Press.

Roux, Jean-Paul, and Marie-Madeleine Massé. 1976. "Quelques objects numineux des Turcs et des Mongols: Les plumes." *Turcica* 8/1: 28–57.

Rozycki, William. 1994. *Mongol Elements in Manchu.* Indiana University Uralic and Altaic Series, no. 157. Bloomington: Research Institute for Inner Asian Studies.

Rudenko, S. I. 1960. *Kul'tura naseleniia Tsentral'nogo Altaia v Skifkoe vremia.* Moscow: Izdatel'stvo Akademii Nauk SSSR.

———. 1962. *Sibirskaia kollektsiia Petra I. Arkheologiia SSSR, D3-9.* Moscow: Izdatel'stvo Akademii Nauk SSSR.

Rybakov, B. A. 1948. *Remeslo drevnei Rusi.* Moscow: Izdatel'stvo Akademii Nauk SSSR.

Said, Hakim Muhammad, ed. 1979. *Al-Bīrūnī Commemorative Volume.* Karachi: Times Press.

Sakip Sabanci Müzesi. 2006. *Cengiz Han ve Mirasçilari*: Büyük Moğol Imparatorluğu. Istanbul: SSM.

Sarianidi, V. I. 1980. "The Treasure of the Golden Mound." *Archaeology* 33/3: 31–41.

———. 1987. "Tillia-tepe iuvelirnoe iskusstvo rannikh Kushan." In G. M. Bongard-Levin, ed., *Tsentral'naia Aziia: Novye pamiatniki pismennosti i iskusstvo.* Moscow: Nauka, pp. 268–81.

Schafer, Edward H. 1951. "Iranian Merchants in T'ang Dynasty Tales." In Fishel 1951, pp. 403–22.

———. 1952. "The Pearl Fisheries of Ho-p'u." *Journal of the American Oriental Society* 72: 155–65.

———. 1957. "A Fourteenth Century Gazeteer of Canton." In *Oriente Poliano*, pp. 67–93.

———. 1962. "Notes on T'ang Culture." *Monumenta Serica* 21: 194–221.

———. 1963. *The Golden Peaches of Samarkand.* Berkeley: University of California Press.

———. 1965. "Notes on T'ang Culture, II." *Monumenta Serica* 24: 130–54.

———. 1967. *The Vermillion Bird: T'ang Images of the South.* Berkeley: University of California Press.

———. 1970. *Shore of Pearls.* Berkeley: University of California Press.

Schlesinger, Jonathan. 2017. *A World Trimmed with Fur: Wild Things, Pristine Places, and the Natural Fringes of Qing Rule.* Stanford: Stanford University Press.

Schneider, Jane. 1977. "Was There a Pre-Capitalist World System?" *Peasant Studies* 6: 20–29.

Schottenhammer, Angela, ed. 2008. *The East Asian "Mediterranean": Maritime Crossroads of Culture, Commerce and Human Migration.* Wiesbaden: Harrassowitz.

Schurmann, Herbert Franz. 1956. *Economic Structure of the Yüan Dynasty.* Cambridge, Mass.: Harvard University Press.

Sen, Tansen. 2003. *Buddhism, Diplomacy and Trade: The Realignment of Sino-Indian Relations, 600–1400.* Honolulu: University of Hawai'i Press.

———. 2006. "The Formation of Chinese Maritime Networks to Southern Asia." *Journal of the Economic and Social History of the Orient* 49: 421–53.

Serjeant, R. B. 1970. "Maritime Customary Law off the Arabian Coasts." In Mollat 1970, pp. 195–207.

———. 1972. *Islamic Textiles: Materials for a History up to the Mongol Conquest.* Beirut: Librairie du Liban.

Serruys, Henry. 1962. "Three Mongol Documents from 1635 in the Russian Archives." *Central Asiatic Journal* 7: 1–41.

———. 1967. *Sino-Mongol Relations During the Ming: The Tribute System and Diplomatic Missions.* Brussels: Institut belge des haute études chinois.

———. 1974. *Kumiss Ceremonies and Horse Races: Three Mongolian Texts.* Wiesbaden: Otto Harrassowitz.

———. 1975. "The Seven Jewels in Mongol Literature." *Mongolian Studies* 2: 133–40.

Shaffer, Lynda. 1994. "Southernization." *Journal of World History* 5: 1–21.

Sherratt, Andrew. 1995. "Reviving the Grand Narrative: Archaeology and Long Term Change." *Journal of European Archaeology* 3: 1–31.

———. 2006. "The Trans-Eurasian Exchange: The Prehistory of Chinese Relations with the West." In Mair 2006, pp. 30–61.

Shiba, Yoshinobu. 1970. *Commerce and Society in Sung China.* Ann Arbor: University of Michigan Center for Chinese Studies.

———. 1983. "Sung Foreign Trade: Its Scope and Organization." In Morris Rossabi, ed., *China Among Equals: The Middle Kingdom and Its Neighbors, 10th–14th Centuries.* Berkeley: University of California Press, pp. 89–115.

Shim, Hosung. 2014. "The Postal Roads of the Great Khans in Central Asia Under the Mongol-Yuan Empire." *Journal of Song-Yuan Studies* 44: 405–69.

Sivin, Nathan. 1968. *Chinese Alchemy: Preliminary Studies.* Cambridge, Mass.: Harvard University Press.

Skrynnikova, T. 1992–93. "Sülde—the Basic Idea of the Chinggis Khan Cult." *Acta Orientalia Academiae Scientiarum Hungaricae* 46: 51–59.

Slovar. 1975–. *Slovar russkogo iazyka, XI–XVII vv.* Moscow: Nauka. 28 vols. to date.

So, Jenny F., and Emma C. Bunker. 1995. *Traders and Raiders on China's Northern Frontier.* Seattle: Sackler Gallery and University of Washington Press.

So, Keelong (Billy K. L.). 1991. "Financial Crises and Local Economy: Ch'uan-chou in the Thirteenth Century." *T'oung-pao* 77: 119–37.

———. 2000. *Prosperity, Region and Institutions in Maritime China: The South Fukien Pattern, 946–1368.* Cambridge, Mass.: Harvard University Press.

Spuler, Bertold. 1985. *Die Mongolen in Iran: Politik, Verwaltung und Kultur der Ilchanzeit, 1220–1350*, 4th. ed. Leiden: E. J. Brill.

Sreznevskii, I. I. 1989. *Slovar drevnerusskogo iazyka.* Moscow: Kniga. 3 vols. in 6 pts.

Stanley, Tim. 2010. "Patterns of Exchange in the Decorative Arts Between China and South-West Asia." In Kauz 2010a, pp. 107–15.

Stargardt, Janice. 1971. "Burma's Economic and Diplomatic Relations with India and China from Early Medieval Sources." *Journal of the Economic and Social History of the Orient* 14: 38–62.

Steensgaard, Niels. 1991. "Asian Trade Routes: Evidence and Patterns." In Karl Reinhold Haellquist, ed., *Asian Trade Routes: Continental and Maritime.* London: Curzon Press, pp. 1–6.

Stein, Rolf. 1940. "Leao-che." *T'oung-pao* 35: 1–154.

Steingass, F. 1970. *Persian-English Dictionary.* Reprint Beirut: Librairie du Liban.

Stronach, David. 1978. *Pasargadae.* Oxford: At the Clarendon Press.

Sunchugashev, Ia. I. 1979. *Drevnaia metallurgiia Khakasii: Epokha zheleza.*

Novosibirsk: Izdatel'stvo Nauka sibirskoe otdelenie.

Sykes, Percy M. 1902. *Ten Thousand Miles in Persia or Eight Years in Iran.* London: John Murray.

Tampoe, Moira. 1989. *Maritime Trade Between China and the West: An Archaeological Study of Ceramics from Siraf (Persian Gulf), 8th to 15th Centuries A.D.* BAR International Series, no. 555. Oxford: British Archaeological Reports.

Tasaka, Kōdō. 1957. "An Aspect of Islam[ic] Culture Introduced into China." *Memoirs of the Research Department of the Toyo Bunko* 16: 75–160.

Terent'ev-Katanskii, A. P. 1993. *Material'naia kul'tura Si Sia.* Moscow: Izdatel'stvo firma "Vostochnaia literatura."

Theodoridis, Dmitri. 2002. "Kulicarta: ein mongolischer Stoffname chinesischen Ursprungs." *Jahrbuch der österreichischen Byzantinistik* 52: 249–57.

Thompson, E. A. 1947. "Notes on Priscus Panites." *Classical Quarterly* 41: 61–65.

Thompson, R. Campbell. 1936. *Assyrian Chemistry and Geology.* Oxford: Clarendon Press.

Thorndyke, Lynn. 1958. *A History of Magic and Experimental Science.* Vol. VII, *The Seventeenth Century.* New York: Columbia University Press.

Tikhomirov, M. 1959. *The Towns of Ancient Rus.* Moscow: Foreign Languages Publishing House.

Tikhonov, D. I. 1966. *Khozaistvo i obshchestvennyi stroi uigurskogo gosudarstva X–XIV vv.* Moscow: Izdatel'stvo Nauka.

Timkowski, George (Grigori Timkovskii). 1827. *Travels of the Russian Mission Through Mongolia to China…in the Years 1820–21.* London: Longman. 2 vols.

Tolstov, S. P., and B. I. Vainberg, eds. 1967. *Koi-Krylgan-Kala: Pamiatnik kul'tury drevnego Khorezme, IV v. do n.e.–IV v. n.e.* Trudy khorezmskoi arkheologo-ethnograficheskoi ekspeditsii, vol. V. Moscow: Nauka.

Toynbee, Arnold J. 1934–54. *A Study of History.* London: Oxford University Press. 10 vols.

Treister, Mikhail. 2004. "Eastern Jewelry in Sarmatian Burials and Eastern Elements in the Jewelry Production of the North Pontic Area in the First Century A.D." *Iranica Antiqua* 39: 297–321.

Tsintsius, N. I., ed. 1975–77. *Sravnitel'nyi slovar tunguso-man'chzhurskikh iazykov.* Leningrad: Nauka. 2 vols.

Ullmann, Manfred. 1972. *Die Nature- und Geheimwissenschaften im Islam.* Leiden: E. J. Brill.

Vogel, Hans Ulrich. 1993. "Cowry Trade and its Role in the Economy of Yunnan: From the Ninth to the Mid-Eighteenth Century." *Journal of the Economic and Social History of the Orient* 36: pt. I, 211–52, and pt. II, 309–53.

Vorob'ev, M. V. 1972. "Pechati gosudarstva Tszin (1115–1234)." In R. Sh. Dzharylgasinova and M. V. Kriukov, eds., *Epigrafika Vostochnoi i Iuzhnoi Azii.* Moscow: Nauka pp. 81–98.

———. 1975. *Chzhurcheni i gosudarstvo Tszin.* Moscow: Nauka.

———. 1983. *Kul'tura chzhurchenei i gosudarstva Tszin (X v.–1234 g.).* Moscow: Nauka.

Vu, Hong Lien. 2017. *The Mongol Navy: Kubilai Khan's Invasions in Đai Viêt and Champa.* Working Paper, no. 25. Singapore: Nalanda-Sriwijaya Centre.

Wade, Geoff. 2009. "An Early Age of Commerce in Southeast Asia: 900–1300." *Journal of Southeast Asian Studies* 40/2: 221–65.

Wang Ting. 2011. *Neilu Yazhou shidi qinsuo.* Lanzhou: Lanzhou daxue chubanshe.

Watt, Sir George. 1908. *Commercial Products of India.* London: John Murray.

Wheatley, Paul. 1961. "Geographical Notes on Some Commodities Involved in the Sung Maritime Trade." *Journal of the Malayan Branch of the Royal Asiatic Society* 32/2: 5–140.

Whitehouse, David. 1976. "Kīsh." *Iran* 14: 146–47.

Whitmore, John K. 2006. "The Rise of the Coast: Trade and Culture in Early Đai Viêt." *Journal of Southeast Asian Studies* 13/1: 103–22.

Wiedemann, Eilhard. 1911. "Über den Wert von Edelsteinen bei den Muslimen." *Der Islam* 2/1: 345–58.

Wilkinson, Endymion. 2013. *Chinese History: A New Manual.* Cambridge, Mass.: Harvard University Press.

Willan, T. S. 1968. *The Early History of the Russia Company, 1553–1603.* Manchester: Manchester University Press.

Williamson, Andrew. 1973. "Hurmuz and the Trade of the Gulf in the 14th and 15th Centuries." *Proceedings of the Seminar for Arabian Studies* 6: 52–68.

Wittfogel, Karl A., and Feng Chia-sheng. 1949. *History of Chinese Society, Liao (907–1125).* Philadelphia: American Philosophical Society.

Woods, John E. 1990. "Timur's Geneology." In Michael M. Mazzoui and Vera B. Moreen, eds., *Intellectual Studies on Islam: Essays Written in Honor of Martin B. Dickson.* Salt Lake City: University of Utah Press, pp. 85–125.

Wozniak, F. E. 1979. "The Crimean Question, the Black Bulgharians and the Russo-Byzantine Treaty of 944." *Journal of Medieval History* 5: 115–26.

Wright, David C. 2007. "Navies in the Mongol-Yuan Conquest of Southern Song China." *Mongolian Studies* 19: 207–16.

Wulf, Hans E. 1966. *The Traditional Crafts of Iran.* Cambridge, Mass.: MIT Press.

Xiong, Victor Cunrui, and Ellen Johnson Laing. 1991. "Foreign Jewelry in Ancient China." *Bulletin of the Asia Institute,* n.s., 5: 163–73.

Yamamoto, Tatsurō. 1981. "Vân-dôn, a Trade Port in Vietnam." *Memoirs of the Research Department of the Toyo Bunko* 39: 1–28.

Yang Bin. 2004. "Horses, Silver, and Cowries: Yunnan in Global Perspective." *Journal of World History* 15: 281–322.

———. 2011. "The Rise and Fall of Cowrie Shells: The Asian Story." *Journal of World History* 22: 1–25.

Yang Junkai. 2005. "Carvings on the Stone Outer Coffin of Lord Shi of the Northern Zhou." In La Vaissière and Trombert 2005, pp. 21–45.

Yarshater, Ehsan. 1983. "Iranian National History." In Ehsan Yarshater, ed., *The Cambridge History of Iran.* Vol. III, *The Seleucid, Parthian and Sasanian Periods.* Cambridge: Cambridge University Press, pt.1, pp. 359–477.

Yokkaichi, Yasuhiro. 2008. "Chinese and Muslim Diasporas and the Indian Ocean Trade Network Under Mongolian Hegemony." In Schottenhammer 2008, pp. 73–102.

Yoshida, Yutaka. 2004. "Some Reflections About the Origin of Čamūk." In Takao Moriyasu, ed., *Papers on the Pre-Islamic Documents and Other Materials Unearthed from Central Asia.* Kyoto: Hōyū Shoten, pp. 127–35.

Yü, Ying-shih. 1967. *Trade and Expansion in Han China.* Berkeley: University of California Press.

Yule, Sir Henry, and A. C. Burnell. 1903. *Hobson-Jobson: A Glossary of Anglo-Indian Words and Phrases.* London: John Murray.

Zhang Qingjie. 2005. "*Hutengwu and Huxuanwu* Sogdian Dances in the Northern, Sui and Tang Dynasties." In La Vaissière and Trombert 2005, pp. 93–106.

Zhukovskaia, N. L. 1988. *Kategorii i simvolika traditsionnoi kul'tury mongolov.* Moscow: Nauka.

Ziiaev, Kh. Z. 1983. *Ekonomicheskie sviazi srednei Azii s Sibir'iu v XVI–XIX vv.* Tashkent: Fan.

Zimonyi, István, and Osman Karatay, eds. 2016. *Central Eurasia in the Middle Ages: Studies in Honour of Peter B. Golden.* Wiesbaden: Harrassowitz.

索　引[1]

[1] 索引所示页码为本书页边码。——编者注

Raubwirtschaft 掠夺经济 , 92
Red Sea 红海 , 16, 79, 126
redistribution, at Mongolian courts 蒙古宫廷的再分配 , 57–60, 168
Renfrew, Colin 科林・伦福儒 , 12
rhubarb 大黄 , 117–18
rubies 红宝石 , 47, 105
Russia 俄国 , 24, 41–42, 78–79; Byzantine and Tatar influence on 拜占庭、鞑靼对其的影响 , 81–83

Salghurids 撒勒古儿王朝 , 156
Samarqand 撒马尔罕 , 120
sapta ratna 七宝 , 34
Sarai 萨莱 , 42, 79
Sarmatians 萨马尔提亚 , 130
Sayyid Ajall 赛典赤 , 155
Scythia/Scythians 斯基泰 / 斯基泰人 , 43, 108, 129
Secret History of the Mongols《蒙古秘史》, 50, 54, 71
Seljuqs of Rum 塞尔柱罗姆苏丹国 , 24
semi-precious stones 半宝石 , 130
semuren 色目人 , 156
serebrianiki 银器大师 , 42
Shaffer, Lynda 琳达・沙费尔 , 6
Shamanism 萨满教 , 72
Shang Wen 尚文 , 47–48
Shangdu 上都 , 74
Sherratt, Andrew 安德鲁・谢拉特 , 106–7
shi (picul) 石 , 38
Shigi Qutuqtu 失吉忽秃忽 , 23
Shihāb al-Dīn 沙不丁 , 38, 47
Shim Hosung 沈昊成 , 151
Shirāf（Sīrāf）西拉夫（尸罗夫）, 125
Siberian post road 西伯利亚驿路 , 148–50
Sibir, qanate of 失必儿汗国 , 149
Sichuan 四川 , 31, 140
Sir Darya 锡尔河 , 133
"snake horn""蛇角"; 见 northern ivory 猛犸象牙
So Keelong 苏基朗 , 153
Sogdia/Sogdians 粟特 / 粟特人 , 107, 131–33; involvement in maritime trade 参与海上贸易 , 132–33
Song 宋 , 17, 36, 106, 118, 134, 153, 162; treasuries of 其帑藏 , 36–37, 39
Southeast Asia, Mongols' campaigns in 蒙古征伐东南亚 , 137–41
southern seas 南方海洋 , definition of 其定义 , 3; Mongols' interest in 蒙古人的兴趣 , 136–41; Mongols' inability to dominate 蒙古人不能主宰 , 162–63
"southernization", concept defined"南方化"概念的定义 , 6
spezierie 昂贵而便携的商品 , 28, 39, 105, 163
spices 香料 , 111
su 福荫 , 74
subud 珠 , 50
subutu 镶有珍珠的 , 35

致谢

本书是我对蒙古政治文化及其对欧亚大陆与周边近海地区的自然和人文商品流通的多重影响的兴趣的副产品。为了探讨这些问题，我时常远离接受过学术训练的熟悉领域，非常依赖朋友和同事们提供的指点、参考书目以及他们自己和其他学者的著述。承蒙安·布罗德布里奇（Anne Broadbridge）、大卫·克里斯蒂安、狄宇宙（Nicola Di Cosmo）、戈曼斯（Jos Gommans）、罗曼·科瓦列夫（Roman Kovalev）、刘欣如、露丝·梅瑟夫（Ruth Meserve）和奥斯曼·奥兹古登理（Osman Ozgudenli）等慷慨帮助，我在此深表谢意。

多年以来，经常与斯蒂芬·戴尔（Stephen Dale）、彼得·高登（Peter Golden）、阿纳托利·卡赞诺夫（Anatoly Khazanov）自由讨论，影响并加深了我对游牧民族在亚洲大陆的交互历史中所扮演角色的认识。

再次感谢梅维恒（Victor Mair）支持本书成为“Encounters with Asia”书系中的一种，他同时也对本书的组织架构和论点提出了改进建议。

我还要特别感谢坎迪斯·埃瑟里奇（Candice Etheredge）愿意分享她在珠宝贸易方面的长久经验，并且提供给我关于这一领域亟需的详尽指引，使我免于许多初学者的错误和误解。

我向妻子露西尔（Lucille）的倾力支持和编辑技艺表示感激。不知何故，她似乎总是对我近期热衷的事务非常感兴趣。

最后，正是与罗珊·普拉兹尼亚克（Roxann Prazniak）随意交谈14世纪元朝皇后肖像画，激发了我对珍珠的兴趣，并将其作为成吉思汗及其后裔治国施政的一扇窗口。随后，我们定期讨论这些问题。她的批评、洞见以及观点，对我后续研究方向的制定和成型大有助益。她还提供了我亟需的材料。我非常乐意在此表达深深的谢意。

译后记

《珍珠在蒙古帝国》（*The Steppe and the Sea: Pearls in the Mongol Empire*）英文版2019年5月刊行，7月我即接到译书邀约。久慕作者托马斯·爱尔森（Thomas T. Allsen，1940—2019）的学术声誉，也读过他此前的几部著作，浏览本书后，我欣然应允。将新鲜出炉的著作呈现给国内读者，实为美事。

爱尔森的蒙古帝国史、内陆欧亚史研究在国际上享有盛誉。在中国，他的五部著作只有《欧亚皇家狩猎史》一部汉译本（2017年），因此多数读者对他的了解还比较有限。这里有必要介绍他的学术成就和地位。

爱尔森是波特兰州立大学学士（1962年）、华盛顿大学俄国研究硕士（1964年）、俄勒冈大学图书馆学硕士（1969年）、明尼苏达大学比较亚洲史博士（1979年）。博士毕业后，爱尔森短暂任教于西肯塔基大学，随后1980年任教于新泽西州的特伦顿州立学院（1996年更名为新泽西学院），直至2002年退休。爱尔森曾参与撰写《剑桥中国辽西夏金元史》，也发表了不少论文。1986—2013年，爱尔森兼任学术期刊《中世纪欧亚文献》(*Archivum Eurasiae Medii Aevi*)主编。他卸任后,《中世纪欧亚文献》为他出版了75岁祝寿专刊(21,2014—2015)。

20世纪后期,“民族国家史”对于研究视野的桎梏日益突出。以蒙古帝国而言,将《剑桥中国史》《剑桥伊朗史》《剑桥印度史》《剑桥俄国史》的相关章节拼合起来,似乎也不能反映其全貌。为寻求突破,学者们提出了中央欧亚、全球史、帝国史等范式。爱尔森并不是新概念的倡导者,但他的著作可以被视为新范式的最佳诠释。

爱尔森1987年出版的第一部著作《大汗蒙哥在中国、俄罗斯与伊斯兰地域的统治政策》(*Mongol Imperialism. The Policies of the Grand Qan Möngke in China, Russia and the Islamic Lands, 1251—1259*),便以视野广阔和善用汉文、波斯文、俄文史料而获得学术界好评。而为他赢得更广泛学术赞誉和奖项的,是世纪之交出版的三部重量级学术著作《蒙古帝国的商品与交换:伊斯兰织物文化史》(*Commodity and Exchange in the Mongol Empire. A Cultural History of Islamic Textiles*, 1997)、《蒙古时期欧亚的文化与征服》(*Culture and Conquest in Mongol Eurasia*, 2001)、《欧亚皇家狩猎史》(*The Royal Hunt in Eurasian History*, 2006)。这三部著作重点关注蒙古时代欧亚物质、文化、观念、人员的交流,已经成为蒙古帝国史、欧亚史的典范之作,影响了当今世界上从事蒙古帝国史乃至丝绸之路研究的学者。

爱尔森的著作,在地理范围上横贯欧亚,具有全球史的视野。如此宏大的架构,却并非二手文献的集合,而是大量征引汉文、波斯文、阿拉伯文、俄文等多种语言史料,显示出卓越的语言能力。因此,他的著作不仅在蒙古帝国史、内陆欧亚史领域有开拓性，而且常常被世界史学者征引，获得了包括美国国家人文基金奖（National Endowment for the Humanities）、古根海姆奖（Guggenheim Foundation）在内的诸多学术奖项。

本书是爱尔森的最后一部著作，呈现出其著作一贯的风格，广征博引，利用汉文、波斯文、阿拉伯文、俄文一手史料，笔法深入浅出，雅俗共赏。本书用珍珠串起了蒙古时代的欧亚世界，实际上也涵盖了上古乃至现代的珍珠历史。诚如有学者评论的，本书对蒙古帝国的社会经济和文化史提出了新见卓识。从更长的历史时段而言，本书不仅关注东西方向的交流，更是着重揭示了南北方向文明交流、跨生态交流的重要性。

本书是爱尔森晚年病中撰著，其资料之丰富，格局之宏阔，令人肃然起敬。在英文版面世前两个多月，爱尔森与世长辞，因此本书某种意义上成了遗著。

本书汉译过程中，尽可能逐一核对史料原文，校正原书的笔误，共有“译者按”20余处。我们对书中明显的笔误，如误preciosities为precocities，误1282为1283，误“汉”为“秦”，等等，一律改正，并在脚注中用“译者按”说明。至于作者对史料的理解问题，我们一般直接使用史料原文，并在脚注中用“译者按”说明作者文意。

本书索引中也有一些笔误，如Briand当作Briant，kulikarta当作kulicarta，Parvan当作Paravan，Shirāf当作Sīrāf、Shīrāf；Timirdh当作Tirmidh。翻译时已逐一校正，特此说明。

关于本书所引《世界征服者史》《史集》《柏朗嘉宾行纪》等域外文献，爱尔森所据底本与通行汉译本的底本不同，引文字句多有差异。

我们参考了汉译本，但有差异之处一律以爱尔森文意为准。

本书的汉译于 2019 年 11 月启动。马晓林译导言、第九至十四章、结论，张斌译第一至八章、致谢。初译完成后，互换校译。如张斌每译完一章，便发给马晓林校改，拟定校改意见，再由张斌复校，如此反复。两位译者几乎逐字逐句打磨，也尽可能地核对了引文原文，有些章节反复讨论修改四五遍才最终定稿。马晓林负责最终统稿。张斌对参考文献、注释格式做了细致的订正。

译稿完成后，承蒙北京大学历史学系博士后求芝蓉通读一遍，提出了不少细节问题和改进建议。有些波斯语专名曾请教社科院民族学与人类学研究所助理研究员陈春晓。谨此一并致谢。

2020 年翻译本书时，我正在宾夕法尼亚大学访学。本书英文版恰是宾大出版社出版的。我的寓所距爱尔森大半生任教的特伦顿不过 40 分钟车程。6 月初，宾大东亚系艾骛德教授（Christopher P. Atwood）撰成纪念爱尔森的学术论文《唐代至元代的极地象牙与北方道路》（Arctic Ivory and the Routes North from the Tang to the Mongol Empires），第一时间赐示交流。这些交集，让我对爱尔森所思所学增添了几分设身处地的理解。爱尔森的五部著作，也许划过了全球化最澎湃的时代。译书之间，冬、春、夏三季轮换。译笔歇处，已入秋，追怀先哲。

马晓林

2020 年 10 月 2 日

于费城栗木堂

文景

Horizon

社科新知 文艺新潮

珍珠在蒙古帝国：草原、海洋与欧亚交流网络

［美］托马斯·爱尔森 著
马晓林 张斌 译

出 品 人：姚映然
策划编辑：李 頔
责任编辑：李 頔
营销编辑：胡珍珍
封扉设计：许晋维
审 图 号：GS（2022）5754号

出　　品：北京世纪文景文化传播有限责任公司
（北京朝阳区东土城路8号林达大厦A座4A 100013）
出版发行：上海人民出版社
印　　刷：山东临沂新华印刷物流集团有限责任公司
制　　版：北京百朗文化传播有限公司

开 本：890mm×1240mm 1/32
印 张：9.5 字 数：197,000 插页：2
2023年3月第1版 2023年3月第1次印刷
定 价：69.80元
ISBN：978-7-208-17900-4/K·3236

图书在版编目（CIP）数据

珍珠在蒙古帝国：草原、海洋与欧亚交流网络/（美）托马斯·爱尔森（Thomas Allsen）著；马晓林，张斌译. -- 上海：上海人民出版社，2022

书名原文：The Steppe and the Sea: Pearls in the Mongol Empire

ISBN 978-7-208-17900-4

Ⅰ.①珍… Ⅱ.①托… ②马… ③张… Ⅲ.①世界史-研究 Ⅳ.①K107

中国版本图书馆CIP数据核字（2022）第169576号